実践 スポーツツーリズム

組織運営・事業開発・人材育成

一般社団法人 日本スポーツツーリズム推進機構 編

原田宗彦
伊藤央二
山下玲
押見大地
西尾建
山口志郎
福原崇之
佐藤晋太郎
秋吉遼子
藤原直幸
赤嶺健
中山哲郎
永廣正邦
井上滋道
小西圭介
滝田佐那子
髙橋義雄
岡本純也 著

学芸出版社

はじめに

国内の旅行業界においては、コロナ禍からの回復が大きな課題となっているが、注目すべきは変化した人々の価値観やライフスタイルである。大勢の人との接触を避け、日常的にマスクを装着し、健康とレジリエンス（回復力）に配慮した生活は、「旅の嗜好」にも大きな影響を及ぼした。

大型観光バスを使って、短期間に名所旧跡を巡るマスツーリズムは、コロナ前からすでに退潮の兆しがあったが、今では少人数（もしくは一人）や家族、そして友人や仲間で旅行を楽しむ「個人旅行」（ＦＩＴ：Foreign Independent Travel）が主流になっている。そのような時代に注目を集めているのがスポーツツーリズムである。

スポーツツーリズムは、スポーツを「する」「みる」だけでなく、文化や観光と融合することによって、幅の広いフィールドを形成している。マラソン大会や自転車イベントに参加するだけでなく、普通の旅行で、旅先の名所旧跡を徒歩で訪れる「アクティブツーリズム」もあれば、山道をクロスマウンテンバイクで駆け降りる「アクションツーリズム」、そして大自然の中で文化に触れながらシーカヤックやラフティングを楽しむ「アドベンチャーツーリズム」もある。さらに最近では、日本の伝統的資産（柔・剣・弓道場、有段者、師範等）を活用した「武道ツーリズム」や、２０２０年東京オリンピック・パラリンピック競技大会（以下、「２０２０年東京大会」）後に注目を浴びている「アーバンスポーツツーリズム」に対する関心も高まっている。

スポーツツーリズムが持つ競争優位性は、旅行商品の造成において場所を選ばない点である。スタジアムやアリーナがあれば、それらを活用したスポーツ大会の誘致が可能であるが、ない場所においても、公道を使ったマラソン大会や自転車レース、そして境内を使った流鏑馬《やぶさめ》などのイベント開催が可能である。また都市近郊や中山間地域では、廃校を利活用したスポーツ合宿や、多様な自然資源を活用したアウトドアスポーツも注目を集めている。

本書は、2015年に刊行した『スポーツツーリズム・ハンドブック』を全面改訂した実践書であるが、当時に比べスポーツツーリズムを取り巻く状況は大きく変化した。特に2019年の冬に起きた新型コロナウイルス感染症の蔓延は、2019年のラグビーワールドカップ、2020年東京大会、そして2021年のワールドマスターズゲームズといった、3つのメガスポーツイベントを契機としたスポーツツーリズムの発展という計画に見直しを迫るものであった。しかしその一方で、スポーツコミッション設立に向けた動きは加速化し、2022年度には、スポーツ庁の目標を上回る177の組織が確認された。今後必要とされるのは、スポーツツーリズムの質的な発展を支える人材の育成であり、本書が刊行された最大の理由がそこにある。

本書の中身は、基礎編と応用編に分かれており、前者は、Ⅰ「スポーツツーリズム概論」とⅡ「スポーツイベント概論」から構成されている。後者は、Ⅲ「スポーツツーリズムの推進組織と資金」、Ⅳ「スポーツツーリズムの事業開発」、そしてⅤ「スポーツツーリズムの担い手」から構成されており、実際の事業展開に必要な情報提供を目的としている。その中でも特にⅤは、今後のスポーツツーリズム業界の発展を支える人材の確保、開発、育成に関連するもので、前回のハンドブックにはなかった新しい領域である。本書を企画した一般社団法人日本スポーツツーリズム推進機構（JSTA）も、今後、スポーツツーリズムの発展に寄与する人材の育成システムを構築する計画だが、本書には、育成カリキュラムの入門書としての役割も期待されている。
最後に、本書の出版にあたっては、株式会社学芸出版社の松本優真さんに大変お世話になった。ここに感謝の意を表したい。

原田宗彦
一般社団法人日本スポーツツーリズム推進機構（JSTA）代表理事
大阪体育大学学長

◉目次

基礎編

I

スポーツツーリズム概論

I・1 ニューノーマル時代のスポーツツーリズム

1 外的脅威に影響を受けやすいツーリズム産業

ツーリズム産業は、平和産業である。もし世界が平和であり、安心して旅行ができる環境と、観光を支えるサプライチェーンが機能すれば、人の往来は盛んになる。そうなれば国境は自然と消滅し、異文化間のコミュニケーションが活発化する。観光産業におけるサプライチェーンとは、ホテル、航空会社、鉄道、レンタカーなどの各サプライヤーから、旅行代理店が販売する旅行商品が、「生産」されてから「消費」されるまでの一連の経済活動（調達・生産・物流・販売・消費など）の流れを意味する。

サプライチェーンが健全に稼働し、旅行需要が安定的に増加すれば、ツーリズム産業は順調に拡大する。しかし、戦争、疫病、自然災害、そしてサイバー攻撃によるシステム障害などで、サプライチェーンの一部が崩壊すると、産業自体が急速に収縮する可能性がある。今回私たちは、新型コロナウイルス感染症の蔓延によって人の移動が長期間止まることを体験したが、これはサプライチェーンが外的脅威に対して極めて脆弱であることの証左である。

2 将来的発展の可能性を秘めた領域

スポーツツーリズムは、「スポーツで人を動かす仕組みづくり」を意味するが、1980年代から徐々に発展し、大きな市場を形成するに至った。Allied Market Research（2021）[注1]によれば、新型コロナウイルス感染症の影響で3千234億ドル（1ドル130円として約42兆円）だった2020年のスポーツツーリズム産業は、その後年平均16・1％で成長を続け、2030年には1兆8千37億ドル（約235兆円）の巨大市場に成長すると予測している。

コロナ禍の真っただ中であった2020年は、多くのスポーツイベントが中止や延期を余儀なくされ、2020年東京オリンピック・パラリンピック競技大会（以下、「2020年東京大会」）のように無観客で行われるイベントが続出した。観光サプライチェーンは分断され、人流が停滞し、消費者の価値観や行動様式も大きく変わった。換気の悪い「密閉空間」、人が多く集まる「密集場所」、そして近い距離で食事や会話が行われる「密接場面」のいわゆる「3密」を避け、感染防止を最優先課題とする「ニューノーマル」（新常態）の生活様式が定着したのである。

しかしながら2022年になり、状況が好転するにつれ、サッカーやラグビーのワールドカップ、テニスの4大大会、そしてオリンピック・パラリンピック大会のような国際的な観戦型スポーツツーリズムが復活し、スタジアムやボールパークにも満員の観客が戻り始めた。さらにアウトドアスポーツやアドベンチャーツーリズムを含む多様な参加型スポーツツーリズムへの参加者増が、（スポーツツーリズム産業の）ポストコロナの急成長を促している。

3 コロナ禍で落ち込むツーリズム産業

コロナ禍の影響は甚大で、2020年の国際観光客は、対前年比10億7千200万人減の3億9千400万人であり、前年に比べて73・1％も落ち込んだ。これは、各国が行った渡航制限の影響が大きい。「世界旅行ツーリズム協議会」（WTTC）によると、2020年には、世界のGDPに占める旅行・観光業のシェアが、前年の約10・4％から約5・5％に半減、観光関連産業従事者は約6千200万人近く減少したと報告されているが、これは対前年比18・5％の減少である。

２０２１年の世界の国際観光客数は、国連世界観光機関（ＵＮＷＴＯ）によると４億１千５００万人であり、20年比で４％増加したが、コロナ禍前の19年比では72％減で、本格回復には程遠い数字であった。一方で、訪日外国人旅行者数の回復も遅く、日本政府観光局（ＪＮＴＯ）の推計値によると24万５千９００人で、20年比で94・０％の減、19年比で99・２％減だった。

パンデミック前の２０１９年は、ＵＮＷＴＯによれば３・５兆米ドル（約４５５兆円）であった国際観光収入も、旅行者の落ち込みとともに急減し、２０２０年には１・６兆米ドル（約２０８兆円）まで落ち込んだ。その後、世界的なワクチンの普及とともに、各国で徹底した感染症予防対策が講じられ、数字は上向きに転じた。２０２１年には、１・９兆米ドル（２４７兆円）にまで回復すると推定されており、対前年比で39兆円の増額になったものの、本格的な回復にはまだ時間がかかる状況である。

4 変化する価値観

2年以上続いたコロナ禍は、世界規模で人の流れを止め、観光産業に破壊的な打撃を与えただけでなく、個人の価値観の変化にも大きな影響を与えた。広辞苑によれば、価値観とは「何に価値を認めるかという考え方」のことであり、価値観が変われば行動も変わり、消費性向や消費選択の対象も変わる。株式会社ビデオリサーチが２０２０年5月に実施したインターネット調査（対象は12～69歳の男女でサンプル数は1万1千８５８）によれば、コロナ禍で「生活が変わった」と回答した人は全体の88％を占めるが、その中で「とても変わった」と答えた人が過半数（53％）を占めることがわかった。[注2] 人々は密を避け、テレワークで生まれた自由時間を使って、屋外のレジャーを楽しむようになったのである。

例えば米国のThe NPD Group, Inc.(2020)の報告[注3]によれば、2019年6月に比べ、2020年6月の「自転車」の売り上げは63%増の6億9千700万ドル(1ドル125円として871億円)であった。また カヌーやカヤック等のパドルスポーツも56%増の1億7千200億ドル(215億円)であり、密を避けて行われるスポーツの定番であるゴルフ用品も51%増の6億6千100ドル(826億円)であった。アウトドアスポーツも人気で、キャンプ用品が、31%増の6億500ドル(756億円)であるのに加え、バードウォッチング用の双眼鏡が22%増の1千600万ドル(20億円)になるなど、米国人のライフスタイルと消費行動の変化が数字で示された。

日本においても、コロナ禍の中、自然回帰のトレンドは堅調である。最初の緊急事態宣言が発令された2020年4月7日以後、スノーピークやロゴスといった総合アウトドア用品メーカーの売り上げはしばらくの間低迷したが、その後急激に回復し、通期では増収増益を見込めるまでに復活している。欧米の傾向と同じく、自転車の売り上げも伸びており、例えば自転車の販売や修理を行う「あさひ」の2020年6〜8月期の売り上げは、対前年比で1・42倍を記録するなど、特徴的な動きを見せた。

5 増えるスポーツ実施率

コロナ禍が衰えを見せない2020年10月に、20歳以上の市民を対象に行われた「横浜市民スポーツ意識調査」は興味深い事実を明らかにした。2019年秋に行われた同じ調査に比べ、スポーツを「週に1日以上」実施した市民は対前年比8・7ポイント増の64・5%であり、「週に3日以上」は4・4ポイント増の33・5%になったことが判明した。わずか1年でこれだけのスポーツ実施率の増加は、過去に見られない稀有な現象である。

65歳以上の高齢者も同様に、「週に1日以上」は1年で5・4ポイント増の80・2％で、横浜市が目標とする70％を10・2％も上回る数値となった。さらに、過去1年間に一度でもスポーツを実施した市民の割合は、83・2％という極めて高い数値が示された。

「スポーツへの感じ方」については、2019年度調査に比べ、「することが好き」と答えた回答者（48・1％）が10・5ポイント上昇した一方、「観ることが好き」は39％で6・2ポイント下降するなど、対照的な結果になった。またスポーツを「好きではない」と感じる市民の割合（28・0％）が5・9ポイント下降するなど、健康やウェルネスへの関心の高まりが数字によって示された。

「1年間に行った運動・スポーツ」において、最も数値が上昇したのがウォーキングであり、ラジオ体操などの健康体操・美容体操・ストレッチ、そしてトレーニングの割合が増えている。特に興味深いのが、「関心がないために行っていない」市民の割合が、15・3％から8・5％と6・8ポイントも下降していることで、同報告書が「新型コロナウイルス感染症による外出自粛により、運動の必要性に対する認識が高まった」と指摘するように、コロナ禍による市民の価値観と行動の変化が、数字で裏付けられる結果となった。

このように、新型コロナウイルスとの共存が常態化するニューノーマルの時代においては、特に心理的なレジリエンス（回復する力）を高めるのに必要な「するスポーツ」のニーズが高まりを見せている。どこにウイルスが潜んでいるかわからない世界では、常に健康と衛生状態を保ち、スポーツによって体力を維持し、内部免疫力が低下しないように気を配らなければならない。そのためには、新しい生活様式を支える「スポーツまちづくり」が重要な視点になる。

6 ニューノーマルの時代のスポーツツーリズム

ニューノーマルの時代は、人が動かない時代でもあった。人々は外出を避け、観光目的の旅行にも及び腰になった。そこで登場したのがワーク（仕事）とバケーションを組み合わせた「ワーケーション」である。コロナ禍の時代においては、「3密」を避けるテレワーク（在宅勤務）による自宅での勤務が増えたが、家が狭かったり、Wi-Fiが不安定だったり、夫婦や子供が同じ時間にパソコンに向かったりするなど、不都合が多々生じるようになった。その一方で、自然豊かなリゾート地でリモートワーク（遠隔地勤務）を行うワーケーションに関心が集まっている。これは、職場以外でテレワーク等により働きながら休暇を楽しむ勤務形態で、スポーツツーリズムの要素を多分に含んだ人の移動を伴う勤務形態である。

ワーケーションでは、仕事（Work）の効率を高めるために、遊び（Play）が重要なファクターになる。右手で特定のタスクをこなした後、一定の休息時間をおいて右手で同じタスクを再開するよりも、休息時間中に左手で同じタスクを積極的に行ったほうが、休息後に行う右手のタスクの生産性が高まるといった心理学の実験結果があるが、これが「アクティブレスト」（積極的休息）である。アフターコロナの生活様式が定着する中、サテライトオフィスを設置する企業の数は増加しているが、田舎に行けば行くほど仕事場の周辺には運動やスポーツに適した豊かな自然があり、歩き、走り、自転車に乗り、汗をかくなど様々なアクティビティを時間に縛られずに行う環境が備わっている。

人口減と高齢化に悩む地方にとって、移住者や関係人口の増加を導くワーケーションは、コロナ禍で誕生した新しい観光コンテンツである。自治体の補助金を活用した拠点整備が全国で行われているが、ワーケーションにとって最も重要な要素が時間の使い方である。仕事の生産性を高めるには、アクティブレストが重要だと指摘したが、スポーツやエクササイズで積極的な気分転換をするにも、リラックスして心と体をリフレッシュするにしても、そこには仕事モードのスイッチを完全に切り、積極的休息モードに切り替える時間管理の技術が必要になる。特にリゾート地での仕事には、全力で遊び、全力で仕事をする、時間を最大限有効に使う「タイムディープニング」のスキルが必要となるが、これには、複数の作業を同時にこなす「マルチ・タスキング」や、時間を決めてしっかりと遊ぶ「タイト・スケジューリング」の技術が必要とされる。ワーケーションでは、何かを犠牲にして仕事をすることがないように、集中的な時間の使い方に慣れておく必要がある。よってワーケーションに関しては、事業化の段階で、アクティブレストと密接な関係にあるスポーツツーリズムの要素をどう取り入れるかが、成否を左右する重要な要因となることを忘れてはいけない。

［執筆担当：原田宗彦］

注

注1：Allied Market Research（2021）"Sports Tourism Market by Product（Football/Soccer, Cricket, Motorsport, Tennis, and Others）, Type（Domestic and International）, and Category（Active and Passive）: Global Opportunity Analysis and Industry Forecast 2021-2030"（https://www.alliedmarketresearch.com/sports-tourism-market-A13076: ２０２２年4月30日参照）

注2：ビデオリサーチ社のプレスリリース（２０２０年６月18日）による（https://www.videor.co.jp/press/images/200618release.pdf）

注3：The NPD Inc.: America Outdoors: Consumers Are Flocking to These 5 Activities（https://www.npd.com/wps/portal/npd/us/news/thought-leadership/2020/consumers-are-flocking-to-these-5-activities/）２０２２年4月12日参照

I·2 スポーツツーリズムに必要な3つのマネジメント

1 スポーツツーリズムの司令塔

スポーツツーリズムを戦略的に発展させるには、司令塔となる組織が必要である。スポーツと観光が組み合わさったスポーツツーリズムは、ともすれば縦割りの行政組織において、スポーツを所管する部署と観光を所管する部署の板挟みにあって、引き受け手がない政策課題になるケースも散見される。しかしその一方で、静岡県のスポーツ・文化観光部や沖縄県の文化観光スポーツ部、そして秋田市の観光文化スポーツ部のように、スポーツ、観光、文化を統合した部局を設置する自治体も出現しており、スポーツツーリズム政策を動かしやすい環境が徐々に整いつつあるのも事実である。

スポーツツーリズムの司令塔として期待されるのが、全国で設置が進む「スポーツコミッション」である。スポーツコミッションについては、本書の応用編Ⅲ「スポーツツーリズムの推進組織と資金」で詳細に触れるが、本節では、スポーツコミッションの事業化について概説するとともに、新しいスポーツ地域マネジメントに必要な3つのマネジメントについて触れたい。

2 スポーツコミッション：インナー政策とアウター政策の同時展開

スポーツコミッションは、従来のインナー政策と新しいアウター政策を同時に展開する組織である。前者は、「地域資産形成型」の政策であり、地域内のマーケットを対象としたスポーツ振興において、住民の健康づくりや地域スポーツの振興、そして学校の部活動や公共スポーツ施設の管理運営といった、スポーツによる住民の健康づくりを目標とする。その一方、後者は「域外交流振興型」の政策であり、地域外のマーケットを対象にして、スポーツイベントや合宿誘致などで域外からビジターを呼び込み、地域を活性化する役割を担う。すなわち、アウター政策で稼ぎ、インナー政策に還元することによって、税金を使わずに公共スポーツサービスの質を維持するという、〈稼ぐ力〉を内包した組織づくりが求められる。

2011年10月に、日本で初めてさいたま市に誕生した「さいたまスポーツコミッション」（SSC）は、スポーツイベントの誘致と開催支援を通じて観光や交流人口の拡大を図り、スポーツの振興と地域経済を活性化することを目的として設立された。さいたま市は、海や川、そして山や温泉といった自然資源がない都市であるが、浦和レッズや大宮アルディージャといったJリーグクラブ、そして埼玉スタジアムやさいたまスーパーアリーナといった一級のスポーツ施設がある。設立以来、年間40件前後のスポーツイベントの誘致に成功してきたが、2018年12月に一般社団法人化されたことを契機に、自主財源の確保を前面に打ち出したマネジメントを行っている。SSCの役割は、スポーツと観光の有機的な連携を図り、スポーツイベントに参加する域外ビジターの数を増やすことであるが、その試みは成功している。

現在、スポーツコミッションをつくる機運は全国に広がっている。その背景には、地域のスポーツ観光資源を発掘し、スポーツツーリズムによって地域を活性化しようとする動きがあるが、それ以外にも、2020年東京オリンピック・パラリンピック競技大会開催を契機としたホストタウンの認定や、急増した訪日外国人を、スポーツによって地域に誘導しようとするインバウンド戦略の策定などがある。

このような動きを受けて、2016年3月に策定された第2期スポーツ基本計画（2016～2022）には、2022年までに地域スポーツコミッションの数を170に増やすという数値目標が設定された[注1]が、その目標は2022年度末に達成された。今後もスポーツコミッションが増えるとすれば、その役割は、地域の状況に応じて多様化していく可能性がある。
今後は、スポーツイベントの開催や支援にとどまらず、地域が保有するスポーツ観光資源のフル活用と、スポーツによる地域のブランディング、そしてスポーツツーリストという新しいセグメントをターゲットとしたデスティネーションマーケティングなど、新しい事業の展開が求められる。

3 スポーツ振興を担う新しい事業体

2011年から現在までを、スポーツコミッションの導入期だとすれば、今後は、成長期に向かってテイクオフするために、変化する社会状況に対応した多様な組織的進化が必要となる。その1つが、法人化と財政的な独立である。

折しもスポーツ庁では、平成28（2016）年度に「スポーツによる地域活性化を担う事業体についての検討会」を開き、経済的に独立した事業体のプロトタイプを描くことを試みた。**図表1**に示したのは、スポーツによる地域振興の新しい担い手としてのスポーツコミッションの1つの進化形である。図に示した事業体は、地域スポーツ事業がもたらす収入（インナー事業）と、域外ビジターがもたらす消費（アウター事業）によって、補助金に頼らない活動を展開する。前者には、スポーツ教室、健康サポート事業、企業協賛、指導者派遣、そして後者には、施設運営、イベント誘致・開催・支援、合宿誘致、命名権などがある。

しかしながら、現在のスポーツコミッションには、これらの収益事業を実行に移すためのミッション（組織が存在する理由や役割）やビジョン（組織が目指すべき将来の姿）、そして人、モノ、カネ、ブランド、情報といった経営資源が不足している。その一方で、前述のさいたま市は、「さいたまスポーツコミッションの機能・体制強化に係る調査業務」（平成28（2016）年度）を民間に委託し、近未来の組織の法人化と、事業のビジネス化を視野に入れた動きを加速化するなど、先端的な動きもある。**図表1**の下部にも示したように、新しい時代のスポーツ地域マネジメントには、3つの新しいマネジメントが必要になる。

4 必要とされる3つのマネジメント

これらは、「スポーツマネジメント」「パークマネジメント」、そして「デスティネーションマネジメント」（図表2）であり、スポーツコミッションの事業化において重要な役割を果たす。

(1) スポーツマネジメント（SM）

スポーツマネジメントは、比較的新しい概念である。かつてスポーツは、体育と同じ考えの中で、教育委員会や社会体育課といった公共セクターが担うものであった。戦後から現在に至るまで、行政が施設を整備し、スポーツ推進委員等の指導者を養成し、補助金を出して地域スポーツクラブを育成してきた。しかしながら、人口減と高齢化が進展し、公共セクターの財源が縮減する中で、現在のスポーツサービスの水準を維持することは難しくなってきた。

今後重要となるのは、稼ぐ仕組みを内包した新しいスポーツ

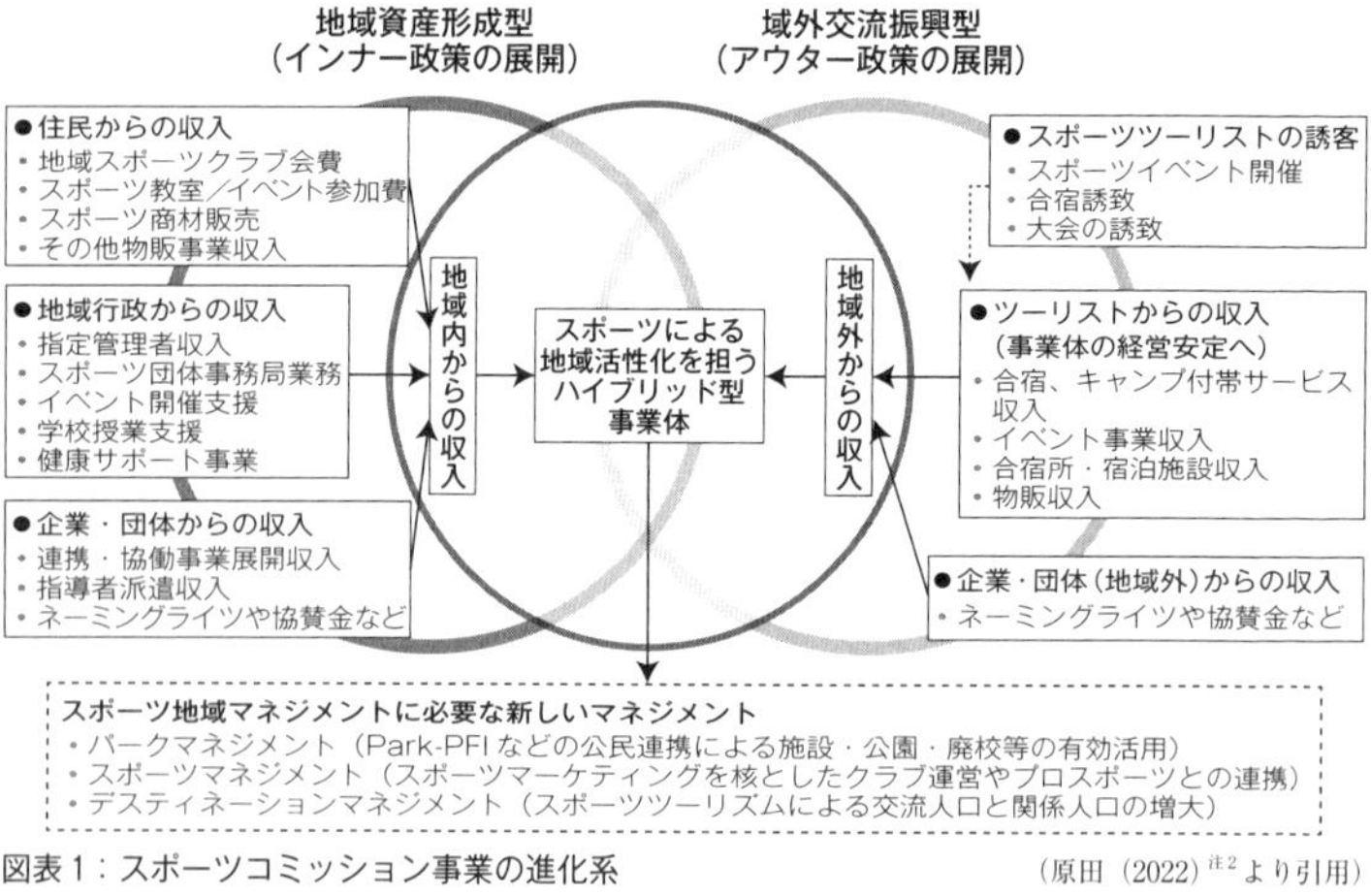

図表1：スポーツコミッション事業の進化系　（原田（2022）[注2]より引用）

振興組織である。本書でも繰り返し触れられるスポーツコミッションが、そのような役割を担う組織として期待されているが、そこで必要とされるのが、スポーツを事業として捉え、事業の効果と効率を最大化し、利益の最大化や使命（ミッション）の遂行といった組織目標を達成するためのスポーツマネジメントの知識とスキルである。

しかしスポーツマネジメントの守備範囲は広く、プロスポーツ（リーグ・チーム）から地域スポーツクラブの経営まで、そしてスポーツ施設の管理運営業務からスポーツ団体のマネジメントまで、専門的なノウハウに裏付けられた事業戦略が求められる。スポーツマネジメントに注目が集まるようになった背景には、スポーツが、サービス財や経験財として、市場で自由に取引される時代を迎えるなど、スポーツと経済、そしてスポーツと経営の関係性が深まったことがある。例えば、スポーツコミッションの重要な収入源とされる指定管理の受託では、スポーツ施設の運営ノウハウが必要となるし、スポーツ教室を開催して収益を得る場合、扱う商材の特性を理解し、サービスの満足度を高め、集客を維持拡大するためのマーケティングの知識が不可欠となる。

(2) パークマネジメント（PM）

スポーツツーリズムと公園には、深い関係がある。都市公園には、近隣公

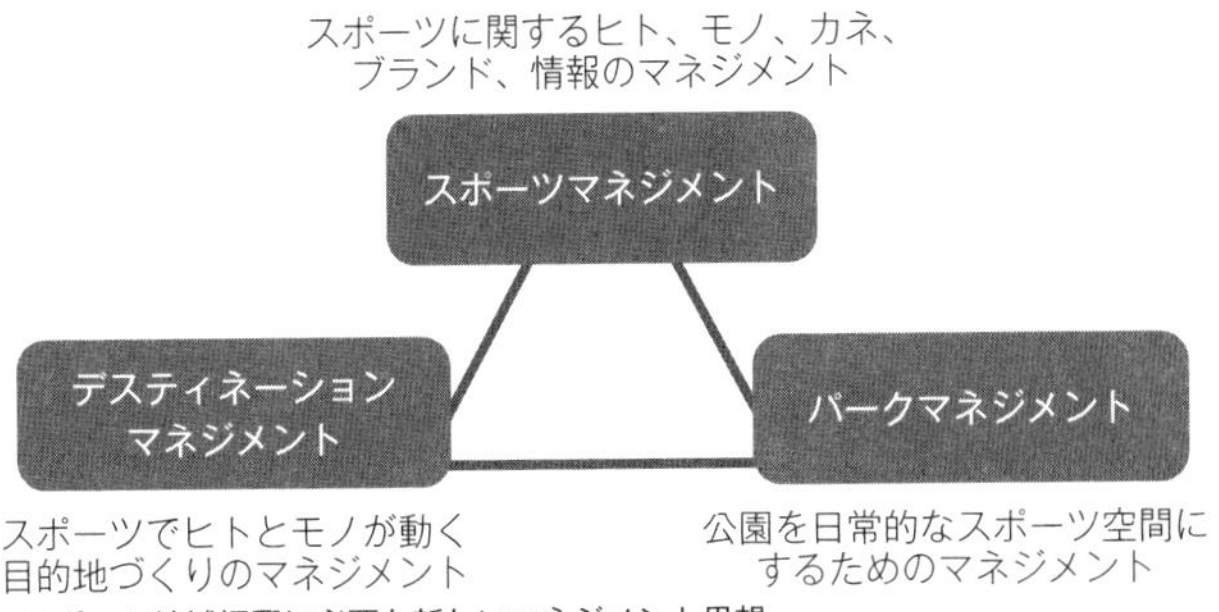

図表2：スポーツ地域振興に必要な新しいマネジメント思想

園や地区公園と呼ばれる「住区基幹公園」や、多様なスポーツ施設や散歩道が整備される運動公園や総合公園を含む「都市基幹公園」、そして市町村の区域を超える広域のレクリエーション需要を充足するための広域公園やレクリエーション都市公園を含む「大規模公園」がある。その中でも、広い自由空間が広がる「総合公園」や、スポーツ大会やスポーツイベントが頻繁に開催されている「運動公園」は、スポーツツーリズムと特に親和性が高い場所である。

しかしながら従来の公園は、人が身体を動かし、ゲームを楽しみ、汗を流す快適なオープンスペースではなく、「ボール投げ禁止」「キャッチボール禁止」「犬の放し飼い禁止」といった注意喚起の看板に囲まれた、何もできない「空間」か、もしくは植栽や景色を楽しむ鑑賞のための「庭園」であった。特に日常生活で使う近隣公園や地区公園は、スポーツや身体活動を拒む場所であると言っても過言ではなかった。それゆえ、これからの公園は、人が楽しく集い、身体を動かす機会にあふれた、アクティブライフのための「スペース」として活用されなければならない。

実際これまでの都市公園は、長きにわたって「整備」と「維持管理」に重点が置かれ、公園をユーザーファーストの視点からマネジメント（経営）する「パークマネジメント」の思想が乏しかった。しかしながら、2017年6月の都市公園法の改正によって公園行政は大きく変わり、Ｐａｒｋ－ＰＦＩ（公募設置管理制度）に代表される都市公園の魅力や使用価値を高めるための制度改革は、公園の機能を大きく変えた。例えば、公園内で便益使用できる建物の敷地面積が2％から12％へ拡張され、事業期間が10年から20年に延長されたことによって、公園に賑わいをもたらす、おしゃれなカフェやレストランの設置と事業展開が可能となったのである。

都市公園は、地域住民のアクティブな生活の質を高める重要な健康維持装置である。よって、この場所を単なる空間としての「スペース」から、様々なアクティビティが発生する魅力ある「プレイス」に転化させることが大切である。

その1つの方法が、「コトづくり」を具現するアクティビティの移植である。例えば、都市公園の活性化に一役買っているのが「パークラン」というイベントである。これは、土曜日の朝に集まった多くのランニング愛好者が、5㎞を走ったり歩いたりしてタイムを計測するロンドン発祥のランニング・ウォーキングイベントであり、五大陸の22カ国で、約2千件以上のイベントが開催されている。[注3]日本でも2022年6月16日現在、全国29カ所の公園で、計1千805回のパークランイベントが開催されており、延べ5万9千575人のランニング愛好者が参加するなど人気が高まっている。[注4]都市公園の魅力を高めるカフェやレストランが常設の「ストック型装置」とすれば、パークランのようなスポーツイベントは、自遊空間をつくるための流動的かつ柔軟的な「フロー型装置」と表現することができる。

(3) デスティネーションマネジメント（DM）

デスティネーションマネジメントは、地域に眠る潜在的な（あるいはすでに顕在化した）観光資源の有効活用を促進するための手法であり、主に、資源管理、マーケティング、人材、情報、サービスのマネジメントを行うことである。スポーツの場合、地域をマーケティングするために、それをどう活用するか、すなわち「スポーツで人とモノを動かす仕組み」を観光の視点からどう構築するかが重要となる。

スポーツツーリズムの優れた点は、どの地域にも観光コンテンツを造成することが可能という点である。スポーツ施設は有限であり、どこにでも国際的なスポーツイベントが誘致できる一級のスタジアムやアリーナ、そしてプールがあるわけではない。多くの観客を動員できる競技には、物理的な施設が必要である。その一方、スポーツ環境や資源は無限である。本書でも繰り返し述べてきたように、海、山、川、道路、雪など、あらゆる場所・地域が活用可能である。

同様に、有形の文化資産は有限である。国宝や重要文化財、そして全国的に著名な神社仏閣は、年間を通して一定数の観光客を呼び寄せるが、これも京都や奈良のように場所や地域は限定される。その一方で、無形の文化資産は無限である。ユネスコ無形文化遺産への登録を狙う沖縄空手をはじめ、剣道、柔道、弓道、そして流鏑馬などは、武道ツーリズムのコンテンツとして今後の発展が期待される。

スポーツコミッションは、地域資源を観光資源に転化するために、人為的にスポーツイベントを造成し、その地域にスポーツツーリストが来る理由をつくるという仕事がある。観光資源とは単なる「モノ」ではなく、地域が持つ「物語性」であり、他者との物語の共有から生まれる地域への愛着である。スポーツイベントの場合、イベントの魅力もさることながら、都市とスポーツが持つイメージの整合性や、都市のブランドイメージに占めるスポーツの割合といったものが重要となる。近年、世界の都市が、観光資源としてのスポーツに注目し始め、積極的にコンテンツ化を図るようになってきたが、その背景には、スポーツには人を動かす力があり、スポーツイベントには、人を都市に惹きつける磁力のあることが理解され始めたからである。

5　3つのマネジメントを活用したスポーツ資源の造成

スポーツイベントは、人々が地域を訪れる新たな「理由づくり」として活用できる。地域には、美術館、博物館、水族館のほか、神社仏閣などの歴史的建造物、そして景色の優れた名所旧跡や自然が織りなす美しい景観などがあるが、特別なイベントを行わない限り、訪問者の数が劇的に増えることはない。これらは地域が保有する「静的」(スタティック)かつ持続的な観光資源であり、1年を通して人を引き付けるおだやかな磁力を放出し続けている。

それに対してスポーツイベントは、「動的」（ダイナミック）な観光資源であり、イベントの知名度が高いほど磁力は強まり、遠方から人を引き付ける集客パワーが増す。多くの参加者を集めるマラソン大会やサイクリングイベントなどはその典型であり、普段は生活道路として使われている公道でも、イベントの開催日には多くの参加者と観客を集める。

毎年10万人のファンが訪れ、約30億円の経済効果を生む「さいたまクリテリウムbyツール・ド・フランス」は、自然資源のないさいたま市が、都市資源である道路や広場を活用して行う日本有数のサイクルイベントである。道路や広場は都市のインフラであるが、人びとがこれらの対象に働きかけ、さいたまスーパーアリーナの中にコースを設定し、けやき広場に（さいたま市の食をPRする）「さいたまるしぇ」を設置し、自転車まちづくり政策を推進する「サイクルフェスタ」によって、会場であるさいたま新都心駅周辺が、巨大な磁力を持つ観光資源に転化するのである。

スポーツイベントの場合、強力な磁力が発生するのはイベント開催日に限られ、イベントが終われば開催場所は元の生活道路に戻るが、イベントに満足した参加者は、開催地や主催者に良い印象を抱き、再訪意図も高くなる。それゆえホールマーク（優良）スポーツイベントは、デスティネーションマネジメントの視点からも、都市の強力なプロモーションツールとしての役割を果たすのである。

［執筆担当：原田宗彦］

注

注１：スポーツ庁の調べによれば、２０１７年1月時点で、スポーツコミッションは56あると報告されているが、その数は２０２１年末に目標値の１７０を上回る１７７を達成した。

注２：原田宗彦（２０２０）『スポーツ地域マネジメント　持続可能なまちづくりに向けた課題と戦略』学芸出版社

注３：https://www.townnews.co.jp/0606/2021/12/10/603646.html

注４：https://www.parkrun.jp/

I・3 スポーツツーリストの消費行動

1 多様化するスポーツツーリストのニーズ

新型コロナウイルス感染症の影響により、観光は不要不急の活動とみなされ、2020年および2021年の観光消費は劇的な落ち込みを記録した。コロナ禍前の2019年には21・9兆円（宿泊旅行17・2兆円、日帰り旅行4・8兆円）であった日本人国内旅行消費額は、2021年には9・1兆円（宿泊旅行6・9兆円、日帰り旅行2・2兆円）まで減少した（観光庁、2022a）。これに加えて、2019年に記録した4・8兆円の訪日外国人旅行消費（観光庁、2020）も、2021年10～12月には285億円までに減少した（観光庁、2022b：新型コロナウイルス感染症の影響により2021年1～9月の同調査は中止）。これらの数字を考慮すると、アフター／ウィズコロナ時代の観光消費回復が日本経済の立て直しの起爆剤になることが期待される。

観光庁（2021）の旅行・観光産業の経済効果に関する調査研究では、2019年の日本国内居住者の旅行消費額は国内旅行（宿泊および日帰り）の21・9兆円に加えて、海外旅行にかかわる消費額の4・8兆円が報告されている。これらの数字には「帰省・知人訪問等」と「出張・業務」を目的とした旅行にかかわる消費額も含まれていることに留意する必要があるが、「観光・レクリエーション」を目的とした国内旅行の観光消費は62・9％（13・8兆円）、海外旅行の観光消費は76・3％（3・7兆円）と全体の半分以上を占めている。「観光・レクリエーション」には周遊観光やショッピングなどの一般的な観光行動が含まれるが、アマチュアのスポーツ活動（ゴルフ・テニス・スキー・ダイビング等）、スポーツ観戦、山登り、トレッキングなどのスポーツ参与も数多く含まれている。スポーツツーリストのスポーツ活動や旅行に関わるニーズは多様化してきているため（松岡、2015）、スポーツツーリストの消費行動をしっかりと理解する必要がアフター／ウィズコロナ時代には求められる。そこで、本節では初めに旅行前中後という複数の局面からスポーツツーリストの消費行動を概説する。その後、スポーツ庁が積極的に推進するアウトドアスポーツツーリズムを専門志向化、武道ツーリズムを真正性という概念に基づきスポーツツーリストの消費行動についてそれぞれ考察する。

2 多局面にわたるスポーツツーリストの消費行動

スポーツツーリズムを含む観光行動は、目的地での活動だけではなく、その前後での活動を含む多局面から構成される。先述した観光庁（2021）の旅行・観光産業の経済効果に関する調査研究では、旅行者の消費行動を旅行前中後の3局面に分類している。図表1には、その調査で用いられている日帰り国内旅行、宿泊国内旅行、海外旅行の消費行動品目を3局面ごとにまとめた。紙面の都合上、品目内の具体例は2つまでに絞っているので、項目内容について興味のある読者は原本をご確認いただきたい。品目の大項目は「参加費」「交通費」「宿泊費」「飲食費」「買物代」「娯楽等サービス費・その他」の6種類に分類されている。この中で、「娯楽等サービス費・その他」には、スポーツ観戦、スポーツ施設利用、スキー場リフトなどのスポーツ参与に関わる項目が含まれ、局面別でみるとこれらの項目はすべて「旅行中」に限られる。一般的には目的地での観光行動にスポーツ要素が組み込まれることでスポーツツーリズムが概念化されるため（工藤・野川、2002）、観光庁（2021）の調査研究での分類通り、主目的となる「旅行中」の活動がスポーツツーリストのメインの消費行動となる。しかしながら、スポーツ「ツーリズム」という観点からみると、交通費や宿泊費といった旅行の主目的に直接かかわりのない消費行動も考慮する必要があり、海外航空券のように旅行前後の消費が最も高額になるケースもある。また、近年サイクルツーリズムの人気が高まっているように、旅行前後の移動部分においてもスポーツ要素が組み込まれ、目的地までの移動と目的地での観光行動の境界線が曖昧となるケースも見受けられる。スポーツ庁（2022）の「スポーツ実施状況等に関する世論調査」でも一駅歩きといった活動もスポーツ（ウォーキング）として捉えるようになっており、スポーツツーリストの消費行動も目的地のみの活動に限らない包括的な視点が必要になることがうかがえる。

そのような包括的な視点に立つ際、学術領域でこれまで用いられてきた以下の観光行動の5局面（Clawson & Knetsch, 1966）に基づく分類が、より有用であると考えられる。

- 期待：旅行について想像したり計画したりする時期
- 往路：目的地に向かう行動
- 現場：目的地での実際の観光活動あるいは経験
- 復路：家までの帰路
- 回想：その観光活動あるいは経験の回想、あるいは記憶

この分類では、観光庁（2021）の調査研究にお

図表1：多局面にわたるスポーツツーリストの消費行動　（観光庁（2021）を基に筆者作成）

品目	日帰り旅行（国内）			宿泊旅行（国内）			海外旅行			
	旅行前	旅行中	旅行後	旅行前	旅行中	旅行後	旅行前	旅行中 国内	旅行中 国外	旅行後
参加費	―	ツアー料金	―	―	ツアー料金	―	―	ツアー料金	―	―
交通費	―	レンタカー ガソリン 等	―	―	鉄道 バス 等	―	―	鉄道 航空 等		―
宿泊費	―	―	―	―	宿泊費	―	―	宿泊費		―
飲食費	飲食費（打合せ）	飲食費	―	飲食費（打合せ）	飲食費	―	飲食費（打合せ）	飲食費		―
買物代	菓子類 土産 等	水産物 陶磁器 等	―	医薬品 靴・かばん 等	農産物 飲料・酒 等	―	電気製品 本・雑誌 等	衣類 土産 等		―
娯楽等サービス費その他	レンタル用品 宅急便 等	温泉 遊園地 等	写真プリント 衣類クリーニング 等	旅行保険 美容室 等	スポーツ施設利用 スキー場リフト 等	写真プリント 衣類クリーニング 等	パスポート申請 ビザ申請 等	宅配便 通信料	美術館 スポーツ観戦 等	写真プリント 衣類クリーニング 等

ける「旅行前」を「期待」と「往路」に、「旅行後」を「復路」と「回想」に細分化している。先ほどのサイクルツーリズムのようなケースも踏まえると、「往路」「現場」「復路」の局面でスポーツ参与が含まれる場合をスポーツツーリズムと捉えることができる。この考え方は、スポーツツーリズムが旅行目的レベルによって一次的から三次的までの3種類に区分されること（Higham & Hinch, 2018）と一貫性がある。一次的レベルのスポーツツーリズムでは、旅行者はそのスポーツ参与のみで旅程を決定する。つまり、スポーツ観戦などの「現場」での観光活動が旅行の主目的となる。一方、二次的レベルのスポーツツーリズムでは、旅行者は事前にそのスポーツ参与の機会を認識しているが、旅程決定においてはあまり影響を与えない。三次的レベルのスポーツツーリズムでは、旅行者は事前にそのスポーツ参与の機会を認識していないが、旅の途中での偶然の発見を通して経験することになる。例えば、旅行の主目的である友人や親族訪問の前後の「往路」や「復路」で、計画的（二次的）もしくは偶発的（三次的）にスポーツミュージアムに立ち寄るといったスポーツツーリズム行動が当てはまる。このような3つの目的レベルにわたるスポーツツーリズムの消費行動を捉える際には、Clawson and Knetsch（1966）の5局面の分類の方がより詳細な情報をもたらすことができる。

3 アウトドアスポーツツーリズムと専門志向化

スポーツ庁は日本の豊富な自然資源を活用し、アウトドアスポーツツーリズムを積極的に推進している。アウトドアスポーツツーリストの消費行動を理解するためには、アウトドアスポーツの参加行動を理解する必要がある。これまで、アウトドアスポーツの参加行動を理解するために、用具、技能、活動場面の選好に関して、一般的な状態から特殊化した状態に至る行動の連続体（Bryan, 1977）と定義される専門志向化という概念が用いられてきた。具体的には、アウトドアスポーツの初心者が、用具を取り揃え、必要な技能を習得し、活動場所を選択して取り組む過程を通じて熟練者になっていくというキャリアプロセスを説明する概念である（二宮ら、２００５）。

二宮ら（２００５）は専門志向化を用いて、ウインドサーフィンの参加者を４つのタイプ（不定期→社交志向→競技志向→快楽志向）に類型化し、行動様式の違いを明らかにしている。具体的には、専門志向化の連続体におけるステージが高くなるほど、活動期間（シーズン）や習得技術だけではなく、関連雑誌の購読や用具投資という消費行動も高まることが報告されている。一方で、専門志向化レベルと観光消費の関係性は、活動参加頻度や活動時間のように単純な正の相関関係ではないことに注意する必要がある。例えば、ウインドサーフィン参加にかかわる宿泊旅行回数は、競技志向参加者が快楽志向参加者よりも多かったことを二宮ら（２００６）は明らかにしている。同様に、ウインドサーフィン経験がない（専門志向レベルが非常に低い）観光客は、体験プログラム参加や用具のレンタルなどの観光消費行動をとることが予想される。しかし、彼ら彼女らのウインドサーフィン経験（専門志向レベル）が高まれば、体験プログラム参加の必要はなくなり、用具も自分で揃えるようになる。加えて、ウインドサーフィンを楽しむ時間を最大限に確保するため、他の観光活動に時間を費やすことは少なくなるかもしれない。実際に、サーフタウンと呼ばれる宮崎県日向《ひゅうが》市に来る９割のサーファーはサーフィン以外には何もせず、５割以上が車中泊をするため、サーフタウン振興が観光消費につながらないとの報告がある（事業構想、２０１８）。サーフィンのために車中泊をするような高い専門志向レベルを持つスポーツツーリストが求める観光消費を明らかにすることが、サーフタウンのさらなる発展に求められる。このように、スポーツツーリストの観光消費拡大には、専門志向レベルを考慮したマーケティングが有効であると考えられる。

4 武道ツーリズムと真正性

アウトドアスポーツツーリズムと同様に、スポーツ庁は武道ツーリズムの推進にも力を入れている。特にインバウンドツーリズムにとっては、日本発祥である武道は日本を特別な観光地にする力を秘めている。伊藤（２０２０）は武道ツーリズムを推進するにあたり、真正性（authenticity）について検討する必要性を主張している。真正性とはその名の通り、コピーや偽物ではなく、オリジナルやリアルなモノやコトを指し、観光動機の根幹を成すものである（Wang, 1999）。真正性と商品化の関連性を考慮すると（Higham & Hinch, 2018）、スポーツ庁の武道ツーリズム推進は真正性を最大限に活用したスポーツツーリズムの商品化であるといえる。例えば、沖縄空手会館は空手発祥地というブランドを活かし、空手の体験プログラム、稽古、大会参加（する）や空手関連資料の展示（みる）を通して、真正性を経験できる機会を提供し、国内外から空手愛好家の誘客に成功している（ヒンチ・伊藤、２０１８）。

日本の武道ツーリズム同様、インドでも真正性を活用したヨガツーリズムが西欧からの観光客（主にヨガ実践者）の間で人気が高いことが報告されている（Maddox, 2015）。西欧からの観光客は、インドでヨガレッスンを受講するだけではなく、自国製品よりも質の高いと信じるヨガの本、シャツ、マットバッグを購入する（Maddox, 2015）。このように真正性はスポーツツーリストの消費行動を喚起する。しかしながら、Maddox（2015）の事例では、実際は西欧からの観光客はインドのリアルな社会から隔離され、現地のインド人との交流もほとんどないことが報告されている。それでも、西欧からの観光客は不満に思うこともなく、彼ら彼女らのイメージする真正性をインドで満喫するのである。このように、真正性には客観的な側面だけではなく、観光客自身がどのように観光経験を解釈するのかといった主観的な側面もある（Wang, 1999）。つまり、それぞれの真正性に応じたスポーツツーリストの消費行動を考慮する必要がある。日本の武道ツーリズムにおいては、伝統を受け継ぐ職人がつくる武道用具（の購入）といったモノに紐づく真正性や武道体験プログラムへの参加といったコト（活動を通した経験）に紐付く真正性が挙げられる。これまでスポーツツーリズムと真正性は密接な関係にあることが報告されてきたが（Higham & Hinch, 2018; Takata & Hallman, 2021）、特に武道ツーリストの消費行動の理解においては真正性の視点からのアプローチが重要になると考えられる。

5 複雑に絡み合う消費行動の理解に向けて

本節では、スポーツツーリストの消費行動を旅行前中後の多局面から概説し、アウトドアスポーツツーリズムと武道ツーリズムにおける消費行動の理解に有用であると考えられる専門志向化と真正性の概念についてそれぞれ説明した。最後に、旅行前中後の多局面、専門志向化、真正性は複雑に絡み合っていることを指摘したい。例えば、専門志向レベルの高い人は、目的地までの道中で寄り道をしない（「往路」・「復路」）、真冬のサーフィンのようなシーズン外でも活動を楽しむ（「現場」）、自身の用具のケアを行いながら思い出を楽しむ（「回想」）など、専門志向レベルの低い人と異なる観光行動が各局面で予想される。また、アウトドアスポーツツーリストもパウダースノーのような自然を通して真正性を経験することができ（Wang, 1999）、武道ツーリズムでは体験プログラムから大会参加までの専門志向レベルに合わせたプログラム開発が必要となる。さまざまな要因が絡み合うスポーツツーリストの消費行動を理解するためには、これまでの余暇・レジャー学や観光学で蓄積されてきた知見を最大限に活用することが求められる。

［執筆担当：伊藤央二］

参考文献

- Bryan, H.（1977）. Leisure value systems and recreational specialization: The case of trout fishermen. Journal of Leisure Research, 9（3）, 174-187.
- Clawson, M., & Knetsch, J. L.（1966）. Economics of outdoor recreation. Johns Hopkins Press.
- 事業構想（2018）「サーファーが10年で3倍に：日向市の『サーフタウン構想』とは」（https://www.projectdesign.jp/201804/miyazaki/004744.php）
- Higham, J. & Hinch, T.（2018）. Sport tourism development（3rd ed.）. Channel View Publications.（伊藤央二・山口志郎訳『スポーツツーリズム入門』晃洋書房、2020）
- ヒンチトム・伊藤央二（2020）Research, lifelong sport, and travel: Sustainable sport tourism in the prefecture of Okinawa. 生涯スポーツ学研究、15（2）、1～13頁
- 伊藤央二（2020）「ポスト東京2020オリンピック・パラリンピック競技大会のスポーツツーリズム政策」観光学評論、8（1）、45～53頁
- 観光庁（2020）「訪日外国人消費動向調査 2019年の訪日外国人旅行消費額（確報）」（https://www.mlit.go.jp/kankocho/siryou/toukei/content/001335741.pdf）
- 観光庁（2021）「旅行・観光産業の経済効果に関する調査研究」（https://www.mlit.go.jp/common/001415552.pdf）
- 観光庁（2022a）「旅行・観光消費動向調査2021年年間値（速報）」（https://www.mlit.go.jp/kankocho/news02_000467.html）
- 観光庁（2022b）「訪日外国人消費動向調査2021年10～12月期の全国調査結果（試算値）の概要」（https://www.mlit.go.jp/kankocho/siryou/toukei/content/001461723.pdf）
- 工藤康宏・野川春夫（2002）「スポーツ・ツーリズムにおける研究枠組みに関する研究：〝スポーツ〟の捉え方に着目して」順天堂大学スポーツ健康科学研究、6、183～192頁
- Maddox, C. B.（2015）. Studying at the source: Ashtanga yoga tourism and the search for authenticity in Mysore, India. Journal of Tourism and Cultural Change, 13（4）, 330－343.
- 松岡宏高（2015）「必要なのはマーケティングの発想」、日本スポーツツーリズム推進機構編『スポーツツーリズム・ハンドブック』（42～52頁）学芸出版社
- 二宮浩彰・菊池秀夫・守能信次（2005）「レクリエーションの専門志向化過程からみたウインドサーフィン行動：レジャーの社会的世界におけるフィールドワークを通じて」レジャー・レクリエーション研究、54、1～10頁
- 二宮浩彰・菊池秀夫・守能信次（2006）「専門志向化の概念枠組みによるウインドサーファーの類型化とその測定指標」レジャー・レクリエーション研究、56、1～10頁
- スポーツ庁（2022）「令和3年度『スポーツの実施状況等に関する世論調査』について（速報値）」（https://www.mext.go.jp/sports/b_menu/houdou/jsa_00098.html）
- Takata, K., & Hallmann, K.（2021）. A systematic quantitative review of authenticity in sport tourism. Journal of Sport & Tourism, 25（1）, 26－41.
- Wang, N.（1999）. Rethinking authenticity in tourism experience. Annals of Tourism Research, 26（2）, 349－370.

I・4 地域資源を活用したスポーツツーリズム

1 創出が求められる地域資源とは

前節で述べた通り、近年スポーツ庁は自然と武道という日本特有の資源を活用したスポーツツーリズムを推進してきた。資源は「広く、産業上、利用しうる物資や人材」（小学館、2012）と定義されているように、スポーツツーリズム産業の発展に利用しうる地域資源の創出が求められている。2021年度には、スポーツ庁は地域の特色を活かした国内外旅行者から選ばれる優良コンテンツを創出するため、「スポーツによるグローバルコンテンツ創出事業」を実施した。アウトドアスポーツと武道を含む8つのテーマから、地域の観光資源を活用し、地域外から観光誘客による地域課題の解決に資する取組として12の事業が採択された（スポーツ庁、2022）。採択事業内容の詳細は割愛するが、2020年東京オリンピック・パラリンピック競技大会で注目を浴びたアーバンスポーツやコロナ渦で注目を浴びたスポーツワーケーションなどをテーマに、さまざまな地域資源をスポーツツーリズム推進に活用する魅力的な事業が展開された。

「スポーツによるグローバルコンテンツ創出事業」においてテーマ以外に注目したい点は、札幌といった都市から伊豆大島といった地方まで、地域レベルにおいてのバリエーションである。アメリカの一般的な事例ではあるが**図表1**に示した通り、地域レベルに応じてアクセス可能な余暇・レジャー活動や環境施設が異なることが報告されている（Russell, 2005）。前述した「資源」の定義からもうかがえるように、これらの活動や環境施設は地域資源とも言い換えることができ、観光客を誘致する際の重要な誘因となる。スポーツ基本法において、各地域の実情に即した地方スポーツ推進計画を定めることが推奨されているように（スポーッ庁、２０１１）、各地域に眠るスポーツツーリズム資源もさまざまである。スポーツおよびツーリズムの両者が余暇・レジャーに含まれることを考慮すれば、地域レベルに応じてスポーツツーリズムの資源の特徴が大きく異なることも驚くことではない。特にスポーツツーリズムにおいて、地域資源は都市と地方で異なることが指摘されていることから（原田、２０２０; Higham & Hinch、2018）、本節ではまず都市および地方における地域資源について概説する。その後、地域資源の活用の際に考慮すべき距離との関係性について考察する。

2 都市における地域資源

都市においての象徴的なスポーツツーリズム資源はプロスポーツチームならびにそのホームスタジアム／アリーナである。例えば、２０２２年度の12の日本プロ野球チームは都市（東京、大阪等）に本拠地を構えている。チームの収益構造上、本拠地は経済規模の大きな都市ほど望ましく、例えば北米の４大プロスポーツ（ＭＬＢ、ＮＦＬ、ＮＢＡ、ＮＨＬ）ではウィニペグ・ジェッツ（ＮＨＬ）とグリーンベイ・パッカーズ（ＮＦＬ）を除くすべてのチームが人口１００万人以上の都市を本拠地としている（佐野、２０２１）。そのため、１つの都市に異なる種目のプロスポーツチームが複数存在する事例は数多くあり、チーム間同士の連携がスポーツツーリズムの推進に重要になると考えられる。国内において、２０２１年９月に名古屋スポーツコミッションが、２０２２年１月に大阪スポーツコミッションが設立され、各都市

図表１：地域レベルに応じた余暇・レジャー活動および環境施設　（Russell（2005）を基に筆者作成）

環　境	余暇・レジャー活動	環境施設
都　市	ショッピング、食事、飲酒、観光、演劇、コンサート、映画	ショップ、モール、シアター、バー、レストラン、ミュージアム、図書館
郊　外	散歩、自転車、ショッピング、運動、水泳、ユーススポーツ、ピクニック	モール、運動場、ジム、公園、自然歩道、スポーツコート、プール
地　方	ハイキング、ドライブ観光、友人・親戚訪問、ボート、スキー、乗馬	公園、田舎道、湖、山、川、ビーチ

を拠点とする複数のプロスポーツチームを巻き込んだスポーツツーリズムが推進されている。これまでのスポーツコミッションは地方のスポーツツーリズム資源の創出や磨き上げなどを目的とすることが多かったが、今後は都市型のスポーツコミッションの活動が注目される。

また、人が集中する都市においては、スポーツツーリスト以外の旅行者（知人・親戚訪問、ビジネス等）をスポーツツーリズムに誘うことも可能である。旅行中に思いがけず時間ができた時のスポーツ参加やスポーツ観戦以外にも、ふらっと立ち寄れるようなスポーツ関連ミュージアム（野球殿堂博物館等）やスタジアムツアー（東京ドーム内見学等）などの文化遺産型のスポーツ資源の積極的な活用が求められる（伊藤、２０２０）。加えて、都市には多くの観光資源があり、観光ツアーにスポーツ要素を組み込むパッケージツアーの販売も国内外の都市で行われている。例えば、ニューヨーク観光ツアーとマディソン・スクエア・ガーデンでのスポーツイベント観戦（Harrison-Hill & Chalip, 2005）、東京湾クルーズと新国立競技場内部見学（はとバス、n.d.）などを組み合わせた観光パッケージツアーが販売されている。このような観光資源のパッケージ化は観光地の魅力を促進するだけではなく、観光客の利便性を向上させることにもつながるため（Chalip & McGuirty, 2004; Harrison-Hill & Chalip, 2005）、都市型スポーツツーリズムの推進には効果的な手法だと考えられる。

最後に、都市では新たな試みも活発に行われる。例えば、２０２２年４月に「ＲＥＤ° ＴＯＫＹＯ ＴＯＷＥＲ」というeスポーツパークが東京タワーにオープンした。また、スポーツメーカーが集積する大阪を中心とする関西では、スポーツとさまざまな産業の融合による新たなビジネス創出を促進するプラットフォーム「スポーツハブＫＡＮＳＡＩ」（n.d.）が展開されている。そこでは、最先端のテクノロジーとスポーツのコラボレーションがスポーツツーリズムを促進する地域資源となりうる可能性を示している。そのほかにも、コンクリートジャングルと揶揄《やゆ》されてきた都市が、パルクールのようなアーバンスポーツの資源として活かされる可能性も見受けられる。プロスポーツだけではない、都市におけるスポーツツーリズム資源の創出が今後期待される。

3 地方における地域資源

都市とは対照的に、地方における最大の地域資源は自然である。日本には海洋資源、山岳資源、都市近郊資源、氷雪資源という4種類の自然資源が豊富にあり、数多くのアウトドアスポーツを楽しめる環境が整っている（原田、2020）。この4種類の自然資源に大きくかかわっているのが、高低差の多い日本の特徴的な地形である。スキー、キャニオニング、登山、ラフティング、パラグライダーなどのアウトドアスポーツは、この急峻な地形を活用したものである（原田、2016）。このような豊富な自然資源をもとに、スポーツ庁（2017）は「アウトドアスポーツ推進宣言」を発表し、①アウトドアスポーツが豊かな時間をもたらすこと、②地域を元気にすること、③地域と世界がつながることの3点を強調している。①に関しては、アウトドアスポーツは自然に回帰するという人間の欲求を満たす機能を持つとされ、自然環境で得られる冒険心、自然環境を克服することで得られる達成感、自然環境を通した心身のリフレッシュに寄与することが報告されている（二宮、2018）。②に関しては、詳細は応用編Ⅲ「スポーツツーリズムの推進組織と資金」に譲るが、スポーツコミッション等が推進してきたアウトドアスポーツスポーツツーリズムは、交流人口拡大などの地域活性化に貢献してきた。③に関しては、アウトドアスポーツが外国人観光客を地方に誘客する機能を持つだけではなく、北海道ニセコ町や群馬県みなかみ町のように地方のスポーツ資源創出の立役者が在留外国人であることも報告されている。

日本の自然資源は国内だけではなく、国外からも注目されている。例えば、魅力的な氷雪資源ならびに高低差を活用したニセコ町のスキーツーリズムは、国連世界観光機関から地域活性化の注目すべき事例として紹介されている（World Tourism Organization, 2018）。２０２２年北京冬季オリンピック・パラリンピック競技大会では人工雪の使用が注目を浴びたが、その雪質はパウダースノーのような自然の雪質からは程遠いことが指摘された。都市における地域資源で紹介したスタジアム／アリーナは土地と資金があれば地方においても建築（再現）可能であるが、地方における自然資源は都市で再現することはできない（Higham & Hinch, 2018）。ニセコ町は持続可能な観光開発への取組が評価され、２０２１年に国連世界観光機関から「ベスト・ツーリズム・ビレッジ」を受賞した（World Tourism Organization, 2021）。このように、世界に誇る日本の自然を持続可能な地域資源にするための観光政策や観光開発がこれまで以上に求められる。

4 距離に応じた地域資源

都市と地方の区分にかかわらず、地域資源の活用を考える際には居住地と距離の関連性が重要になる。図表2は居住地からの距離が余暇・レジャー施設の利用者割合に与える影響を示したものである（Smale, 1999）。ここでの重要なポイントは、利用者割合が居住地からの距離と余暇・レジャー施設の種類の組み合わせによって予測できるという点である。一般的に、居住地からの距離が遠くなれば、余暇・レジャー施設の利用は低下する。この現象は距離減衰（distance decay）と呼ばれる。しかし、この利用者割合の減少曲線は、余暇・レジャー施設の種類や特徴によって変化することに注意する必要がある。図表2に示した通り、地域のプールの利用者の大多数は近隣住民であり、遠方からの利用者はほとんどいないため、曲線の変化は急なものとなる。一方、プロスポーツのスタジアムであれば、近隣だけではなく遠方からも利用者を惹き付けるため、曲線の変化は緩やかなものになる。距離減衰の理解は、余暇・レジャー施設の建設地決定や施設利用の効率性向上（Smale, 1999）だけではなく、各地域資源のプロモーションにも活用できるはずである。

加えて、物理距離と時間距離の違いを理解することも重要である。技術革新等による交通網の整備によって、移動時間が大幅に短縮されるという時空間の圧縮が起こっている。そのため、実際の距離よりも距離感覚の方が余暇・レジャー参加に大きく影響を与えることが報告されている（Russell, 2005）。例えば、関西国際空港付近（りんくうタウン等）に住んでいる人は、和歌山県の新宮駅（約230㎞、約4時間）に行くよりも北海道の新千歳空港（約1千80㎞、約2時間）に行く方が近いと感じるかもしれない。2027年に品川・名古屋間の開業を目指すリニア中央新幹線は、東京と名古屋間の時間地図をさらに大きく変化させる。スポーツツーリズムに関する事例を取り上げると、名古屋駅から豊田スタジアム（愛知県豊田市）および新国立競技場（東京都新宿区）までの移動時間が同程度（約1時間）になることが予想される。つまり、名古屋在住の人がJリーグ観戦を思い立った際、金銭感覚は大きく異なるが、豊田スタジアムと新国立競技場での試合観戦が同じ時間感覚を持つことになる。せっかく1時間かけてサッカー観戦に行くのなら、その前後でスタジアム付近の観光をしたいという動

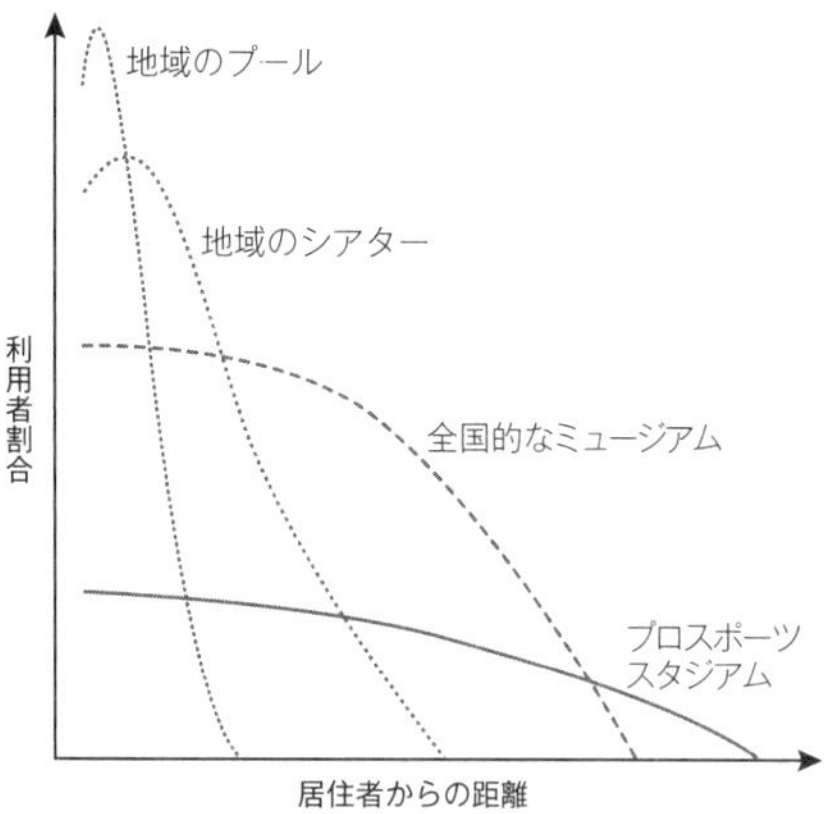

図表2：居住地からの距離と利用者割合の関連性　（Smale（1999）を基に筆者作成）

機に駆られ、新国立競技場でのサッカー観戦を選ぶ可能性が出てくる。逆に、東京に住んでいる人が野球観戦に横浜スタジアム（神奈川県横浜市）やベルーナ（西武）ドーム（埼玉県所沢市）ではなく、バンテリン（ナゴヤ）ドーム（愛知県名古屋市）を選ぶ可能性も出てくる。

地方のスポーツツーリズム推進においても、時間距離の変化は大きな影響を与える。特に、自然を活用した地方のスポーツツーリズム資源の多くはもともとアクセスが良いとはいえない場所にあるため、幹線道路の開通などの交通網整備は大きな影響を与える。例えば岐阜県では、ひるがの高原スマートＩＣ《インターチェンジ》整備により、ひるがの高原スキー場の年間利用者数が２・２倍に増加したことが報告されている（郡上市、２０１３）。しかしながら同時に、人や物資が地方から都市に「吸い取られる」というストロー効果（藤井、２００６）にも注意する必要がある。交通網が整備されることで、これまで目的地だった場所が通過地に変わってしまう可能性や、観光消費額が多い宿泊客が減少し、観光消費額が少ない日帰り客が増加する可能性も考えられる。交通網整備のメリットを十分に享受するためには、「吸い取ることのできない」魅力的な地域資源の創出が求められる。

5 求められる利害関係者の巻き込み

本節では、都市と地方の区分からスポーツツーリズムにおける地域資源を概説し、それぞれ異なる特徴を持つ地域資源に応じた距離減衰を考慮したスポーツツーリズム推進が必要であることを指摘した。また、地方における地域資源で持続可能な開発について言及したが、都市においてもスタジアム／アリーナ建設やスポーツイベント開催などの文脈において、持続可能な開発を視野に入れた地域資源の創出および磨き上げが必要となる。さらには、都市・地方の区分にかかわらず、地域資源の創出および磨き上げには、組織（Ⅲ-１）、予算（Ⅲ-2）、人材（Ⅴ-1、2、3）という要因も重要であり、だからこそスポーツツーリズム推進にはさまざまな利害関係者を巻き込むことが求められるのである。

［執筆担当：伊藤央二］

参考文献

- Chalip, L., & McGuirty, J.（2004）. Bundling sport events with the host destination. Journal of Sport & Tourism, 9（3）, 267–282.
- 藤井聡（２００６）「幹線交通網整備の社会的なメリットとデメリット」運輸政策研究、８（４）、19～24頁
- 郡上市（２０１３）「ひるがの高原スマートIC：開通後の利用状況及び整備効果」（https://www.city.gujo.gifu.jp/life/detail/ic-1.html）
- 原田宗彦（２０１６）『スポーツ都市戦略　２０２０年後を見すえたまちづくり』学芸出版社
- 原田宗彦（２０２０）『スポーツ地域マネジメント　持続可能なまちづくりに向けた課題と戦略』学芸出版社
- Harrison-Hill, T., & Chalip, L.（2005）. Marketing sport tourism: Creating synergy between sport and destination. Sport in Society, 8（2）, 302－320.
- はとバス（n.d.）「国立競技場内部見学と東京湾クルーズ」（https://www.hatobus.co.jp/course/2021/autumn/A7347）
- Higham, J., & Hinch, T.（2018）. Sport tourism development（3rd ed.）. Channel View Publications.（伊藤央二・山口志郎訳『スポーツツーリズム入門』晃洋書房、２０２０）
- 伊藤央二（２０２０）「ポスト東京２０２０オリンピック・パラリンピック競技大会のスポーツツーリズム政策」観光学評論、８（１）、45～53頁
- 二宮浩彰（２０１８）「野外レクリエーションのマネジメント」、川西正志・野川春夫編『生涯スポーツ実践論（第４版）』（39～42頁）、市村出版
- Russell, R. V.（2005）Pastimes: The context of contemporary leisure（3rd ed.）. Sagamore.
- 佐野毅彦（２０２１）「北米のプロスポーツ」、原田宗彦編『スポーツ産業論（第７版）』（１８４～１９４頁）、杏林書院
- 小学館（２０１２）『大辞泉（第２版）』小学館、１５８１頁
- Smale´ B. J. A.（1999）Spatial analysis of leisure and recreation. In E. L. Jackson´ & T. L. Burton（Eds.）´ Leisure studies: Prospects for the twenty-first century（177－197）. Venture.
- スポーツ庁（２０１１）「スポーツ基本法（平成23年法律第78号）」（条文）（https://www.mext.go.jp/sports/b_menu/sports/mcatetop01/list/detail/1372293.htm）
- スポーツ庁（２０１７）「アウトドアスポーツ推進宣言」（https://www.mext.go.jp/sports/b_menu/sports/mcatetop09/list/detail/1399436.htm）
- スポーツ庁（２０２２）「スポーツによるグローバルコンテンツ創出事業成果発表会の開催について」（https://www.mext.go.jp/sports/b_menu/houdou/jsa_00093.html）
- スポーツハブKANSAI（n.d.）「スポーツハブKANSAIとは」（https://www.osaka.cci.or.jp/sports/about/）
- World Tourism Organization（2018）. Sustainable mountain tourism: Opportunities for local communities.（https://doi.org/10.18111/9789284420261）
- World Tourism Organization（2021）. UNWTO announces list of ʻBest Tourism Villagesʼ 2021.（https://www.unwto.org/news/unwto-announces-list-of-best-tourism-villages-2021）

I・5
COLUMN

みる・するスポーツとしてのアーバンスポーツの可能性

❶ アーバンスポーツとは？

2020年東京オリンピック・パラリンピック競技大会（以下、「2020年東京大会」）からスケートボードやサーフィン、スポーツクライミング、バスケットボール（3×3）、自転車のBMXなどといった新種目が採用された。これらは総称してアーバンスポーツ（urban sport）と呼ばれ、公園や路地裏などで楽しむ遊びとして始まり、近年若者を中心に急成長している分野である（アーバンスポーツツーリズム研究会、2021）。日本国内では2020年東京大会を契機にその認知度が高まったが、海外に目を転じると、アーバンスポーツを含むエクストリームスポーツは[注1]、スポーツ産業の中でも数十億米ドル規模を誇り、エクストリームスポーツツーリズムの市場は7兆米ドルを超えたと報告されている（ColeReport, 2020）。

アーバンスポーツがオリンピックの正式種目として採用された背景には、「若者のスポーツ離れ」に対する国際オリンピック委員会の深刻な危機感の表れがある。これは海外だけの話ではない。PR TIMESの調査によると、国内のZ世代と呼ばれる若者にオリンピックに関する調査を行ったところ、半数が東京オリンピックの開催日を知らないという結果となった（PR TIMES, 2021）。これは、従来のオリンピック正式種目に対して「体育」のイメージが拭いきれず、Z世代にとってオリンピックが魅力的なスポーツイベントとなっていないからである。そこで近年のオリンピック大会ではアーバンスポーツが相次いで採用されてきた。アーバンスポーツは、「どこでも楽しめる遊び」の要素が強く、従来の正式種目とは異なる発展を遂げることが期待されている。さらに、若者の人口流出が顕著な国内の地方自治体でも、若者の交流人口拡大を促す1つの方針として、アーバンスポーツに舵を切るケースが増えている。本節では、みるスポーツおよびするスポーツとしてのアーバンスポーツを題材に、現状と今後の可能性について、海外の研究動向も概観しながら言及していきたい。

❷ 国内におけるアーバンスポーツによるまちづくり

アーバンスポーツは本来、専用競技場がなくても、まちの中に点在する「まちの風景」である階段や手すり、そしてスロープ（坂）など、すでに整備されたアーバンな環境を利用できることがメリットである。それゆえ、近年のスポーツ政策でもアーバンスポーツを積極的に取り組む自治体が増えつつある。例えば、神奈川県寒川町《さむかわまち》では、まちの認知度の向上と若者離れに歯止めをかけることを目標に、若者をターゲットとしたアーバンスポーツを軸とするまちづくりに着手。ＢＭＸフリースタイルやスケートボード、ブレイクダンスなどの世界大会を誘致し、４万８千人の町に２万５千人が観客として訪れた（ＮＨＫ、２０１９）。ほかにも北海道北広島市、宮城県仙台市、埼玉県さいたま市などの地方自治体でも「アーバンスポーツ」がそれぞれのスポーツ振興計画に明記され、市民の参加や大会の誘致に積極的に乗り出している。とりわけ、名古屋市の「名古屋市スポーツ戦略」では、地域スポーツ振興戦略の基本軸の１つとして「アーバンスポーツの振興」が明記されている（図表１）。

図表１：アーバンスポーツによるまちづくりを推進している自治体事例

No	行政区分	箇所	計画名	計画期間
1	市	北広島市	北広島市スポーツ振興計画	2021 年度～ 2030 年度
2	市	仙台市	仙台市スポーツ推進計画	2022 年度～ 2031 年度
3	市	さいたま市	第２期さいたま市 スポーツ振興まちづくり計画	2021 年度～ 2031 年度
4	市	名古屋市	名古屋市スポーツ戦略	2021 年度～ 2030 年度

❸ 笠間市のケース

茨城県笠間市は、伝統工芸品の「笠間焼」で知られており、主に高齢者に人気の観光地であるが、ほかの地方都市同様、若者の集客が課題となっていた。そこで同市では２０２１年３月に笠間スポーツコミッションを立ち上げ、「笠間市はスケートボードの聖地」というコンセプトのもとアーバンスポーツを用いた新たな観光資源の開発に乗り出した。その取り組みの１つがスケートボード専用施設の整備である（図表２）。このムラサキパークかさまは、株式会社ムラサキスポーツと10年間の指定管理契約

図表２：ムラサキパークかさま

を締結し、国内最大級のスケートボード専用施設として２０２１年4月にオープンした。「自然の中に、コンクリートのパークがある異質性」をテーマに県営笠間芸術の森公園内に建設され、ほかにも陶芸体験ができる大きな施設が併設されている。笠間市は、スポーツと芸術を融合した特殊な環境を生かし、全国大会や合宿の誘致も進めており、スケートボードによるまちづくりの先駆的な事例となっている。

筆者は、２０２１年12月にムラサキパークかさまで開催された第4回日本スケートボード選手権大会Kasama City Cupの観戦者を対象に質問紙調査を実施した。その結果、アスリートと観戦者の年齢に大きな差があるという特徴が導出された。今大会出場した選手の中で最年少は9歳であり、観戦者の平均年齢は43・06歳であった（50歳代以上が全体の30％）。近年スポーツイベントの効果検証を行っている研究では、アスリートが競技をしている姿に刺激され、自身もそのスポーツを始めてみたいという「デモンストレーション効果」（demonstration effect）が多く報告されている（e.g. Potwarka et al. 2018; Weed et al. 2015）。またスポーツ観戦を通して観戦者のウェルビーイングを高める研究や（e.g. Jang et al. 2017; Oh et al. 2020）、観戦を通じてバイタリティが高まるといった、観戦者の心理やメンタルへの効果に言及する研究も行われている（e.g. Yamashita, 2021）。笠間市のケースに置き換えると、スケートボード観戦者は新たにスケートボードを始めてみたいという動機付けはもとより、若いアスリートが挑戦する姿を見て、自分自身も元気や勇気、生きがいをもらえるといった、観戦を通じたメンタルヘルスへの影響があるように感じた。

アーバンスポーツ観戦者への心理面へのアプローチだけでなく、アーバンスポーツ実施者に対する研究も近年顕著に増え始めている。アーバンスポーツをはじめとするエクストリームスポーツを行う人は刺激的なことを探求し続けるという性質（sensation-seeking）を持った人が多いということが報告されている（Jack & Ronan, 1998）。エクストリームスポーツは怪我などのリスクと常に隣り合わせであり、そのリスクを乗り越えることで、ストレスの軽減や自己肯定感の向上など（Alkan & Akis, 2013）、自己効力感（Baretta et al. 2017）に影響があることが証明されている。さらに近年では、このようなスポーツは心身の健康をもたらすだけでなく、自然とのつながりを持つことで環境問題を意識するようになる（MacIntyre et al. 2019）といったポジティブな社会参加を引き起こす可能性も示唆されている。また、近年では若者だけではなく、高齢者も参加できるアーバンスポーツとしてパルクールを推奨している国も出てきた。シンガポールでは、身近な場所で始められる全身運動という利点だけではなく、新しい人々と交流するといった、参加者間の新たなコミュニティの形成にも寄与する活動として推奨されている（Today, 2021）。

このように、アーバンスポーツは観戦者の立場から、当事者の生きがいやモチベーション向上につながるだけでなく、実際にアーバンスポーツを行っている実施者の立場からも、ストレスの緩和やウェルビーイングにつながることが指摘されている。このような海外のエビデンスが、国内でも多く蓄積されることによって、より一層アーバンスポーツがスポーツ振興やまちづくり、そして市民の健康政策の一助となることが期待されている。

❹ アーバンスポーツツーリズムへの発展の可能性

長期化するコロナ禍で密を避けたアウトドアアクティビティが注目を集めているが、ツーリズム産業の観点からも、アーバンスポーツは有望な観光資源であるという認識が広まっている。アーバンスポーツは都会にある環境を利用することが本来の趣旨だが、人との距離を気にすることなく、自然と触れ合いながら、アーバンスポーツを楽しめる環境を整備することも重要である。実際に笠間市ではスケートボード専用施設にキャンプ場の併設計画が進められており、大会スポンサーとしてキャンプやアウトドアスポーツを手がける企業が名を連ねている。さらに既存の観光資源（例えば、笠間焼の陶芸体験教室など）との融合により、交流人口の伝統工芸文化への理解につながることが期待される。そのためには大会に関する情報だけでなく、現地での体験やツーリズムに関する情報を、ソーシャルメディアなどを通して、より積極的に発信を行っていくことが必要であろう。

［執筆担当：山下玲］

注

注１：エクストリームスポーツとは、過激な速度や高度をはじめ、物理的に難易度が高い目標などに挑戦する、危険性の高いスポーツの総称である（日本大百科全書、２０１６）。

参考文献

- アーバンスポーツツーリズム研究会（２０２１）「アーバンスポーツツーリズム推進に向けた論点整理」（https://www.mext.go.jp/sports/content/20210407-spt_stiiki-000014050_1.pdf, Retrieved on March 7th）2022
- Alkan, N., & Akis, T.（2013）. Psychological characteristics of free diving athletes: A comparative study. International Journal of Humanities and Social Science, 3, pp.150 – 157.
- Baretta, D., Greco, A., & Steca, P.（2017）. Understanding performance in risky sport: The role of self-efficacy beliefs and sensation seeking in competitive freediving. Personality and Individual Differences, 117, pp.161 – 165.
- ColeReport.（2020）. Global extreme sports travel insurance market 2020 growth, innovations, demand, size, revenue, emerging trends, players, type, applications, new development and forecast 2026. Mart Research.
- Jack, S. J., & Ronan, K. R.（1998）. Sensation seeking among high-and low-risk sports participants. Personality and Individual differences, 25（6）, pp.1063 – 1083.
- Jang, W., Ko, Y. J., Wann, D. L., & Kim, D.（2017）. Does spectatorship increase happiness? The energy perspective. Journal of Sport Management, 31（4）, pp.333 – 344.
- MacIntyre TE, Walkin AM, Beckmann J, Calogiuri G, Gritzka S, Oliver G, Donnelly AA and Warrington G（2019）An Exploratory Study of Extreme Sport Athletes' Nature Interactions: From Well-Being to Pro-environmental Behavior. Front. Psychol. 10:1233.
- ＮＨＫ（２０１９）「日本スポーツ界 新たなる潮流（時事公論）」（https://www.nhk.or.jp/kaisetsu-blog/100/414796.html）
- Oh, T., Kang, J.-H., & Kwon, K.（2020）. Is there the relationship between spectator sports consumption and life satisfaction? Managing Sport and Leisure, 1 – 13.
- Potwarka, L. R., Drewery, D., Snelgrove, R., Havitz, M. E., & Mair, H.（2018）. Modeling a demonstration effect: the case of spectators' experiences at 2015 Pan Am Games' track cycling competitions. Leisure Sciences, 40（6）, 578 – 600.
- ＰＲ ＴＩＭＥＳ（２０２１）「【Ｚ世代の意識調査】『２０２０東京オリンピックについてどう思う?』応援している競技〝選手もピックアップ‼」（https://prtimes.jp/main/html/rd/p/000000021.000048437.html）´ Retrieved on March 11th, 2022.
- Today（2021）Not just a sport for young men, parkour draws women, older folk who learn to roll, jump, crawl. https://www.todayonline.com/singapore/not-just-sport-young-men-parkour-draws-women-older-folk-who-learn-roll-jump-crawl, Retrieved on February, 22nd, 2022.
- Weed, M., Coren, E., Fiore, J., Wellard, I., Chatziefstathiou, D., Mansfield, L., & Dowse, S.（2015）. The Olympic Games and raising sport participation: a systematic review of evidence and an interrogation of policy for a demonstration effect. European sport management quarterly, 15（2）, 195 – 226.
- Yamashita, R.（2021）. Mega-para-sporting event social impacts perceived by Tokyo residents: comparison of residents' vitality. Sustainability, 13（16）, 9311.

基礎編

Ⅱ

スポーツイベント概論

Ⅱ・1 スポーツイベントによる地域活性化

1 スポーツイベントから波及する多様な効果

日本で開催されたラグビーワールドカップ2019日本大会や2020年東京オリンピック・パラリンピック競技大会（以下、「2020年東京大会」）といった国際的スポーツイベントは、多くのステークホルダーを巻き込むそのインパクトの大きさから「メガスポーツイベント」とも称される。人々を魅了するメガスポーツイベントの特性は、研究対象として多くの研究者に取り上げられ、その波及効果の特定や分類が試みられてきた（Getz, 2008）。例えば、メガスポーツイベントからは大きな需要と価値が見込まれ、都市開発に伴った経済効果や開催都市イメージの向上などに期待が寄せられる。また、多くの人々が注目することから、国民を巻き込んだ熱狂が生まれやすく、快感情（感動・興奮）や一体感が伝播して国民を一時的な陶酔状態（Euphoria）に陥らせる（Sullivan, 2018）。その他、人々が応援チームなどに対して形成する強い心理的な結び付きや（e.g. Trail et al., 2003）や帰属意識（例えば、国や地域）などの変数が強くかかわるのもスポーツイベントの特徴といえる（Heere et al., 2016）。こうした要因は、人々に内在する内的要因であるが、近年は、プロ野球のボールパーク化の進展や、プロバスケットボールリーグのBリーグが中心となって進めるアリーナのエンタメ化など、スタジアム・アリーナの「非日常空間の創出」といった外的要因も人々の感情喚起を誘発する。一方で、近年メガスポーツイベントに対する逆風は強くなってきており、特に開催地に与える経済的な過負担や様々なリスク（混雑混乱、感染症対策、テロ等）は無視できない阻害要因ともなっている。

2 メガスポーツイベント v.s. ノン・メガスポーツイベント

Agha & Taks（2015）は、イベントが必要とする資源（Event resource demand）と都市が供給できる資源（City resource supply）に着目し、メガスポーツイベントとノン・メガスポーツイベントのどちらが正の経済効果を生み出すかを経済学的観点から検討した。ここでいう資源とは、人・財政的資源および物質的資源（スポーツ施設、宿泊施設、交通インフラ）を指している。分析の結果、メガスポーツイベント（FIFAワールドカップや夏季五輪）が必要とする資源を供給できる開催都市はないと結論付けた。すなわち、メガスポーツイベントは巨大過ぎるがゆえ、開催都市への経済的負担が大きく、正の経済効果が生まれない可能性が高いことを指摘したのである。国際オリンピック委員会（IOC）はこうした課題を認識しており、イベントが必要とする資源を減らすことで（例えば、既存施設の活用）開催都市に負荷の少ない大会形式を模索しているが、オリンピックに代表されるメガイベントのあり方がこれまで以上に問われているのは間違いない。

一方、地域で開催できる比較的小規模なノン・メガスポーツイベント（例えば、マラソン、サイクルイベントなど）は、開催地域が提供できる資源を超えないイベント形態を取ることが可能である。規模がコンパクトであることから経年開催が可能であり、中小規模ではあるものの持続的な経済効果を創出することも不可能ではない。また、こうした大会の参加者や関係者は地元住民が関与していることが多く（Djaballah et al. 2015）、外部からの大きな需要は期待できないが、市民向けの健康促進やスポーツ参加率向上、ソーシャルキャピタル（社会関係資本）の強まりといった社会効果が期待される（Taks, 2013）。他方で、補助金に頼りがちな赤字体質のイベントや差別化の図れない大会は淘汰のリスクもあり、コロナ禍を経てその流れが加速する可能性をはらんでいる。したがって、イベント主催者は連携するステークホルダーと良好な関係性を築きつつ、大会から波及する効果をいかにして最大化・最適化していくかが持続可能な大会への鍵となる（Oshimi & Yamaguchi,

2022）。

3 イベント価値の最大化

スポーツイベントは、単にイベントを観戦・参加するだけでなく、周辺地域への観光や気候風土を体験する絶好の機会となる。開催地域からするとスポーツツーリスト獲得のチャンスであり、イベント期間外を含めた再訪意図・行動意欲を高めるために、イベント参加者の満足度を高める創意工夫が必要となる（e.g. Kaplanidou & Gibson, 2010）。参加者の満足度が高いイベントは、コースや会場の充実に加えて開催地域の一体となった参加者へのおもてなしが手厚く、こうした経験は参加者の参加イベント選択の重要な一要素となっている（e.g. Chen & Funk, 2010; Zhang et al., 2019）。このように、イベント参加者を満足させることでイベントの価値を最大化し、得られた社会・経済的便益を還元していく戦略的な取り組みをイベントレバレッジ戦略と呼び（Chalip, 2014）、**図表1**のような取り組みが推奨される（O'Brien & Chalip, 2006）。

また、より効果的な便益を得るためには、スポーツイベント特有の祝祭空間を演出する必要があり（Chalip, 2006）、イベント参加者・ステークホルダー間の交流を促す機会の醸成が重要となる。例えば、①社会課題と関連するイベントの開催、または②イベント参加者またはステークホルダー同

図表1：イベントレバレッジ戦略の取組例

社会効果
・イベントと地域が抱える社会的問題を関連付けて、社会問題の改善に取り組む
・イベントを地域が抱える問題に関する広告や報告書に用いて、課題解決につなげる
経済効果
・イベント訪問者の滞在時間を延ばし支出を増加させる
・関係するステークホルダーとのビジネス機会を拡大させる
・メディアなどを通じて開催地域のブランドイメージを向上させる
・開催地域の広告やプロモーションにスポーツイベントや選手を起用する

士が交流できる場の提供はその一例である。近年、我が国でもVIPや企業向けのホスピタリティシートの導入が進みつつあるが、そこでは交流・接待・商談の場としての機能も期待されている。また、新たな視点として環境問題とスポーツイベントの関係性も今後密接になっていくことが予想されることから（山口ら、2018）、経済・社会・環境的側面からイベントを評価していくフレームワーク（例えば、トリプルボトムライン）が必要となってくるであろう（図表2）。

4 地域活性化をどう定義し実現させるか

スポーツを通じて地域を活性化させるために最初にすべきことは、地域活性化の定義に伴ったビジョンと戦略の策定である（Kavaratzis, 2008）。具体的には、地域のニーズや課題を特定することがまずは重要であり、それに基づいて戦略目標やKPIを設定する。地域のニーズや資源はそれぞれで異なることから、スポーツを通じて地域の何を活性化させるか

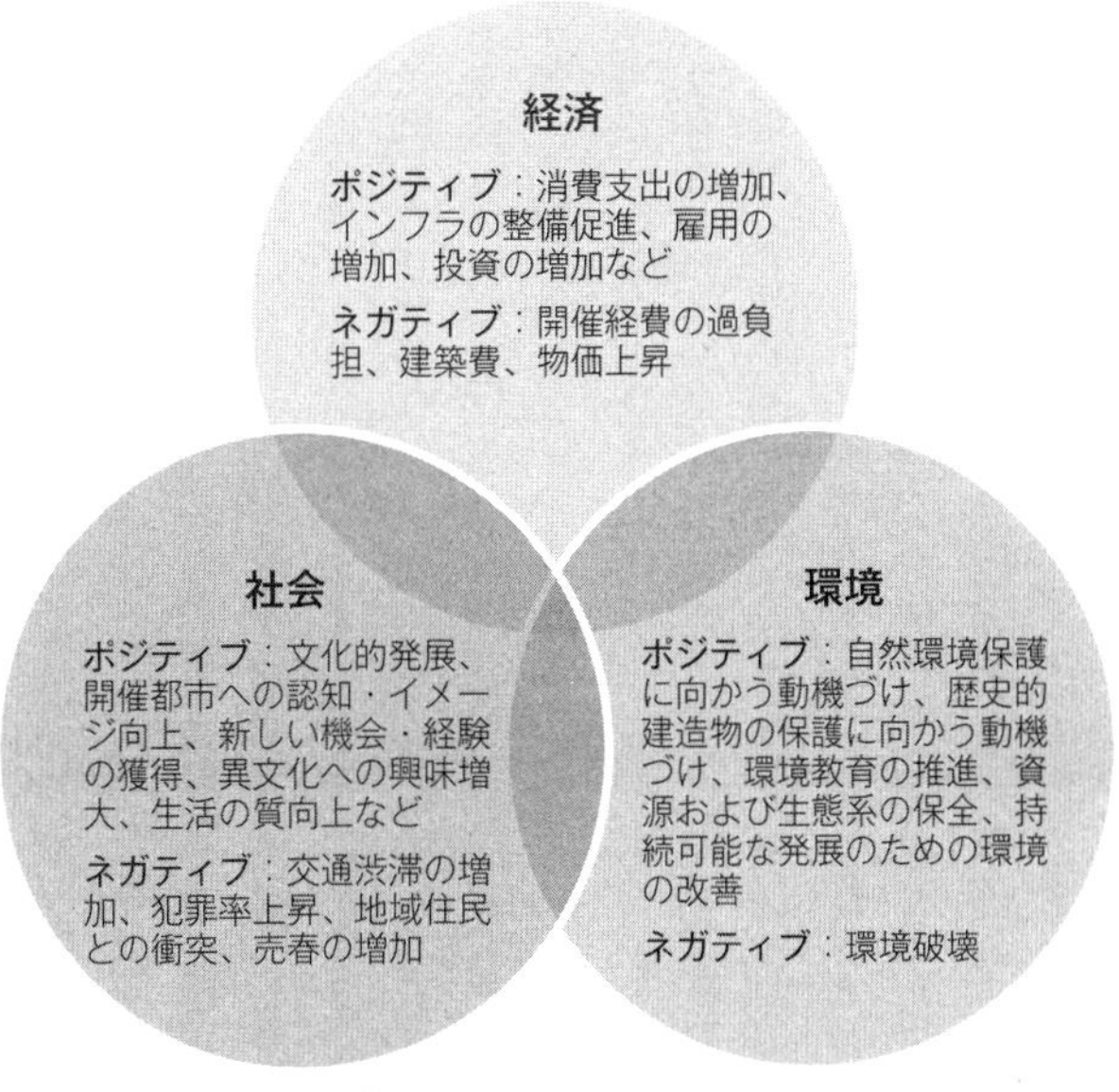

図表2：スポーツイベントのトリプルボトムライン　（山口ら、2018）

は地域によって異なるはずである。戦略目標を達成する手段の1つとしてスポーツやスポーツイベントがあり、地域が持つ資産を組み合わせながらその価値を最大化し、KPIの達成に向けてこれらを活用していくというマインドセットが重要である。

こうした一連のプロセスは、「地域課題・ニーズを起点とした地域活性化理論」(Problem-based Community Development Theory) で説明される。本理論は、地域住民の生活の質の向上に向けて、地域が抱えるニーズや問題に着目するアプローチであり (Nel, 2018)、スポーツを活用した地域活性化戦略の説明に用いられる (Kaplanidou, 2020)。本アプローチでは、調査や住民との対話および地域が持つ歴史・文化や課題の分析を通じた地域課題の抽出が重要となる。また、戦略を実行していくにあたっては、ステークホルダーとの良好な関係を築いていくことが極めて重要であり (e.g., Chalip,2014; Gao et al., 2020)、特に、スポーツイベントの開催には、開催地域 (地元住民、自治体、警察・消防、民間企業、メディア等) の協力が欠かせない (Djaballah et al., 2015; Oshimi & Yamaguchi, 2022)。

一方で、地域にすでに価値を有する資産 (例えば、豊富な自然資源、有名なスポーツ施設・イベント) がある場合、それらを利用して地域の課題解決に向けた戦略目標を立てるアプローチも存在する。これを「地域資源を起点とした地域活性化理論」(Asset-based Community Development Theory) と呼ぶ (Mathie & Cunningham, 2003)。双方の違いは最初に注目する点を地域の課題とするか資産にするかという点であるが、「課題を解決する手段として地域の資産を活用する」という点は共通である。

図表3は、都市ブランディングのフレームワーク (Kavaratzis, 2008) にスポーツイベントの文脈を加えたものである。ビジョンとパーパスの設定から始まり、戦略目標 (地域のニーズ)、手段 (地域資源) と続く本モデルのうち、特に重要なのは、最初のプロセスで行われる価値共創プロセス、すなわち地域住民やその利害関

係者との協議、地域の文化・歴史、課題を踏まえたビジョンとパーパスの特定である。スポーツイベントを通じて何を（ビジョン）成し遂げたいのか、何のために（パーパス）スポーツイベントを行うのかを地域のニーズ・実情に合わせて徹底的に議論し、アイデンティティを構築（Identity Building）できれば、自ずと固有の地域活性化の定義・戦略目標の策定につながるはずである。そして、手段である地域資源を活用して戦略目標の達成に向けてステークホルダーと協業していくことで、スポーツイベントを通じた地域活性化へのロードマップが構築されていく。

5 地域活性化をどう評価するか

スポーツイベント開催に伴う懸案事項として、人が集まるイベントならではのリスク管理（例えば、危機管理・感染症対策）や開催地域との関係づくり、またはイベントマネジメント人材の不足などが挙げられるが、ここではイベントの効果検証が

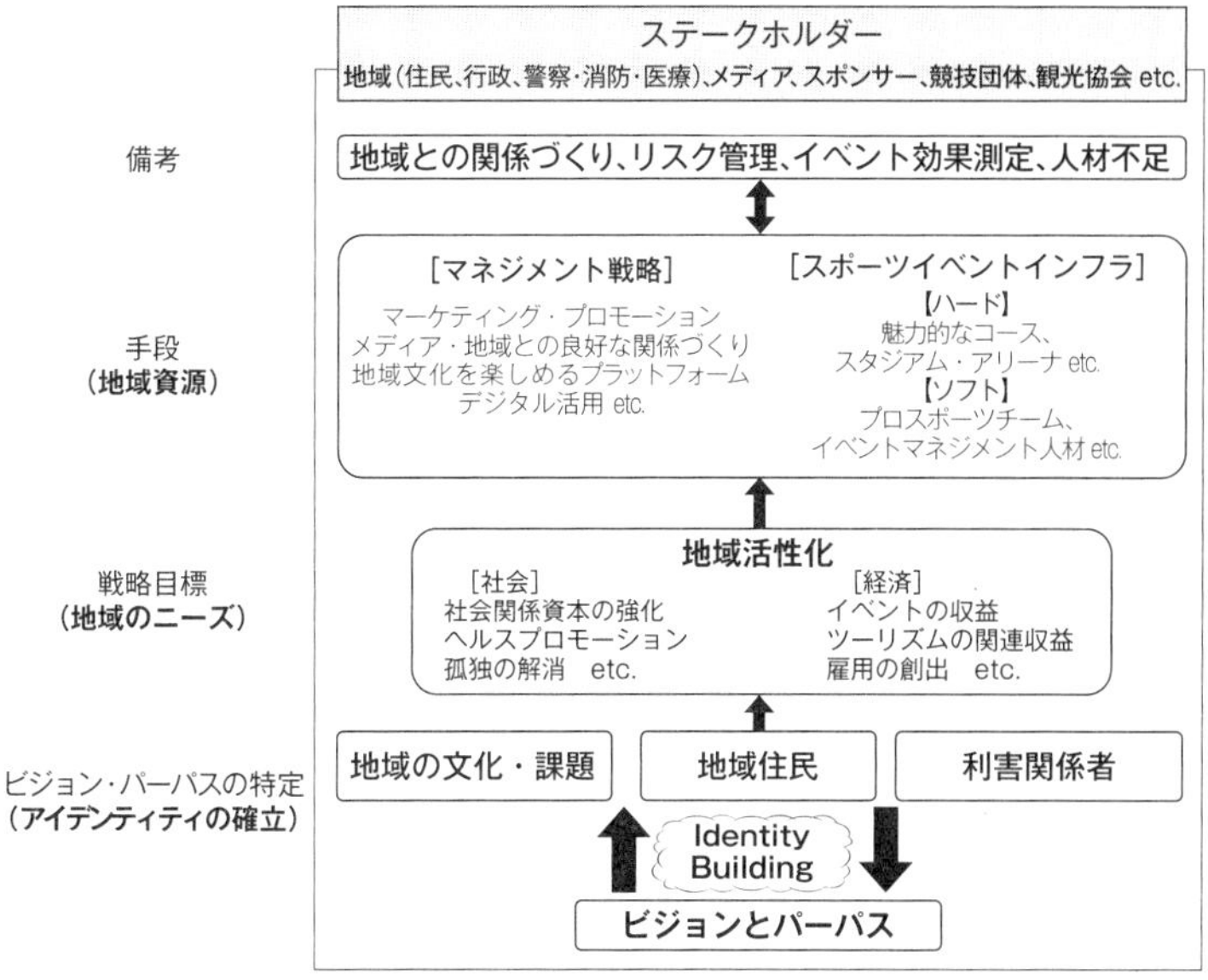

図表3：スポーツイベントを通じた地域活性化のフロー例　（Kavaratzis, 2008を基に筆者作成）

十分に行われていない点に着目する。イベントの評価項目として最も一般的なのが経済効果であることは周知の事実であるが、前述の通り社会効果への関心も高まってきている。いずれの効果においても評価のロジックを形成する道筋（ストーリー）を提供するのが「変化の理論」（Theory of Change）である（図表4）。

本理論は、何らかの活動に対するインプット（投入リソース）とアウトプット（活動内容）によってどのようなアウトカム（変化）が生じる（生じた）のかを論理的に導き出す（Vogel, 2012）。インプットとは、活動を行うために投入した資源（人件費や事業経費等）であり、アウトプットはその活動の回数（例えば、イベント開催の回数、参加人数など）となる。一方、アウトカムは、事業成果を表すことから、イベント開催に伴う経済波及効果、運動実施率の向上、ウェルビーイングの増大などが該当する。重要なのはアウトプット（大会を何回開催した、何名参加した）だけではなく、その結果のアウトカ

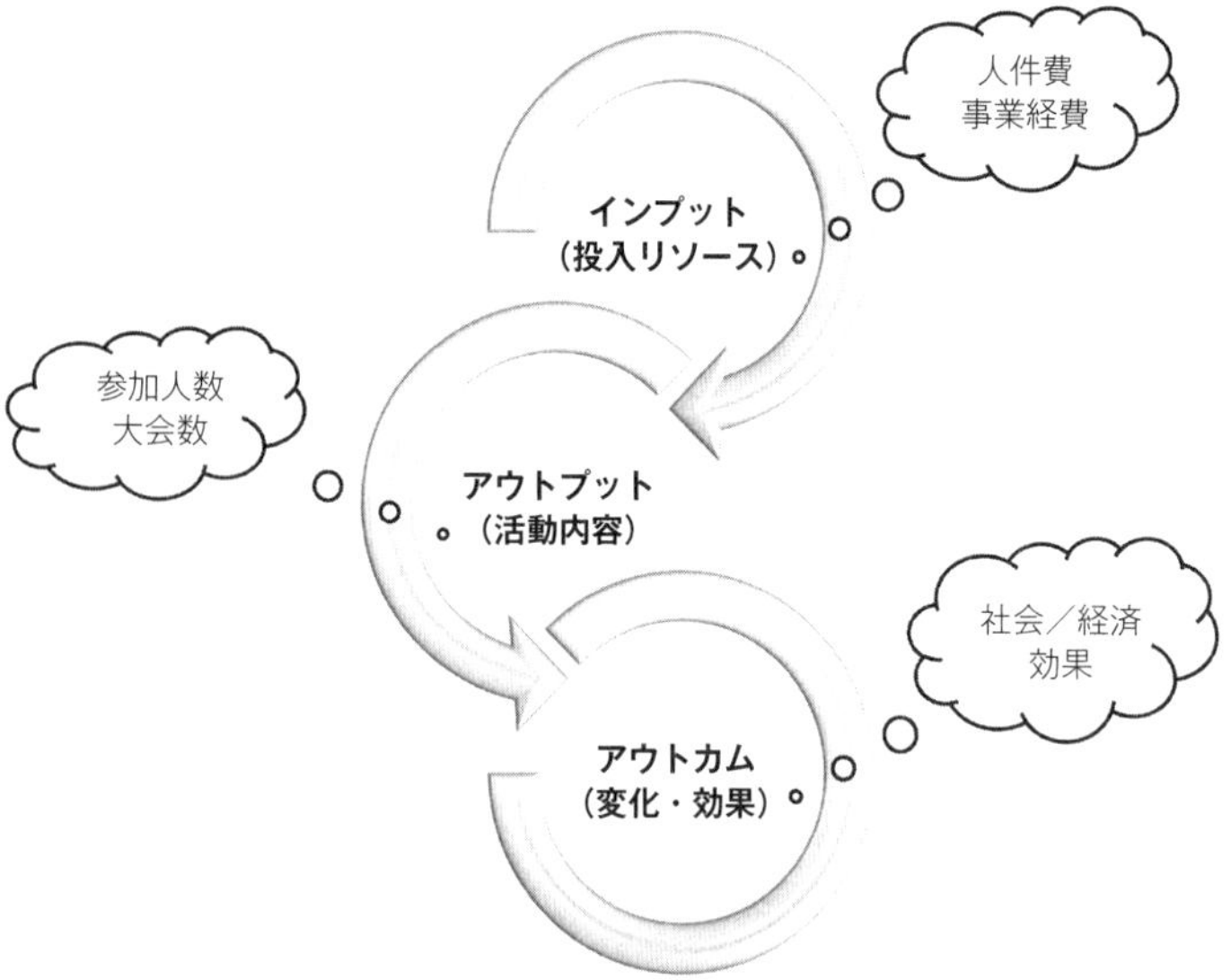

図表4：変化の理論（Theory of Change）

ム（何がどのように変化した）であり、可能な限りこうした変化をエビデンス化（数値化）・見える化することである。

残念ながら、アウトプットを事業評価の指標にする事例が多く散見されるのが現状であり、早急に改善していくべき課題といえる。エビデンス（根拠や証拠）を基にした政策立案（Evidence-Based Policy Making：ＥＢＰＭ）の重要性が指摘される中、アウトカム指標の多様化に加え、新たな評価方法の開発も行われている。例えば、Lombardo et al.（2019）はプロサッカークラブから波及する効果として、ファンらの経済的支出（ホテル滞在費や交通費など）に加えて、都市や企業のイメージ改善やファンらの心理的な健康の改善にかかわる効果を金銭価値化して、サッカークラブの活動が地域にもたらす効果の可視化を行っている。彼らが用いた手法は、ＳＲＯＩ（社会的投資収益率）という比較的新しい効果検証ツールであり、費用対効果の算出に伴う資源配分の最適化やステークホルダーとのコミュニケーションの活性化などが期待されている（King, 2014）。

筆者もプロサッカークラブ（松本山雅ＦＣ）がホームタウンで展開する運動プログラムのＳＲＯＩを算出したが（Oshimi et al. 2022）、その推計方法はシンプルで、アウトカムの貨幣換算価値／インプットの貨幣換算価値の割り算で表される。難しいのは自らのプログラムやイベントが誰に対して、どのような有形・無形の価値を提供しているのかを可視化（数値化）する点にある。価値の把握はインタビューやアンケート調査を通じて行うのが一般的であり、イベント主催者は何らかの形でイベントの波及効果を定量的に把握し、事前に設定したＫＰＩの効果検証を客観的に把握する努力が求められる。

近年は、観光庁が開発した「ＭＩＣＥ開催による経済波及効果測定のための簡易測定モデル（ＭＩＣＥ簡易測定モデル）」や、前述したＳＲＯＩの手法が公開されているが（英国内閣府サードセクター局、２０１２）、改善の余地も残されている。先行する北米やヨーロッパの知見を参照しつつ我が国でも産官学で連携し、エビデンスの可視化の遅れを取り戻していくべきである。

［執筆担当：押見大地］

参考文献

- Agha, N. & Taks, M. A.（2015）. A theoretical comparison of the economic impact of large and small events. International Journal of Sport Finance, 10（3), 199-216.
- Chalip, L.（2006）. Towards social leverage of sport events. Journal of Sport and Tourism, 16（11), 109－127.
- Chalip, L.（2014）. From legacy to leverage. In J. Grix（Ed.）, Leveraging legacies from sports mega-events: Concepts and cases（pp. 2–12). Palgrave MacMillan.
- Chen, N., & Funk, D. C.(2010). Exploring destination image, experience and revisit intention: A comparison of sport and non-sport tourist perceptions. Journal of Sport Tourism, 15（3), 239－259.
- Djaballah, M., Hautbois, C., & Desbordes, M. (2015). Non-mega sport events' social impacts: A sensemaking approach of local governments' perceptions and strategies. European Sport Management Quarterly, 15（1), 48－76.
- 英国内閣府サードセクター局（２０１２）「ＳＲＯＩ入門」(http://socialvaluejp.org/wp-content/uploads/2018/08/SROI%E5%85%A5%E9%96%80_Social-Value-Japan.pdf)
- Gao, F., Heere, B., Tood, S. Y., & Mihalik, B.（2020). The initial intentions for social leveraging of a mega sport event among stakeholders of a newly formed interorganizational relationship. Journal of Sport Management, 34（2), 147－160.
- Getz, D.（2008). Event tourism: Definition, evolution, and research. Tourism Management. 29, 403－428.
- Heere, B., Walker, M., Gibson, H., Thapa, B., Geldenhuys, S., & Coetzee, W.（2016). Ethnic identity over national identity: An alternative approach to measure the effect of the World Cup on social cohesion. Journal of Sport & Tourism, 20（1), 41－56.
- Kaplanidou, K.（2020). Sport events and community development: Resident considerations and community goals. International Journal of Sports Marketing and Sponsorship, Ahead of print. https://doi.org/10.1108/IJSMS-05-2020-0082
- Kaplanidou, K., & Gibson, H. J.（2010). Predicting behavioral intentions of active event sport tourists: The case of a small-scale recurring sports event. Journal of Sport Tourism, 15（2), 163－179.
- Kavaratzis, M.（2008). From city marketing to city branding: An interdisciplinary analysis with reference to Amsterdam, Budapest and Athens. Groningen: Rijksuniversiteit Groningen. Unpublished PhD thesis.
- King, N.（2014). Making the case for sport and recreation services: The utility of social return on investment（SROI）analysis. International Journal of Public Sector Managemeng. 27, 152－164.
- Lombardo, G., Mazzocchetti, A., Tayser, N., & Cincotti, S.（2019). Assessment of the economic and social impact using SROI: An application to sport companies. Sustainability, 11:3612.
- Nel, H.（2018). A comparison between the asset-oriented and needs-based community development approaches in terms of systems changes. Practice, 30（1), 33－52.
- Mathie, A. & Cunningham, G.（2003). From clients to citizens: asset-based community development as a strategy for community-driven development. Development in Practice, 13（5), 474－486.
- O' Brien, D. & Chalip, L.（2008）. Sport Events and Strategic Leveraging: Pushing Towards the Triple Bottom Line. 10.1079/9781845933234.0318.
- Oshimi, D. & Yamaguchi, S.（2022). Leveraging

strategies of recurring non-mega sporting events for host community development: a multiple-case study approach. Sport, Business and Management, Vol. ahead-of-print No. ahead-of-print.

- Oshimi, D., Yamaguchi, S., Fukuhara, T., & Tagami, Y. (2022). Calculating the social return on investment of a Japanese professional soccer team's corporate social responsibility activities. Frontiers in Sport and Active Living. 3.
- Sullivan, G. B (2018). Collective Emotions: A Case Study of South African Pride, Euphoria and Unity in the Context of the 2010 FIFA World Cup. Frontiers in Psychology. 9.
- Taks, M. (2013). Social sustainability of non-mega sport events in a global world. European Journal of for Sport and Society, 10 (2), 121 – 141.
- Trail, G. T., Robinson, J., Dick, R. J., & Gillentine, A. J. (2003). Motives and points of attachment: Fans versus spectators in intercollegiate athletics. Sport Marketing Quarterly, 12 (4), 217–227.
- Vogel, I. (2012). Theory of change' in international development. Review Report for the UK Department of International Development.
- 山口志郎・押見大地・福原崇之（２０１８）「スポーツイベントが開催地域にもたらす効果：先行研究の検討」体育学研究、63（1）、13－32頁
- Zhang, T., Chen, J., & Hu, B. (2019). Authenticity, quality, and loyalty: Local food and sustainable tourism experience. Sustainability, 11 (12), 3437.

Ⅱ・2 スポーツイベントのマーケティング

1 スポーツイベントのマーケティング対象

本節では、スポーツツーリズムというコンセプトで、旅行や観光をともなうスポーツイベントのマーケティングについて考えていく。イベントに参加するスポーツツーリストの行動は、①居住地からイベント会場もしくはスタジアムである目的地（デスティネーション）への移動、②スポーツイベントの観戦および参加、③イベント前後の開催地周辺での観光、④目的地（デスティネーション）から居住地への移動、になる。マーケティングの対象は、移動＋スポーツイベントへの参加＋観光行動と広範囲になる（図表1）。

近年のスポーツイベントでの成功ケースとしては、新型コロナウイルス感染症の拡大直前に開催されたラグビーワールドカップ2019日本大会（以下、「2019日本大会」）を挙げることができる。2019年9月から約2カ月間にわたって全国12会場で行われたイベントでは、延べ170万4千人が観戦をした。海外からも24万2千人のファンが訪れ、試合観戦とともにツーリストとして日本全国を旅行した。外国人観戦者の平均宿泊数は16泊（2018年外国人旅行者の平均は6泊）で1人平均の国内消費額は68万

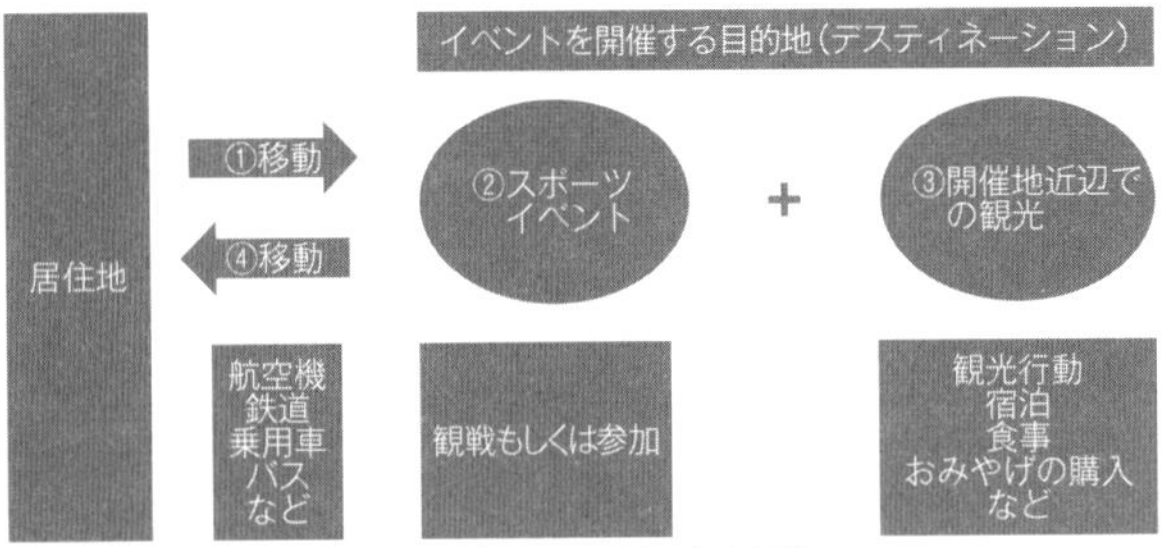

図表1：イベントに参加するスポーツツーリストの行動

6千117円になった。1人1泊当たりの消費金額は、4万2千644円になり、2018年の外国人1泊当たり消費金額2万5千56円を大きく上回る結果（約1・7倍）となった。**図表1**でいえば、海外から来訪したファンが2週間以上にわたって日本国内を移動しながら②観戦行動と③観光行動を繰り返したのである。

2 スポーツイベントの分類

ラグビーワールドカップは、国を挙げて招致した国際スポーツイベントであるが、シーズン制で行われているプロ野球やJリーグをはじめとする国内プロスポーツリーグ、全国各地で開催されるマラソン大会などスポーツイベントは大小含めて数多く行われている。イベントの規模やスポーツツーリストの行動範囲によって市場も違いアプローチ方法も変わってくるため、その種別や移動範囲によって整理しておく必要がある。

図表2は、スポーツイベントをスポーツツーリストの移動範囲によって分類したものである。横軸では、スポーツイベントを「みる」スポーツと「参加する」スポーツに分け、さらにワンオフ開催（1回きりの開催）とレギュラー開催（毎年もしくは毎シーズン開催）にそれぞれ分類した。ワンオフ開催イベントは、五輪やワールドカップの

図表2：スポーツイベントの分類とイベント例

	「みる」スポーツイベント		「参加する」スポーツイベント	
	ワンオフ開催	レギュラー開催	ワンオフ開催	レギュラー開催
国際レベル	FIFAW杯 五輪、 パラリンピック アジア大会、 ラグビーW杯	欧州サッカー 世界4大テニス 北米MLB, NBA	ワールドマスターズゲームズ スペシャルオリンピックス デフリンピック	ホノルルマラソン、 NYマラソン 東京・大阪マラソン 大分国際車椅子マラソン
国内・広域地方レベル	国民体育大会 陸上日本選手権	プロ野球NPB、 大相撲 J1, J2, B1, B2 リーグワンD1, D2	ねんりんピック（全国健康福祉祭） 全国スポーツ・レクリエーション祭 日本スポーツマスターズ	千歳国際マラソン トライアスロン横浜大会 ウルトラトレイル・マウントフジ
地域レベル		J3, B3、 リーグワンD3 独立リーグ、 相撲地方巡業 スポーツ県大会		向津具ダブルマラソン 地域マラソン大会 地域トレイルラン

ように準備に10年以上もかけ招致レースを経て開催地が決まるものと、国民体育大会（国体）などのように都道府県で持ち回りのものがあり規模の大きいイベントが多い。縦軸には、イベントに参加するスポーツツーリストの移動範囲①「インバウンドを含めた国際的な移動を伴うイベント」、②「国内で広範囲に移動する国内、地方広域のイベント」、③「近隣県などへの移動が中心の地域レベルのイベント」と3つのカテゴリーに分類した。

3 スポーツイベントというサービスの特徴

スポーツツーリズムのコンセプトでのスポーツイベントにおいては、「イベントへの参加および移動を含むイベント開催地での観光におけるサービス全般」がマーケティングの対象になり、そのサービスには、「異質性」「同時性」「消滅性」「無形性」という4つの特徴がある。例えば「みる」スポーツイベントの場合、出場選手はある程度事前に決まっているが、試合結果はどうなるかはわからない。天候などのコンディションで試合状況も変わる（異質性「Heterogeneity」）。スポーツイベントでは、運営側が試合というサービスを提供し、ファンは入場料を支払ってそのサービスを購入する（同時性「Simultaneity」）。運営側は、売れ残った席を在庫として保管して次のイベントで販売することはできないので、イベント終了時にそのサービスは消滅してしまう（消滅性「Perishability」）。また特性として有形の製品のように手元に「もの」は残らない。残るのは体験「コト」だけである（無形性「Intangibility」）。「参加する」スポーツイベントでも、開催地周辺での観光も同様のサービスの特徴がある。マーケティングマネージャーは、スポーツイベントと観光という無形のサービスを取り扱うことになるのである。

4 マーケティングのマネジメントプロセス

スポーツイベントのマーケティング活動は、①イベントを取り巻く環境の分析、②市場のセグメンテーションとターゲットの設定、③マーケティングプランの実行、④レビューと⑤改善というプロセスで進めていく。図表3は、レギュラー開催のスポーツイベントにおけるマーケティングプロセスのPDCAサイクルである。

(1) イベントを取り巻く環境の分析

外部環境分析で代表的なマーケティング分析手法はPESTである（図表4）。PESTはP（Politics：政治）、E（Economics：経済）、S（Society：社会）、T（Technology：技術）の略語である。図表2における国際レベル、国内・地域広域レベル、地方レベルで、それぞれ検討するPESTの項目も異なる。また最近の新型コロナウイルスの感染拡大やウクライナ情勢による為替変動、原油価格の高騰など年々スポーツイベントを取り巻く環境も変化しており環境要因は常に更新しておく必要がある。ツーリズムを含めたスポーツイベントを取り巻く一般的な外部環境には図表4のような項目がある。

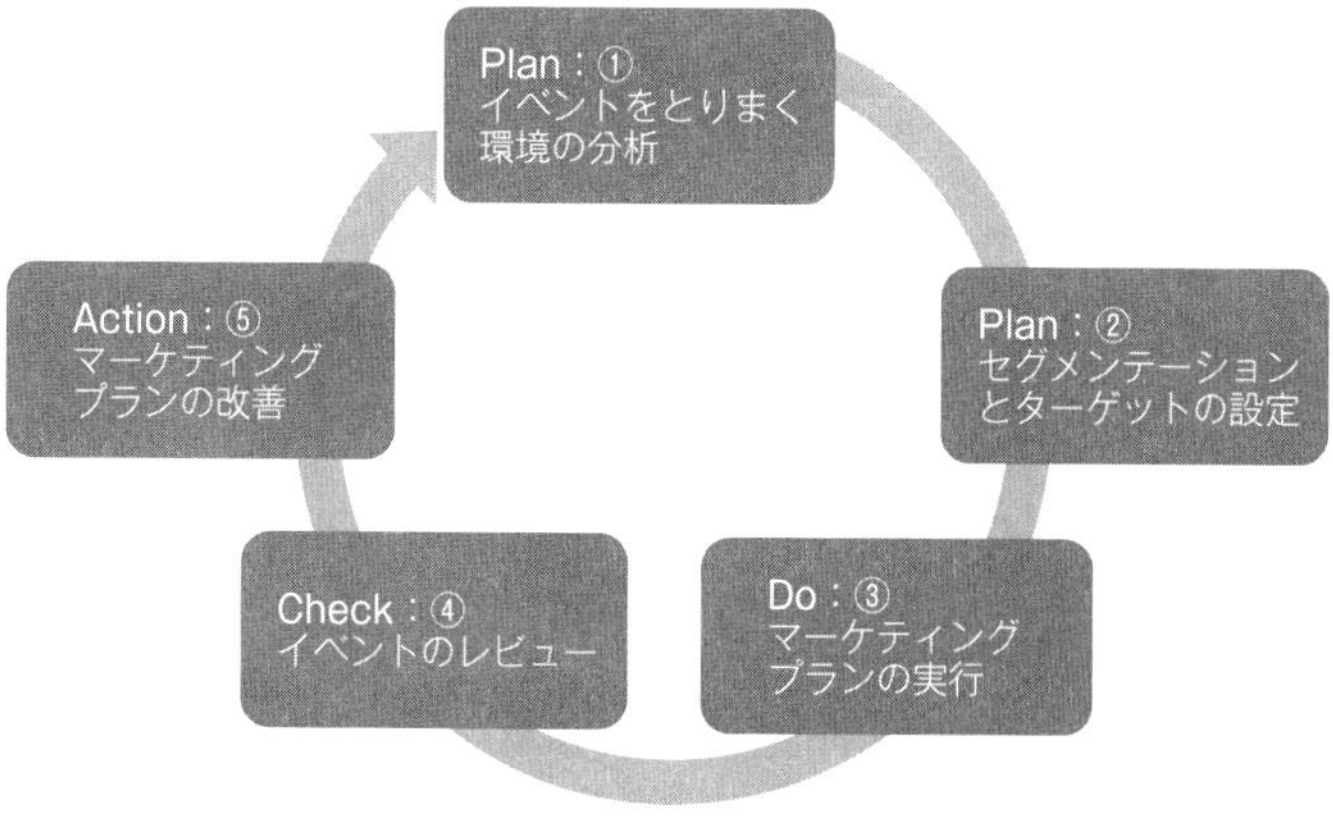

図表3：レギュラー開催スポーツイベントのマーケティングPDCAサイクル

また、3CとSWOTに着目した分析手法も考えられる。スポーツイベントの概念での3Cは、Customer（スポーツツーリスト）、Competitor（同日開催のイベントや他スポーツや他レジャー）、Company（開催スポーツイベントや開催地での観光）である。それぞれ、**図表5**にあるような検討項目について3つの視点からスポーツイベントの環境を分析する。SWOTは、開催するスポーツイベントの内部環境であるStrengthen（強み）Weakness（弱さ）、と外部環境であるOpportunities（好機）とThreats（脅威）の4象限を使って行う分析で、良い点と悪い点、内部環境と外部環境を一覧することができる。これらの手法を使ってスポーツイベントの環境を分析する。

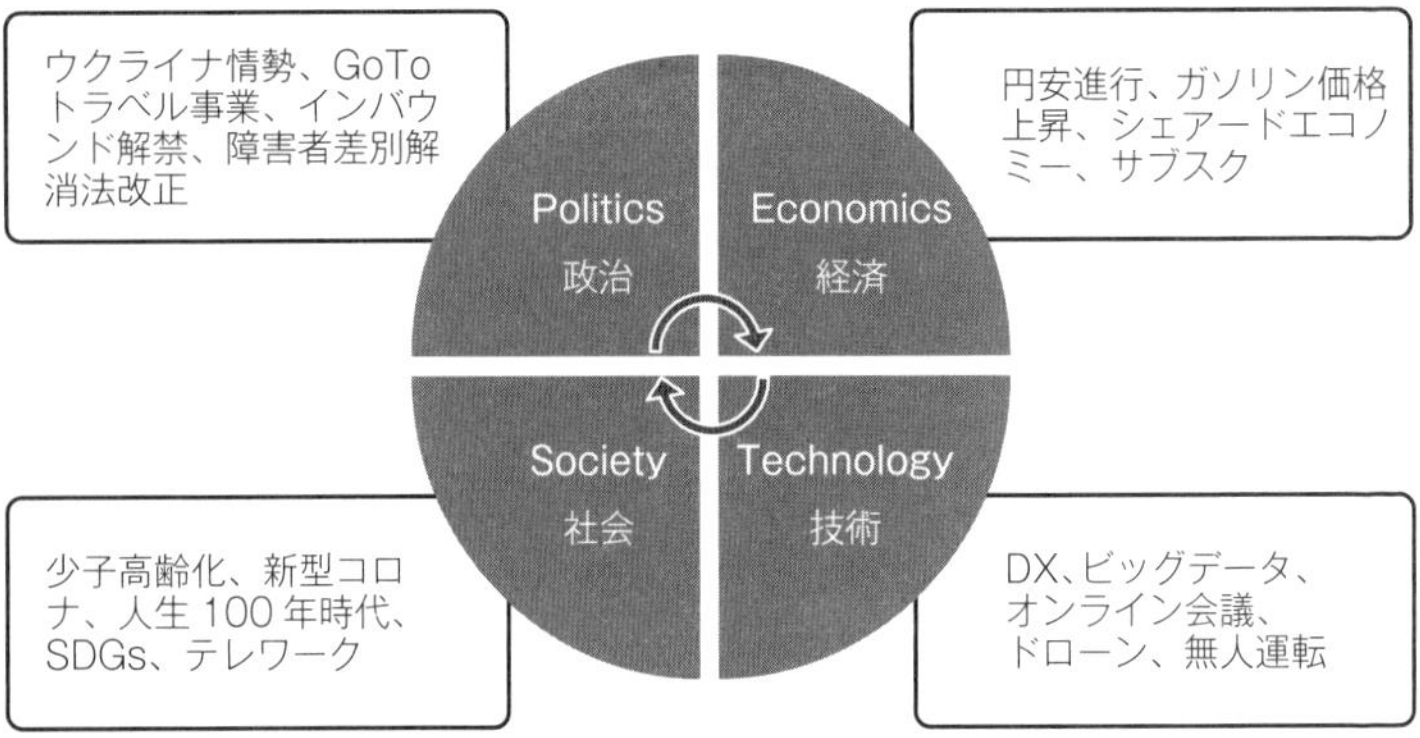

図表4：PESTによる外部環境分析の一例

図表5：スポーツイベントでの3Cと検討環境要因

3C	スポーツツーリズムでは	環境	検討項目
Customer（顧客）	スポーツツーリスト	外部	顧客のイベントおよび観光行動、セグメントの検討、価格感度、情報ルートなど
Competitor（競合、市場）	他のスポーツイベントやイベント、レジャー全般	外部	同時期開催のイベントやスポーツなど競合の行動と集中度、代替レジャー市場、規制環境など
Company（自社）	開催するスポーツイベント、スポーツチーム、開催地近辺の観光	内部	財務状況、マーケティング投資予算、組織構造、チームへのロイヤリティやイベントのブランド、開催地域観光資源など

(2) セグメンテーションとターゲットの設定

スポーツイベントを取り巻く環境を分析した後は、どのセグメンテーションをターゲットにするかを特定していく作業に入る。セグメンテーションには、①地理的細分化（居住地や開催地など）、②デモグラフィックス細分化（性別、年齢、年収、家族構成、同行者など）、③価値観などの違いによるサイコグラフィックスによる細分化（選好や趣向など）、④行動による細分化（観戦歴やイベントスポーツに関する経験など）に分類できる。どのセグメントにアプローチするかのターゲットを決めて、明確なポジショニングを行うことが重要である。

note

ラグビーワールドカップ２０１９日本大会で新たな市場開拓に成功したホスピタリティシート

ホスピタリティシートは、観戦シートに加えて食事やエンターテインメントなどの付加価値をつけて高額で販売されるチケットであり、北米４大プロスポーツや欧州サッカーなどでは、30年以上も前から広く販売されている。日本ではこれまで広く一般販売はされてなかったが、ラグビーワールドカップ２０１９日本大会で初めて本格的に一般販売され国内外の６万３千人のファンがホスピタリティシートを購入した（図表6）。その座席販売数は、全体のわずか３・６％であったが、その総売り上げの約25％を占め、「付加価値の高いスポーツ観戦」という新しい市場を生み出した[注1]。今後は国内スポーツリーグの市場でも新たなビジネス機会として期待される。

図表6：ホスピタリティシート
（ジャパン・スポーツ＆ツーリズム・プレミア提供）

⑶ マーケティングプランの実行

ターゲットを決めてポジショニングをした後は、マーケティングミックスを設定してのプランの実行である。定めたターゲットに対して4P（Product：プロダクト、Price：価格、Place：場所、Promotion：プロモーション）とサービスの提供に有効な3P（People：人、Process：プロセス、Physical Evidence：物的証拠）の組み合わせでターゲットに対して働きかける。

スポーツツーリズムのコンセプトにおいての「プロダクト」は、スポーツイベントに移動と観光を含めた活動全般と広範囲になるため7Pの項目も多岐にわたる。**図表7**の例に挙げた各要因を効率的に組み合わせてマーケティングプランを実行していくことになる。

⑷ イベントのレビュー／⑸ マーケティングプランの改善

次のプロセスは、スポーツイベントおよび観光に関するレビューと改善である。スポーツイベントに参加したスポーツツーリストへの調査などを基に、レギュラーイベントの場合は、レビューとあわせて次回のイベントに向けたマーケティングプランの改善を行う。レビュー項目には、スポーツイベント旅行に関する、入場者数、売り上げ、交通費、イベント開催域内消費などの経営上の収益項目やマーケティングの活動状況がある。スポーツツーリストに対するアンケート調査では、基本属性に加えて、スポーツに関する項目、観光に関する項目、支出、動機、

図表7：スポーツイベント旅行に関するMarketing Mix（7P）の一例

スポーツイベント旅行に関するマーケティング Marketing Mix（7P）						
Product	Price	Place	Promotion	People	Process	Physical Evidence
イベント 移動交通 観光	入場料 交通費 観光費用	HP SNS 旅行会社	HP 広告 人的販売	スタッフ ボランティア 観光従事者	サービス手順 参加者対応 教育研修	コース スタジアム 宿泊施設

制約、満足度と再イベント参加意図、イベントの感想や問題点などである。改善の段階では、リピーターであるイベント参加者とあわせて新規顧客（潜在的顧客）の調査も検討していく必要がある。

スポンサーシップによるスポーツイベントのプロモーション

日本航空は、マラソン大会へのスポンサーを通して旅客需要の拡大に加えて開催地域との交流人口拡大を通しての地域貢献で持続的な関係構築につなげている（図表8）。

今後「参加する」スポーツイベントにおいても、スポーツツーリズムに関連するスポンサー企業も加わっての新たな価値創造を期待したい。

図表 8：日本航空がスポンサーになっている 3 つのマラソン大会

	JAL ホノルルマラソン	JAL 千歳国際マラソン	JAL 向津具ダブルマラソン
大会回数（2022 年）	50 回	42 回	6 回
移動範囲	国際レベル	国内・地方広域レベル	地域レベル
会場	オアフ島ホノルル	北海道千歳市（コースが空港近郊）	山口県長門市油谷地区
大会の特徴	世界を代表する市民マラソン、時間無制限	森林の中を走り抜けるマラソン	高低差のあるタフなコース、ダブルマラソン併設
2022 年度参加者数	フルマラソン フル車椅子マラソン 10km & ウォーク	フルマラソン（2,367 人） 17km（2,183 人）	ダブルマラソン（422 人） フルマラソン（610 人） 30km棚田ウオーク（296 人）
2021 年度参加者数	9,768 人（日本人 181 人）	中止	中止
2020 年度参加者数	中止	中止	中止
コロナ前 2019 年大会参加者数	23,882 人（日本人11,388 人）	約 10,865 人（道外約 2,081 人）	1,526 人（県外 668 人）
コロナ前開催地域外のターゲット	ハワイ線を利用する日本人ランナー	航空便の多い関東圏、アジアのインバウンド	近隣県、航空便のある関東圏、ダブルマラソン参加者
JAL の狙い	オフシーズンの観光需要喚起、イベントリピーターと同行者の需要喚起	北海道への航空需要喚起と千歳市への地域貢献	長門市の交流人口拡大、観光資源の開発と地方便の需要拡大

（筆者ヒアリングにより作成）

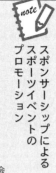

ラグビー			合計	人口100万人当たりのチーム数	人口	観光客数（万人）	観光消費単価（万円／人）
D1	D2	D3					
			3	0.57	5,228,885	3,678	3.3
			2	1.61	1,238,730	943	2.5
	1		3	2.48	1,211,206	1,039	2.1
			3	1.30	2,303,487	1,554	2.3
			2	2.08	960,113	778	1.8
			2	1.87	1,068,696	942	2.1
			4	2.18	1,834,198	1,482	2.3
			4	1.39	2,868,554	1,509	1.5
			3	1.55	1,934,016	1,782	2.2
			3	1.55	1,940,333	1,351	2.3
1			7	0.95	7,346,836	1,852	1.2
3			8	1.27	6,287,034	4,338	2.4
3	1	2	16	1.14	14,064,696	9,077	2.0
1	1		13	1.41	9,240,411	3,882	1.7
			3	1.36	2,202,358	1,347	2.8
			2	1.93	1,035,612	784	1.9
			2	1.76	1,133,294	1,073	2.8
			0	0.00	767,433	647	2.1
			1	1.23	810,427	1,323	2.3
			4	1.95	2,049,683	2,908	2.2
			2	1.01	1,979,781	1,125	2.0
1			6	1.65	3,635,220	3,487	2.3
1		1	10	1.33	7,546,192	3,148	1.6
	1		1	0.56	1,771,440	1,755	1.9
			1	0.71	1,414,248	1,049	1.5
			2	0.78	2,579,921	2,974	2.1
1	1		6	0.68	8,842,523	5,438	1.9
1			4	0.73	5,469,184	3,306	2.0
			1	0.75	1,325,437	919	1.4
			0	0.00	923,033	779	2.3
			1	1.81	553,847	552	2.0
			1	1.49	671,602	505	2.3
			2	1.06	1,889,607	1,355	1.6
	1	1	5	1.78	2,801,388	2,287	1.7
			2	1.49	1,342,987	1,007	1.7
			2	2.78	719,704	717	1.6
			3	3.15	951,049	834	2.4
			4	2.99	1,335,694	628	2.2
			1	1.44	692,065	419	2.9
		2	6	4.47	1,342,987	3,543	2.0
			2	2.46	812,013	770	2.1
			2	1.52	1,313,103	1,046	2.7
			2	1.15	1,739,211	1,537	1.8
			1	0.89	1,124,597	1,129	2.6
			1	0.93	1,070,213	826	1.7
			2	1.26	1,589,206	867	3.5
			2	1.36	1,468,410	1,029	6.9
12	6	6	157	1.28	1,122,430,664	85,323	
24			3.3		都道府県平均	1,815	2.2
			3.3				

＊観光客数および1人当たり観光消費単価は新型コロナウイルス感染症拡大前の2019年のデータ[注2]

図表 9：都道府県別スポーツリーグとチーム数

地方	都道府県	NPB	独立リーグ		Jリーグ			Bリーグ		
			四国	BC	J1	J2	J3	B1	B2	B3
北海道	北海道	1			1			1		
東北	青森県						1		1	
	岩手県					1				1
	宮城県	1				1			1	
	秋田県					1		1		
	山形県					1			1	
	福島県			1			2		1	
関東	茨城県			1	1	1		1		
	栃木県			1		1		1		
	群馬県			1		1		1		
	埼玉県	1		1	1	1			1	1
	千葉県	1			1	1		1		1
	東京都	2			1	2		2	1	2
	神奈川県	1		1	3	1	2	2		1
中部北陸	新潟県			1		1		1		
	富山県						1	1		
	石川県					1				1
	福井県									
	山梨県					1				
	長野県			1			2	1		
	岐阜県						1			1
	静岡県				2		2			1
	愛知県	1			1			3	1	2
	三重県									
関西	滋賀県							1		
	京都府				1			1		
	大阪府	1			2			1		
	兵庫県	1			1				1	
	奈良県								1	
	和歌山県									
中国四国	鳥取県						1			
	島根県							1		
	岡山県					1				1
	広島県	1			1			1		
	山口県					1				1
	徳島県		1			1				
	香川県		1				1		1	
	愛媛県		1				2		1	
	高知県		1							
九州沖縄	福岡県	1			1		1		1	
	佐賀県				1				1	
	長崎県					1				1
	熊本県					1			1	
	大分県					1				
	宮崎県						1			
	鹿児島県						1			1
	沖縄県					1		1		
合計		12	4	8	18	22	18	22	14	15
リーグ合計		12	12		58			51		
総計		157								

5 全国に広がるプロスポーツリーグとアウェイファンによる市場の拡大

今後「みる」スポーツ市場として期待できるのが拡大を続ける国内スポーツリーグである。Jリーグが誕生した約30年前の1993年当時、プロスポーツチームがわずか22チーム（プロ野球12チーム、Jリーグ10チーム）でありチームのほとんどは都市圏の人口集積地に集中していた。その後J2、J3、独立リーグ、BリーグやラグビーJ・リーグワンなどの新たなスポーツリーグ誕生により、スポーツチームが地方にも広がっていき2022年にはプロスポーツリーグのチーム数が、157チームにまで増えた。都市部にチームが多い傾向であるが、観光客の少ない地方の県にもスポーツチームが次々と誕生しており45都道府県に広がっている（図表9）。図表以外にもアマプロ混合のバレーボールのVリーグや2024年にはハンドボールの全国リーグが誕生する予定で今後ますます地方でのチーム数の拡大が考えられる。

6 スポーツツーリストとしてのアウェイファン

各スポーツリーグともホーム&アウェイ（野球ではビジター）で試合が開催されるため、アウェイチームのファンは、一定数移動をして試合を観戦する。アウェイファンは、応援するチームが決まっているためデスティネーションの競合がない。また1日で複数の試合をする集中開催のイベント（バドミントン、卓球や女子ラグビーの全国シリーズ）と比べ、ホーム&アウェイのイベントは試合時間が短いためイベント開催地域近辺で観光を楽しむ時間的余裕がある。都市圏の近隣チーム同士の対戦であれば日帰りになるが、遠方開催で夏場のナイトゲームなどの場合、宿泊をともなうケースもあり、開催県での観光消費単価も大きく増えることになる。

千人単位でアウェイファンが移動するJ1やNPBと比べ、下部リーグは移動するファンの数も少なくなるが、J2などの下部リーグのチームも交通機関や地元観光業者とコラボしてアウェイファン向けにさまざまなプロモーションを展開している。

全国150を超えるスポーツチームが、航空会社やJRをはじめ旅行会社や観光関連事業者と連携して、アウェイファンを取り込んでいけば、日本全国を動く「みる」スポーツツーリストの市場はさらに大きく広がるだろう。

アウェイファンへのサービス

J2レノファ山口FCでは、地元の観光産業や輸送機関のJR西日本とも連携してアウェイファン向けに様々なサービスを提供している。スタジアムから徒歩圏の湯田温泉の飲食店で観戦チケットを提示すれば割引サービスが受けられる「きつねレノファナイト」や近隣観光地の秋吉台では「秋芳洞レノファ山口FC×秋芳洞〈レノファ割〉」などのサービスを展開している。また中四国に所属するJ2とJ3の合計7チームでは、「対戦+観光+物産」をキーワードに、「PRIDE OF

図表10：レノ丸　（JR西日本提供）

図表11：イベントの様子　（JR西日本提供）

中四国」連携キャンペーンを展開している。
2017年よりレノファ山口FCとスポンサー契約を結んでいるJR西日本では、キャラクターの「レノ丸」をデザインしたラッピング列車の導入やスタジアムで定期的にブースを設けたイベントを開催し、同じJ2でスポンサー契約を結んでいるファジアーノ岡山FCとの間で、アウェイファンの相互送客の取組を行っている（図表10、11）。

7 ステークホルダーと連携した戦略の必要性

本節では、スポーツイベントのマーケティングについて実例を交えて考えてきた。スポーツツーリズムというコンセプトでは、居住地からイベント開催地への移動、イベントと開催、開催地での観光とマーケティングでカバーする領域は広い。関連するステークホルダーも多いためマーケティングの目的にあわせて的確な戦略を立てることが重要である。今後スポーツツーリストの需要を喚起するため、イベント主催者およびスポーツチームには、移動を担っている航空会社やJRをはじめイベント開催地の自治体、DMOや観光産業と連携した魅力的なマーケティング戦略に期待したい。

［執筆担当：西尾建］

注

注1：ＥＹ（２０２０）「ラグビーワールドカップ２０１９日本大会開催後経済分析レポート」

注2：観光庁（２０２２）「旅行・観光消費動向調査：都道府県別、訪問者数および消費単価」（https://www.mlit.go.jp/kankocho/siryou/toukei/shouhidoukou.html）

参考文献

- ＥＹ（２０２０）「ラグビーワールドカップ　２０１９日本大会　開催後経済分析レポート」
- 原田宗彦、木村和彦編著（２００９）『スポーツ・ヘルスツーリズム』大修館書店
- Kotler, & Bowen, Bowen, Makens, Baloglu (2016) Marketing for Hospitality and Tourism, Global Edition. PEARSON.
- 西尾建・倉田知己（２０２２）「スポーツホスピタリティ観戦者の研究─ラグビーワールドカップ２０１９日本大会から─」スポーツ産業学研究、32（2）１５９～１６９頁
- コトラー＆ケラー（２０１４）「マーケティング・マネジメント」ピアソンエヂュケーション（恩藏直人（監修）、月谷真紀（翻訳））
- 安原智樹（２０１８）『マーケティングの基本』日本実業出版社
- 二木真（２０１８）「ホノルルマラソンの実践から見出す持続的価値の重要性─日本におけるスポーツツーリズム成功への課題─」日本国際観光学会論文集25巻、１３３～１４０頁
- 西尾建、石盛真徳・岡本純也（２０１３）「参加型海外スポーツイベントにおけるアウトバンド・ツーリストの研究─ホノルルマラソン参加者の動機と制約要因について─」23巻、1号、1－75～88頁
- ホノルルマラソン（２０２２）（https://www.honolulumarathon.jp）
- 千歳マラソン（２０２２）（https://chitose-jal-marathon.jp）
- 長門向津具ダブルマラソン（２０２２）（https://www.mukatsuku-w-marathon.com）
- 観光庁（２０２２）「旅行・観光消費動向調査：都道府県別、訪問者数および消費単価」（https://www.mlit.go.jp/kankocho/siryou/toukei/shouhidoukou.html）
- 西尾建編（２０２２）『持続的なスポーツ観光─ＳＤＧｓによる山口県のスポーツ観光』東洋図書出版
- レノファ山口ＦＣ（２０２２）「企画一新！「ＰＲＩＤＥ ＯＦ 中四国」２０２２シーズンもＪリーグ中四国7クラブとホームタウンの連携事業実施!!」（https://www.renofa.com/archives/89704/）

Ⅱ-3 ステークホルダーマネジメント

1 ステークホルダー理論とは

国内外で開催されるスポーツイベントは、規模や種目、期間、目的など様々であるが、スポーツイベントには多種多様なステークホルダーが参画している（Parent, 2015）。新型コロナウイルス感染症が拡大する中で開催された２０２０年東京オリンピック・パラリンピック競技大会（以下、「２０２０年東京大会」）では、無観客での開催や会場内での酒類販売の見送りなど、ステークホルダーの存在が様々な意思決定に影響を及ぼしたことは周知の事実であり、スポーツイベントを開催する上で、ステークホルダーの存在は切り離せないファクターとなっている。

ステークホルダーという用語が世に初めて知れ渡ったのは、１９６３年のスタンフォード研究所の文献だと言われている（青山ら、２０１９）。ステークホルダー理論は、Freeman（1984）が著書〝Strategic management: A stakeholder approach〟の中で、経営計画論、システム理論、企業の社会的責任論、組織論を基に発展させた理論であり、企業などの焦点となる組織とステークホルダー、そしてそれらの関係性を考察する上での有益なフレームワークとされている。そのため、スポーツイベントを成功に導くためには、ステークホルダー理論に基づき、イベント運営を行う中核組織とステークホルダー、そしてそれらの関係性を考察する必要がある。また、スポーツイベントに起こりうるイシューやリスクを想定し、ステークホルダーの関心に耳を傾けながら、ステークホルダーマネジメントを実践することが求められる。本節では、スポーツイベントの企画運営を行う中核組織とステークホルダーの関係性を整理し、ステークホルダーマネジメントをどのように遂行するかを概説する。

2 スポーツイベントとステークホルダーの関係性

(1) 中核組織

スポーツイベントは、組織委員会または実行委員会と呼ばれる中核組織によって企画運営が行われている。組織委員会は、規模の大小、国内外、単一競技、複数競技を問わず、あらゆるスポーツイベントの中核をなす存在であり、法的には様々なプロセスで組織委員会が設立されている（Parent. 2015）。例えば、2020年東京大会は、2013年9月7日にアルゼンチンのブエノスアイレスで開催されたIOC総会において、東京が開催都市として決定した。その後、公益財団法人日本オリンピック委員会と東京都により2014年1月24日に一般社団法人が新設され、2015年1月1日付で公益財団法人東京オリンピック・パラリンピック競技大会組織委員会（以下、「オリパラ組織委員会」）が設立された。また、〝ホビーレーサーの甲子園〟と称されるツール・ド・おきなわは、1987年の沖縄海邦国体における自転車ロードレース競技会場となったことを契機に、1989年にツール・ド・おきなわが誕生した。当初は沖縄県北部地域の振興策を担う北部広域市町村事務組合が中心となり実行委員会が組織されていたが、2001年2月16日に特定非営利活動法人ツール・ド・おきなわ協会（以下、「ツール・ド・おきなわ協会」）が設立されて以降、中核組織は本協会に移行した。

中核組織の体制は、オリパラ組織委員会のように、公益財団法人や自治体が合同で運営を行うケースもあれば、ツール・ド・おきなわのようにツール・ド・おきなわ協会が運営するケースもあり、実態は様々である。また、組織委員会の設立にあたり、民間企業や競技団体等から職員（出向）が派遣されることもある。

ツール・ド・おきなわの場合、全体の企画運営はツール・ド・おきなわ協会が担っているが、最終的な意思決定は様々なステークホルダーが参画する実行委員会の決議によって決定される。このことから、中核組織の組織能力や意思決定プロセスの透明性も重要である。

(2) ステークホルダー

スポーツイベントにおけるステークホルダーとは、「イベントの企画、実施、または組織委員会の行動によって影響されることに、一定の責任を請け負うまたは援助する様々な個人、グループ、及び組織」と定義されている(Parent & Smith-Swan, 2013)。具体的には、政府やコミュニティ(一般市民等)、スポーツ組織・連盟、メディア、スポンサー、代表団(アスリート、コーチ等)などが主要なステークホルダーにあたる(Parent, 2015)。Mitchell et al.(1997)によると、ステークホルダーはパワー(権力)、正当性、緊急性の3つの性質を有しており[注1]、それら3つの要素をより多く持つステークホルダーを優先すべきだとしている。またステークホルダーは、インターナルとエクスターナルに分類でき(Niekerk & Getz, 2021)、中核組織はインターナル・エクスターナルを含めた様々なステークホルダーとの強いネットワークの構築が必要不可欠である(Oshimi & Yamaguchi, 2022)。インターナルステークホルダーとは、「スタッフやボランティア、役員・オーナー、主要なアドバイザーなど、組織やイベントに関わる個人やグループ」を指し、エクスターナルステークホルダーとは、「地域社会やサプライヤー、規制当局、サポーター・パートナー、ロビー団体、一般市民など、組織やイベントに関わる外部の個人やグループ」のことである(Niekerk & Getz, 2021)。

図表1のツール・ド・おきなわにおけるステークホルダーマップを例に、スポーツイベントとステークホルダーの関係性を説明すると、イベントの中核組織としてツール・ド・おきなわ協会が事務局業務全般を担

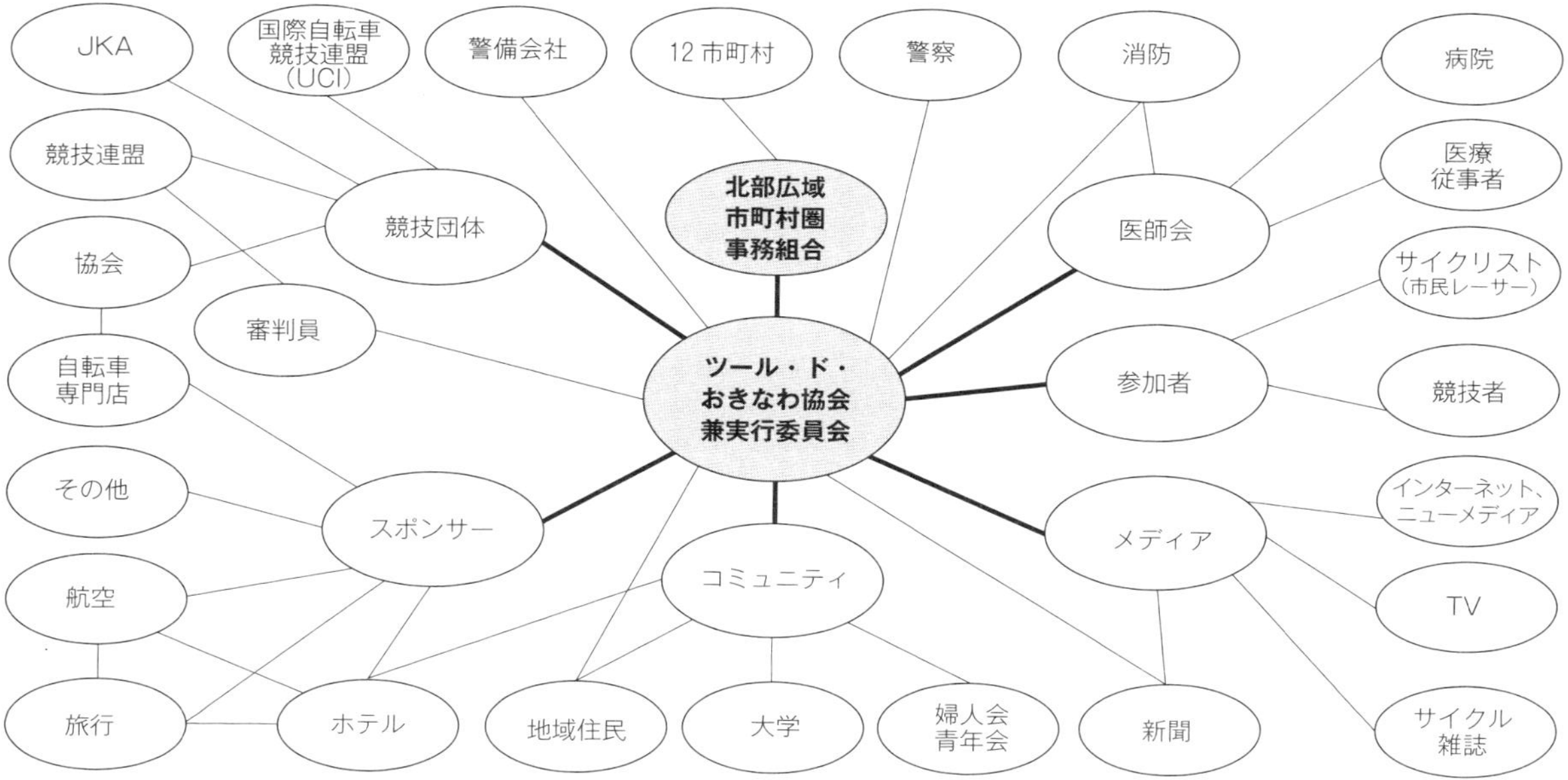

図表1：ツール・ド・おきなわにおけるステークホルダーマップ

(Parent (2013) のカテゴリーを基に、ツール・ド・おきなわ協会との協議のもと作成)

っており、イベントの意思決定を行う実行委員会（主管）とイベントの共催団体である北部広域市町村圏事務組合はインターナルステークホルダーにあたる。次に、参加者やメディア、コミュニティ、スポンサー、競技団体、医師会が主要なエクスターナルステークホルダーにあたる。サイクリングレースは、落車などの事故が頻繁に起こることから、医療救護体制の構築がリスクヘッジとして重要となる。ツール・ド・おきなわの医療救護体制は、医師会が中心となり結成された医療チームがマスギャザリング・メディシンの考え方をスポーツイベントに応用し、情報の一元化を含めたツール・ド・おきなわモデルを開発している（出口ら、2020）。こうしたステークホルダーの存在が、イベントの成功を後押ししているといっても過言ではない。

(3) イシュー・リスク・関心

スポーツイベントを開催する上で、中核組織はイベントが直面するイシューやリスクを想定し、ステークホルダーの関心を把握することが重要である。イシューとは、一般的に「論点・課題・問題」などと日本語で訳され、スポーツイベントの文脈ではステークホルダーが組織委員会の考え方や計画、取り組みと異なる関心を抱いていた場合、期待ギャップが生じ、それをイシューとして特定することができる（Parent, 2016）。また、スポーツイベント開催におけるリスクは、〝スポーツイベントの開催によって生じる不確実性とネガティブな結果に対する人々の認識〟と定義されており（Yamaguchi & Ito, 2021）、新型コロナウイルス感染症の拡大に伴い、急速に普及した概念である。イシューとリスクは非常に近しい概念であるが、リスクは独立した問題ではなく、スポーツイベントの様々なイシューや異なる場面と結び付く可能性がある（Leopkey & Parent, 2009）。例えば、オリパラ組織委員会は有観客でのイベント開催を希望していたが、有観客の場合、感染爆発のリスクが高まる可能性があったことから、一般市民やメディアの反対により、オリパラ組織委員会はこれをイシューと捉え、無観客での開催に踏み切った。

Parent and Ruetsch（2021）によると、スポーツイベントにおけるイシューは、①財政、②人的資源、③インフラストラクチャー、オペレーション、ロジスティクス、④レガシー、⑤メディア、視覚、⑥企画、運営、⑦政治、⑧関係性、相互依存、参加、⑨スポーツの9つに分類できると提案している。また、Parent and Ruetsch（2021）はステークホルダーの関心を、①帰属、②情報、③物質、④政治、⑤象徴の5つに整理している。図表2には、スポーツイベントにおけるイシューと関心の定義を示している。2020年東京大会の事例からわかるように、スポーツイベントが直面するイシューや関心はステークホルダーによって様々であり、イベントの運用方法や組織委員会の階層レベルによってイシューやリスクの捉え方は戦略的で広範囲にわたる。また、スポーツイベントを開催する主催者と参加者では、両者が認識するリスクは異なることから（山口・伊藤，2020；Yamaguchi & Ito, 2021）、それらを統制することの難しさも指摘されている。

しかしながら、スポーツイベントのイシューやリスク、そしてステークホルダーの関心を理解することは、スポーツイベントを効率かつ円滑に企画運営する上で重要である。そのためには、次項で解説を行うステークホルダーマネジメントを実践することがスポーツイベントを成功に導く1つの方策となる。

3 スポーツイベントにおけるステークホルダーマネジメント

スポーツイベントにおけるステークホルダーマネジメントとは、「イベントに関わるステークホルダーを特定し、ステークホルダーの特性を把握しながら、優先順位を付け、管理するための戦略を実行するプロセス」と定義されている（Parent & Smith-Swan, 2013）。図表3には、先行研究（青山ら，2019；Niekerk & Getz, 2021；Preble, 2005）を基に作成した、5つのプロセスに基づく循環型のステークホルダーマネジメントを示し

図表2：スポーツイベントにおけるイシューと関心の定義　(Parent and Ruetsch (2021) を基に作成)

概　念	定　義
イシュー	
財　務	資金調達（助成金、スポンサーシップ、チケット販売、マーチャンダイジング、ライセンスなど）とその管理を指す。予算の作成や運用方法も含まれる。
人的資源	イベントの有給スタッフや出向者、契約社員、ボランティアの人的資源管理（職務記述書、タスク分析、選考、雇用、トレーニング）を指す。リーダーシップやモチベーション、チームビルディングも含まれる。
インフラストラチャー、オペレーション、ロジスティクス	政治関連（都市施設、交通、輸送機関、法執行など）やイベント関連（競技会場・施設、テクノロジー、医療、警備、宿泊、競技輸送、認証評価など）の活動とサービス、その他観光や旅行、天候を指す。
レガシー	新しい施設やスキルの習得、ノウハウ、ネットワーク、ポジティブ・ネガティブなイメージ・評判、貿易機会といった有形・無形、ポジティブ・ネガティブなレガシーを指す。
メディア、視覚	メディアへの露出や放送権、イメージ・評判の構築、公的・企業による支援などを指す。
企画、運営	企画、意思決定、仕組みなどのマネジメント活動を指す。組織委員会のチーム体制の決定や納期対応、有効性・効率性の判断も含まれる。
政　治	政治的なパワー（権力）闘争やロビー活動、政府の支援、都市間競争、外交儀礼などを指す。
関係性、相互依存、参加	関係構築や維持、ステークホルダーとの交渉、組織委員会内の調整とコミュニケーション、部門別・階層的なつながり、ステークホルダーと組織委員会の相互依存、説明責任、権限、ステークホルダーの意思決定への参加、ステークホルダーの関与と認識、ステークホルダーのチケット入手を指す。
スポーツ	スポーツイベントの技術的側面やFOP（Field of play：競技現場）、審判員・レフェリー、競技者数、資格基準、テストイベント、練習などの資源を指す。
関　心	
帰　属	グループへの帰属欲求やステークホルダー間の関係性を指す。
情　報	ステークホルダーに役立つ知識や情報、データを入手することを指す。
物　質	有形（例：金銭）の利益や資源へのアクセスの獲得・喪失を指す。
政　治	パワー（権力）や影響力の分配を指す。法的・管轄的なパワー（権力）も含まれる。
象　徴	特定の組織委員会やステークホルダーに対して、時間的・空間的に形成されるイメージや評判、シンボルなどを指す。

ている。ステークホルダーマネジメントの実施にあたって、中核組織は使命、戦略、目標、業績評価指標（KPI）などを整理し、イシューやリスク、ステークホルダーの関心についてもそれぞれのプロセスと関連付けることが推奨されている（Niekerk & Getz, 2021）。しかしながら、現実には急激に変化する環境の中で、イシューやリスクは常に発生し、それらの変化に対応する必要があるため、必ずしもプロセス通りに物事が進むわけではない点に留意すべきである。

1つ目は、立ち上げプロセスにおける「ステークホルダーの特定」である。中核組織は、イベントを取り巻く直接的または間接的な相互作用を通じて影響を与える可能性のあるステークホルダーを特定する作業を行う。その際、**図表1**のようなステークホルダーマッピングを作成し、スポーツイベントに関わるステークホルダーの関係性を視覚的に把握することが有効である。また、中核組織は「現在または潜在的なステークホルダーは誰か？」「インターナル・エクスターナルステークホルダーは誰か？」といった点について組織

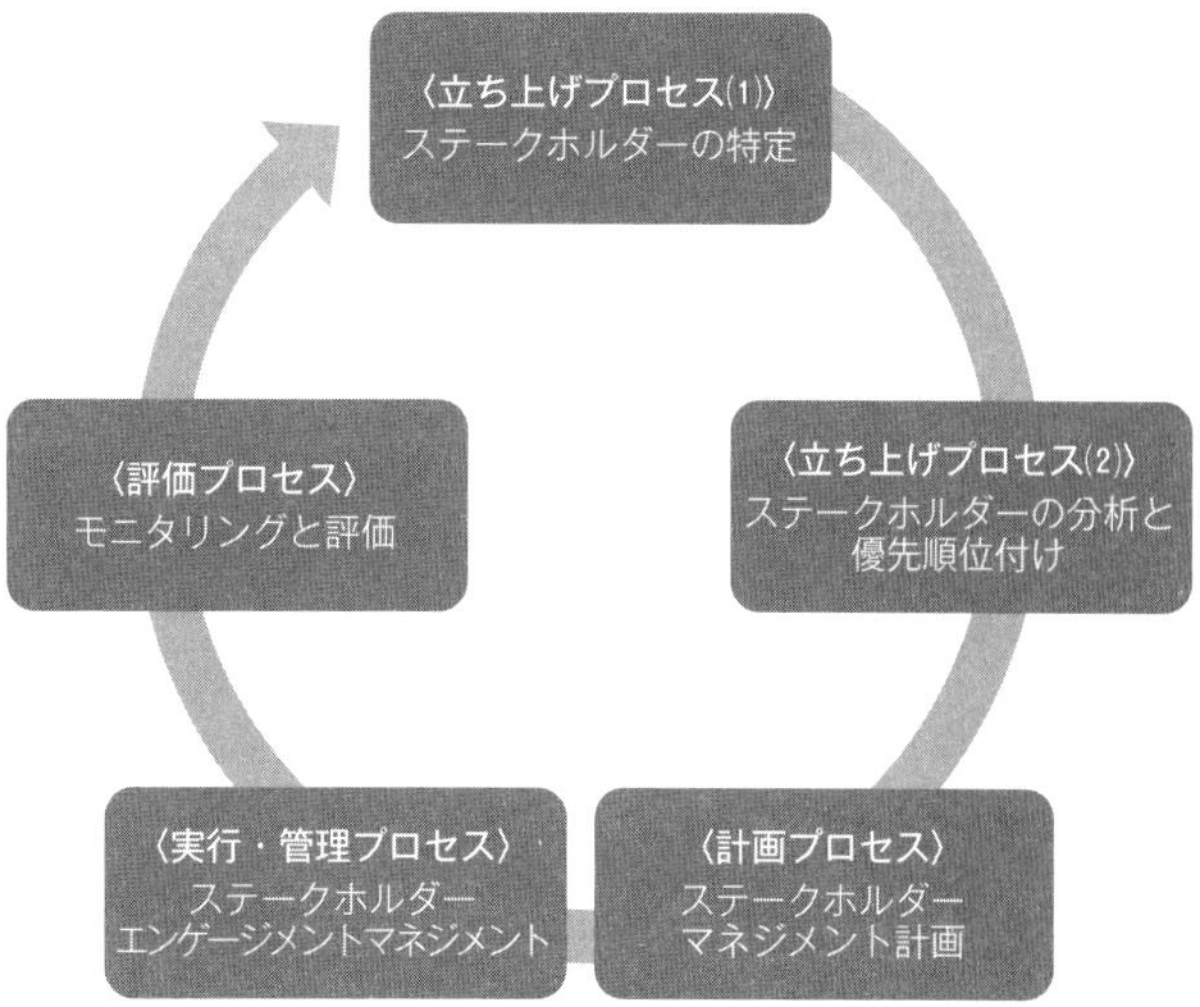

図表3：ステークホルダーマネジメントのプロセス
（青山ら，2019；Niekerk & Getz, 2021; Preble, 2005を基に筆者作成）

内で情報共有する。

2つ目は、立ち上げプロセスにおける「ステークホルダー分析と優先順位付け」である。マーケティング戦略を立案する上で頻繁に用いられるSWOT分析を通じて、ステークホルダーの強み、弱み、機会、脅威を洗い出す（Niekerk & Getz, 2021）。必要に応じて、ステークホルダーにインタビューを行い、彼らの関心や期待、ニーズ、要望を把握する。その際、中核組織は、ステークホルダーのパワー（権力）、正当性、緊急性が存在することを認識し（Mitchell et al., 1997; 舟橋ら、2020）、優先順位を付けながら適切に対処することが求められる。

3つ目は、計画プロセスにおける「ステークホルダーマネジメント計画」である。第二プロセスまでの分析に基づき、ステークホルダーを積極的に関与させるために、効果的なマネジメント戦略を策定する。例えば、スポンサーに対しては、イベント開催中にどのようなアクティベーションを実施するか計画する。その際、中核組織とステークホルダーの間で、パフォーマンスまたは期待ギャップが生じていないか確認を行い、KPIに基づき方針や戦略、組織的対応を検討する。中核組織とステークホルダーの2者間のみで計画の実施が難しい場合は、ほかのステークホルダーと連携・協働を図り、相互作用に基づきイベントの効果を最大化させる。

4つ目は、実行・管理プロセスにおける「ステークホルダーエンゲージメントマネジメント」である。ステークホルダーマネジメント計画を基に、ステークホルダーとコミュニケーションを図り、彼らの要求やイベントのイシューを運営に反映していく。青山ら（2019）は、個々のステークホルダーの成果こそが、イベントの成功につながると述べ、要求に対していかに柔軟かつ早急に対応するかが鍵だとしている。そのため、ステークホルダーのエンゲージメントをコントロールしながら、イベントを運営することが重要となる。

5つ目は、評価プロセスにおける「モニタリングと評価」である。スポーツイベント終了後に、個々のステークホルダーの関心や期待、ニーズ、要望に対するモニタリングと評価を行い、それぞれの次元で中核組織やステークホルダーが行った事業に対し、検証を行う。その際、中核組織の組織的対応が適切であったか、ステークホルダーや第三者機関からフィードバックをもらう。仮に次年度、イベントが継続される場合は、ステークホルダーとの直接的なコミュニケーションを通じて相互理解を図り、より効果的な戦略を模索することが望まれる。5つのプロセスで得られた結果を基に1つ目のプロセスに戻り、定期的な見直しと継続的な改善を行うというサイクルによって、ステークホルダーマネジメントは有効な手法となる。

最後に、スポーツイベントの企画運営を行う中核組織は、ステークホルダーの視点を採用し、積極的にステークホルダーマネジメントを追求することにより、絶えず変化する外部環境に対して、柔軟に対応することが可能となる。また、継続的な対応を通じて中核組織の機能性や健全性を前進させるという認識を持つことも大切である。

［執筆担当：山口志郎］

注

注１：Mitchell et al.（1997）が提示したステークホルダーの顕在性モデルを基に、スタジアム整備建設構想におけるステークホルダーの類型化の実証研究を行った舟橋ら（２０２０、１３４頁）を参考にすると、パワー（権力）とは「スポーツイベントの企画運営に対して、自らの意向を通すために強制的、報酬的、あるいは規範的な手段を行使できること」、正当性とは「ある主体のスポーツイベントの企画運営の関与が、規範や価値、信念、定義と照らし合わせて適切だと認知される状況」、緊急性とは「ある主体のスポーツイベントの企画運営に対する要求の、早急な対応を求める度合いが高いこと」と定義される。

参考文献

- 青山将己・山口志郎・山口泰雄（２０１９）「PMBOX（Project Management Body of Knowledge）を用いた代表チーム事前合宿におけるステークホルダー・マネジメントプロセス：兵庫県・淡路島のケーススタディ」スポーツ産業学研究、29（1）、25～37頁
- 出口宝・上地博之・佐々木秀章・米盛輝武・富和清訓・井上比奈・堀川恭平（２０２０）「自転車ロードレースの医療救護体制：ツール・ド・おきなわモデルの検証から」日本医師会雑誌、１４９（５）、９０５～９１１頁
- Freeman, R. E.（1984）. Strategic management: A stakeholder approach. MA: Pitman. Boston: Pitman.
- 舟橋弘晃・菅文彦・桂田隆行・間野義之（２０２０）「スタジアム整備建設構想におけるステークホルダーの類型化」スポーツ産業学研究、30（２）、２６３～２７３頁
- Leopkey, B., & Parent, M.（2009）. Risk management issues in large-scale sporting events: A stakeholder perspective. European Sport Management Quarterly, 9（2）, 187－208.
- Mitchell, R. K., Agle, B. R. & Wood, D. J.（1997）. Toward a theory of stakeholder identification and salience: Defining the principles of who and what really. The Academy of Management Review, 22（4）, 853－886.
- Niekerk, M.V., & Getz, D.（2021）. Event stakeholders: Theory and methods for event management and tourism. Goodfellow Publishers Limited Oxford, UK.
- Oshimi, D., & Yamaguchi, S.（2022）. Leveraging strategies of recurring non-mega sporting events for host community development: A multiple case study approach. Sport, Business and Management: An International Journal, ahead-of-print. doi.org/10.1108/SBM-06-2021-0071
- Parent, M. M., & Smith-Swan, S.（2013）. Managing major sports events: Theory and practice. London: Routledge.
- Parent, M. M.（2015）. The organizing committee's perspective. In M. Parent & J.L. Chappelet（Eds.）, Routledge handbook of sports event management. London: Routledge, pp.43－62.
- Parent, M. M.（2016）. Stakeholder management for sport organizations. In B.C. George., S. F. Janet, & D. Alison（Eds.）, Routledge handbook of theory in sport management. London: Routledge, pp.57－68.
- Parent, M. M., & Ruetsch, A.（2021）. Managing major sports events: Theory and Practice（2nd.ed.）. London: Routledge.
- Prebble, J. F.（2005）. Toward a comprehensive model of stakeholder management. Business and Society Review, 110（4）, 407－431.
- 山口志郎・伊藤央二（２０２０）「トレイルランニングイベントにおける主催者のリスクマネジメント：質的研究によるリスクとリスク対策の検討」生涯スポーツ学研究、17（1）、13～26頁
- Yamaguchi, S., & Ito, E.（2021）. Conceptualization of Perceived Risk from the Participant Perspective in Trail Running Events. International Journal of Sport and Health Science, 19, 102－109.

Ⅱ・4 スポーツイベントの経済的インパクト

1 地域活性化がもたらす4つの機能

スポーツイベントの開催にあたっては、その経済的インパクトの大きさが注目される。これは、しばしば「経済効果」や「経済波及効果」といった言葉で表現されるが、こうした報道がなされるのは、メガ・スポーツイベント開催においては、特に経済的インパクトによる地域活性化効果が期待されているからにほかならない。

地域活性化効果について、原田（2002）では、以下の4つの機能を挙げている。①社会資本を蓄積する機能、②消費を誘導する機能、③地域の連帯性を向上する機能、④都市のイメージを向上する機能である。具体的には、関連する観光需要の増加や建設需要の増加などを通じて、地域に経済効果をもたらし雇用創出効果を生み出すと考えられる。

本節では、まず「経済波及効果」について説明し、続いて2020年東京オリンピック・パラリンピック競技大会（以下、「2020年東京大会」）開催による経済波及効果の推計例を紹介する。最後に、実際の推計に活用できるプログラムを紹介しつつ推計の際の注意点などについて述べる。

2 経済効果とは

一般にある産業に対する需要すなわち直接需要（最終需要）が増加した場合には、関連する産業への需要の増加に波及していき、その需要の増加が元の産業を含めた各産業の需要の増加をもたらすという波及効果が無限に続いていく。[注1] 経済効果とは、「直接効果」と「間接効果」からなり、「間接効果」はさらに「一次波及効果」と「二次波及効果」に分けられる。スポーツイベントの開催を例にとると、スタジアムの建設費や開催経費など開催によって新たに生じる消費や投資が最終需要と呼ばれる「直接効果」である。

直接効果によって需要が増えた産業では、それに対応するために原材料（財・サービス）が新たに必要となる。そしてこの新たな生産需要に対応するため、各産業は新たな生産活動を行う。そしてさらにこの生産活動によって、さらに新たな需要が発生するといったように、連続して生産が誘発されてゆく。このような効果を計算したものが「一次波及効果」である。

直接効果と一次波及効果によって発生した生産誘発効果は、雇用者所得の増加をもたらし、そのことが家計消費の増加を促すことによって、新たな需要が生み出される。これが「二次波及効果」である。

こうした効果を測るために使われるのが産業連関表である。産業連関表は、日本や東京都などの一定の地域内で一定期間内に生産された財・サービスの投入（Input）と算出（Output）の関係を表に示したもので、投入産出表（Input-Output table: ＩＯ表）とも呼

図表1：産業連関表の仕組み　（土居・浅利・中野編（2019）より筆者作成）

	需要（買い手）	中間需要						最終需要						輸入C	生産額
供給（売り手）		農業	林業	漁業	：	：	計A	消費	投資	輸出	：	：	計B		A+B-C
中間投入	1. 農業														産出計
	2. 林業														
	3. 漁業				販路構成（→行：産出）										
	：		費用構成（←列・投入）												
	：														
	計　D														
粗付加価値	家計外消費														
	雇用者所得														
	営業余剰														
	資本減耗引当														
	：														
	計　E														
生産額　D+E		投入計													

ばれる。

土居・浅利・中野（2019）を参考に産業連関表を見ていく。産業連関表は、図表1のように行列（マトリックス）として表され、行（row）は、左から右にヨコに読んだ時の係数の並びを、列（column）は、上から下へとタテに読んだ時の係数の並びをいう。林業を例にとると、需要側については、タテ（列）の列を参照することで、林業が「買い手」として、生産に必要な原材料や燃料をどの産業からどれだけ購入したのか、労働や資本設備をどれだけ用いたかといった、生産要素の投入構造の内訳（費用構成）がわかる。

一方、供給側については、ヨコ（行）を参照することで、林業が供給した製品が、どの部門でどんな用途に用いられたかがわかる。中間需要と中間投入で囲まれた部分は、財貨・サービスが原材料などの中間財として産業間で取引されたことを意味し、最終需要の部分は、財貨・サービスが消費や投資などの最終財として用いられたことを意味している。よって産業連関表からは、経済波及効果を推計できるだけでなく、対象となる地域の経済の規模、特徴、構造を知ることができ、さらに異なる年次の産業連関表を作成・比較することによって、その地域の産業構造の変化も知ることができる。

3 2020年東京大会の経済効果

2020年東京大会開催に伴う経済波及効果は、多くの機関・組織によって推計され発表されている。東京都オリンピック・パラリンピック準備局（2017）の試算では、次のように推計された。まず東京都の需要増加額は、直接的効果とレガシー効果に大別された。直接的効果は、大会開催に直接的に関わる投資[注2]および支出であり、具体的には施設設備費が3千500億円、大会運営費が1兆600億円、その他の費用が5千690億円の合計1兆9千790億円が計上された。レガシー効果は、東京都内において大会後のレガシーを見据えて実施される取り組みによって発生する需要増加額であり、大きく３つの項目に分けられる。具体的には①新規恒久施設・選手村の後利用、東京のまちづくり、環境・持続可能性の項目に２兆２千５７２億円、②スポーツ、都民参加・ボランティア、文化、教育・多様性の項目に８千１５９億円、③経済の活性化・最先端技術の活用の項目に９兆１千６６６億円の合計12兆２千３９７億円と推計された。

直接的効果とレガシー効果の合計の14兆２千１８７億円が需要増加額の総計である。この需要増加額を基に、平成23（２０１１）年東京都産業連関表を用いて試算された生産誘発額はそれぞれ、直接的効果が東京都で３兆３千９１９億円、全国で５兆２千１６２億円、レガシー効果が東京都で17兆４８８億円、全国で27兆１千１１７億円と推計された。これらの合計である２０２０年東京大会の開催に伴う生産誘発額は、東京都で20兆４千４０７億円、全国で32兆３千１７９億円と推計された。付加価値誘発額は、東京都で10兆６千１６１億円、全国では15兆５千３４０億円の効果が見込まれる。また、雇用者所得誘発額は、東京都で６兆１千４７３億円、全国で８兆７千１５６億円が見込まれ、これにより東京都で１２９・６万人、全国で１９３・９万人の雇用が誘発されるとの結果を得た。

みずほ総合研究所（２０１７）の試算では、２０１４年から２０２０年の７年間の経済効果として30・３兆円の試算結果が得られた。本報告では、試算の対象を五輪「開催前」[注3]と「開催中」の２つの局面の五輪関連の「直接的」な効果と「付随的」な効果の計４種類の効果に大別してそれぞれ試算している。

森記念財団都市戦略研究所（２０１４）の試算では、オリンピック開催そのものに直接関係する項目だけでなく、社会全体で喜ばしい出来事が起きた時に、気分が高揚し様々な消費行動が拡大する「ドリーム効果」による、高性能電気機器やスポーツ用品購入の促進などの４つの算定根拠を含む推計となっている。

これらの効果を加えた推計結果では、生産誘発額は16兆３千９１３億円となり、これに東京都の発表による生産誘発額2兆9千609億円を加えた約19・4兆円が全国への経済波及効果であるとした。同時に、粗付加価値誘発額は、年換算で約1・4兆円と推計され、我が国のGDP成長率を0・3%ポイント押し上げる効果があるとした。[注4]

これまで東京オリンピックを例に、その開催に伴う経済波及効果に関する3つの推計結果を概観してきたが、経済波及効果の推計値の違いは、推計の前提となる直接需要の大きさと種類の違いによるものである。そして、経済波及効果を算出する場合には留意すべき点が4点ある。第一に、経済波及効果推計の基となる直接需要の項目に違いがあるため、どのような視点から経済波及効果を推計したのか見極める必要があることである[注5]、第二に、すでに開催地域に住んでいる人を経済波及効果の計算に入れないことである、第三に、効果を減殺する面についても忘れてはならないことである[注6]、最後に経済効果の事後検証の必要性である。宮本(2012)は、事前的な需要予測や経済効果の推定は多数行われているが、その検証が行われることが極めて少ないと指摘し、その重要性を指摘するとともに実際に3つのイベントについて経済効果の予測値と検証値の比較を行っている。また、2020年東京大会関連の経済効果についても宮本勝浩関西大学名誉教授は、1年延期による経済的損失、無観客開催によって失われる経済的損失などを考慮に入れた経済効果の推計値を発表している。これによると、2020年東京大会の無観客開催による経済的損失は、約2兆4千133億円、経済効果は約6兆1千442億円であるとそれぞれ推計している。[注7・注8]

4 経済波及効果の推計

実際に経済波及効果を推計する場合は、国や地方自治体が提供している産業連関表に基づく経済波及効果分析ツールを利用することができる。例えば、総務省が提供している統合大分類(37部門)による「経済波及効果の簡易計算ツール」[注9]や、観光庁による「MICE開催による経済波及効果測定のための簡易測定モデル（MICE簡易測定モデル）」[注10]、都道府県[注11]や政令指定都市[注12]レベルでも経済効果分析ツールが提供され、利用可能である。

上記の分析ツールは、基本的にはそれぞれの産業部門ごとの新規需要創出額（直接効果額）を入力することで間接効果を含めた経済波及効果を算出できるが、直接効果額の推計に際して注意すべき点は、以下の3点に集約される。まず、推計者は、開催しようとするイベントおよびプロジェクトの具体的なイメージを持ち、そのイベントやプロジェクトの参加者数や、1人当たりの消費額、あるいは開催のための支出が何に使われるのかといった計算の算定根拠を持つことが重要である。第二に、イベントやプロジェクトの規模や経済効果が及ぶと想定される範囲に応じた分析ツールを適宜選択して使用することが望まれる。第三に、最終需要がどの産業部門にどれだけ生まれるのか、各産業部門に振り分けて分類する産業格付け[注13]を適切に行うことが必要である。

5 産業連関分析の留意点

産業連関分析による経済波及効果分析は、非常に有用であるが、分析には前提条件があることに留意しなくてはならない。主な前提条件を以下に提示する。①企業の生産能力に限界がなく、いかなる需要にも対応できること、②財・サービスの生産に必要な原材料などの費用構成が変化せず一定で、規模の経済が存在しないこと、③新規の需要増加は、すべて新たな生産によって賄われ、過剰在庫の放出などで対応することがないこと、④波及効果が達成される時期は、明確にされないこと。以上のような多くの前提条件がある上での推計結果であることを、推計値を解釈する際に念頭に置かねばならない。

本節では、経済波及効果とその推計方法について述べた。まず、経済波及効果を構成する直接効果や間接効果について簡単に説明し、さらに産業連関表の読み方と経済波及効果が産業連関表によって算出されるものであることを示した。

さらに、スポーツイベントやプロジェクトを開催する事業者や自治体の担当者が実際に経済波及効果を推計する際に利用可能な分析ツールの紹介と推計する際の注意点、結果の解釈の際の留意点について述べた。

本節の内容が、スポーツイベントやプロジェクトの経済波及効果を推計しようとする担当者の一助になれば幸いである。

［執筆担当：福原崇之］

注

注1：経済効果を測る際には、ある商品1単位を生産するのに必要な原材料（部品など）の構成比（組立比率）である「投入係数」をすべての関連する産業で求め、その投入係数行列から算出する。数学的には、投入係数行列をA、最終需要をΔfとすると、経済効果Δxは、$\Delta x=(I-A)^{(-1)}\times\Delta f$で求めることができる。厳密な数学的な導出については、小長谷・前川編（２０１２）に詳しい。地域産業連関分析については、マッカン（２００８）が詳しい。

注2：その他の費用は、大会参加者・観戦者の消費支出が2千79億円、家計消費支出が2千９１０億円、国際映像制作・伝送費が３３５億円、企業

マーケティング活動費が３６６億円の合計である。

注３：五輪「開催後」の直接的および付随的な効果や、効果を減殺しうるマイナス要因はすべての局面において試算に入れていない。

注４：長田ら（２０１５）では、２０１５～２０１８年における我が国の実質ＧＤＰ成長率を毎年0.2～0.3%ポイント程度押し上げると推計している。また、日本銀行（２０１５）では、２０１７年度の成長率は、消費税率引き上げ前の駆け込み需要とその反動の影響および景気の循環的な動きを反映し、マイナス0.8%ポイント程度押し下げられると試算している。しかし、この試算は、所得環境や物価動向にも影響を受けるため不確実性が高いことも同時に指摘している。日本総研（２０１３）では、東京オリンピック開催までの準備期の「観光客増を見越した宿泊施設・飲食店の改装・増築需要、東京再開発に伴う建設需要（民間）」の需要増加額について、2兆2千億円から4兆9千億円と幅を持たせて推計しているため、開催までの７年間の需要創出額は3兆9千３２０億円から６兆6千３２０億円、生産誘発額は6兆7千７８０億円から11兆7千７８０億円と推計している。

注５：開催地域に住んでいる人のイベント消費は、日常生活などでもともと使われるはずのお金であり、その代替として消費されるため新たに経済効果を生むとは考えられない。

注６：みずほ総合研究所（２０１７）では、効果を減殺しうるマイナス要因として、非五輪関連の建設事業遅延による供給制約、非五輪関連支出の抑制による代替効果、五輪目的以外の観光客の減少などを挙げている。

注７：関西大学（２０２１）「どうなる東京五輪⁉ 延期、簡素化、無観客、中止、それぞれの経済的損失は…」関西大学プレスリリース２０２１年1月22日／No. 53

注８：関西大学（２０２１）「東京オリンピック・パラリンピックの経済効果と赤字額　経済効果は約6兆1千４２２億円。一方で、組織委員会や国、東京都の赤字総額は、約2兆3千７１３億円」関西大学プレスリリース２０２１年8月26日／No. 21

注９：総務省ホームページ（https://www.soumu.go.jp/toukei_toukatsu/data/io/hakyu.htm）

注10：観光庁ホームページ（https://www.mlit.go.jp/kankocho/page07_000018.html）

注11：国土交通省北海道開発局ホームページ（https://www.hkd.mlit.go.jp/ky/ki/keikaku/splaat00001yrb0.html#s0）

注12：横浜市ホームページ（https://www.city.yokohama.lg.jp/business/kigyoshien/tokei-chosa/rennkannhyou.html）

注13：産業格付けのやり方や注意点に関しては、前掲書小長谷・前川編（２０１２）の第5章および第6章などに詳しい。

参考文献

- 東京都オリンピック・パラリンピック準備局（２０１７）「東京２０２０大会開催に伴う経済波及効果（試算結果のまとめ）」
- みずほ総合研究所（２０１７）「２０２０年東京オリンピック・パラリンピックの経済効果～ポスト五輪を見据えたレガシーとしてのスポーツ産業の成長に向けて～」
- 森記念財団都市戦略研究所（２０１４）「２０２０年東京オリンピック・パラリンピック開催に伴う我が国への経済波及効果」
- 長田充弘、尾島麻由実、倉知善行、三浦弘、川本卓司（２０１５）「２０２０年東京オリンピックの経済効果」日本銀行調査統計局
- 日本銀行（２０１５）「経済・物価情勢の展望（２０１５年10月）」
- 日本総研（２０１３）「２０２０年東京五輪の経済効果をどうみるか―7～12兆円の景気浮揚効果―」
- 宮本勝浩（２０１２）『「経済効果」ってなんだろう？阪神、吉本、東京スカイツリーからスポーツ、イベントまで』中央経済社、２０２～２１０頁
- フィリップ・マッカン著、黒田達朗・徳永澄憲・中村良平訳（２００８）『都市・地域の経済学』日本評論社
- 小長谷一之・前川知史編（２０１２）『経済効果入門』日本評論社
- 土居英二、浅利一郎、中野親徳編（２０１９）『はじめよう地域産業連関分析　Excelで初歩から実践まで基礎編［改訂版］』日本評論社

Ⅱ・5 スポーツイベントの社会効果：ウェルビーイング

1 スポーツイベントの経済効果から社会効果へ

スポーツイベントが社会にもたらす影響は多岐にわたる。その中でも従来注目を集めてきたのが、スポーツイベントの経済効果である。スポーツイベントにおいては、競技施設の建設や整備だけでなく、選手やスタッフ、その家族や観客が開催地に移動し消費活動を行うため、交通機関やホテルなどの関連施設にも経済的な恩恵が期待されることは想像しやすい。これに伴い開催地では雇用も創出されるなど、広範に捉えればスポーツイベントの経済波及効果は大きい。しかし、スポーツイベントの経済効果に関する多くの報告は、そのコストを過小評価しているとの指摘がある。メガスポーツイベントとして認識されているオリンピックに着目してみると、2016年に開催されたリオデジャネイロ五輪の開催経費は約1兆3千億円、1年延期を余儀なくされたのち2021年に開催された東京大会の開催経費は約1兆5千億円であったと報告されている。数々のスポーツイベントがコストに見合った経済効果をもたらすかについては否定的な意見も散見される（Agha & Taks, 2018）。しかし、このような経済効果に傾倒した否定的な解釈は、スポーツイベントの効果測定を限定的なものにすることも事実である。

スポーツイベントは、開催地に様々な社会的便益を提供する。過去に発表された研究では、スポーツイベントの社会的便益を様々な視点で捉えてきた（Gibson et al., 2014; 押見・原田，2017; Oshimi & Harada, 2019）。例えば、スポーツイベントの招致は開催都市のイメージを向上させるという報告や（Kaplanidou et al., 2013）、開催都市住民のつながり（Gibson et al., 2014）や「おらが街感」の醸成にも一役買うことが実証されている

(Oshimi & Harada, 2019)。さらに、アスリートの姿に感化され、開催都市住民のスポーツ参加率が向上したという報告もある（Castellanos-Garcia et al., 2021）。伝統的な経済効果の研究では十分に考慮されてこなかったこれらの社会効果は、間接的に経済効果にもつながる重要な社会資本にもなり得る。まちのイメージは将来の観光客増加につながるし、人々のつながりは新しい事業などのイノベーションを促進する。住民がより健康になれば医療費の削減につながることも想像しやすいだろう。このようなスポーツイベントがもたらす社会的便益の中でも、近年注目を集めているのが「ウェルビーイング」である（Doyle et al., 2021; Ito, 2020; Sato et al., 2022; Teare et al., 2021）。

2 ウェルビーイングの捉え方

スポーツや身体活動と人々のウェルビーイングには、ポジティブな関係があると多くの研究で実証されている（Kurihara et al., 2018; Makizako et al., 2021）。しかし、この関係をめぐる様々な研究では、スポーツ参加による健康増進に着目した身体的（血圧の改善やメタボ予防など）ならびに心理的（鬱《うつ》症状の改善や爽快感など）ウェルビーイングに焦点を当てたものがほとんどである。スポーツイベントの文脈でも、今後ウェルビーイングに関する取り組みが活発化されていくと推察される中、多様なウェルビーイングの捉え方は整理しておく必要があるだろう。

ウェルビーイングは身体の状態だけでなく、心の状態も含めた包括的な概念であり、多様な捉え方が存在する（図表1）。その概念は①身体的ウェルビーイング、②快楽的ウェルビーイング、③心理的ウェルビーイング、そして④社会的ウェルビーイングに大別される。身体的ウェルビーイングは個人が身体的に健康であると感じる程度を指す（Butler & Kern, 2016）。快楽的ウェルビーイングは個人の主観的な快感情の経験を意味する（Karneman et al. 1999）。心理的ウェルビーイングとは、個人が生きがいを持ち、自分の意志で物事をやり遂げ成長できているかを含めた人生の包括的な評価である（Ryff & Singer, 2008）。最後に社会的ウェルビーイングとは、個人が社会の一員として仲間との良好な関係を築き、社会に貢献できているかの程度を意味する（Keyes, 1998）。ウェルビーイングはこれら複数の側面から理解する必要があり、どの次元も軽視するわけにはいかない。例えば、もしあなたがある1日に楽しみを見出せたとする（快楽的ウェルビーイング）。これだけで人間は幸福であると言えるだろうか。極端な話ではあるが、1人部屋に篭《こも》ってアルコールなどの快楽要因に頼れば達成できてしまう一過性の幸せには、疑問符が付く。一方で、自己成長を重んじて（心理的ウェルビーイング）身体を労《いた》わる暇もなく邁進《まいしん》すれば過度の疲労を感じることもあるだろう。これもまた健康的な幸福像としてイメージすることは難しい。健康で、自らの生きがいに邁進し、仲間とつながり助け合いながら、楽しい毎日を過ごすことこそがウェルビーイングと言えるのである。さらに、これらのウェルビーイングの側面を概観すると、スポーツイベントとウェルビーイングの関係に、相性の良さを見出すのはごく自然のことであろう。

ウェルビーイングのタイプ	注目する指標	再現性	持続性	期待される効果
身体的ウェルビーイング	身体活動の活発化 主観的な健康評価	△	○	医療費の削減 国家威信 地域愛着 向社会行動 生産性の向上
快楽的ウェルビーイング	楽しみなどの快感情の経験	○	△	
心理的ウェルビーイング	自己成長、自制心、 自己肯定感、生きがいなどの 包括的人生評価	○	○	
社会的ウェルビーイング	社会や他者とのつながり、 社会貢献、社会的受容などの 個人と社会の関係の評価	○	○	

図表1：ウェルビーイングのタイプ

3 スポーツイベントとウェルビーイング：開催地住民に着目して

ウェルビーイングをスポーツイベントの文脈で捉えると、その対象が多様であることに気付く。スポーツイベントの開催は、スポーツに参加する人だけでなく、観戦する人もいれば、開催地の住民もかかわってくる。その中でも、本節では開催地に着目してスポーツイベントがもたらすウェルビーイングへの影響を整理する。

身体的なウェルビーイングを考慮する際に極めて重要な要因は、身体活動の活発化である。1964年の東京オリンピック（以下、「1964年東京大会」）が日本にもたらした効果を検証した研究では、1964年東京大会を経験した日本人はほかの世代よりも頻繁にスポーツ参加をしていたという結果が得られている（Aizawa et al. 2018）。しかし、「トリックルダウン効果」（スポーツイベントやアスリートの姿に感化された一般人が様々なスポーツ参加行動を強めること）と呼ばれるこの現象は、必ずしも再現性の高いエビデンスとは言えない（Annear et al. 2021）。おそらく運動習慣の構築は心理的ハードルが高いことがその理由であろう。スポーツイベントは直接かつ無意識に身体活動を促すことにも貢献し得る。2018年に袖ヶ浦で行われたゴルフイベントであるブリヂストンオープンを対象にした研究では、スポーツイベントが来場した観戦者の歩数の増加に貢献し、結果として彼らの身体的ウェルビーイング（主観的な健康評価）が向上したと報告されている（Watanabe et al. 2020）。厳密に言えば、この研究で着目された観戦者は必ずしも開催地の住民とは限らないが、住民が直接参加できるスポーツイベントを催せば、同じような効果が期待される。

快楽的ウェルビーイングに関するエビデンスも近年徐々に蓄積され始めている。Dolan et al.（2019）は、2012年のロンドンオリンピック開催1年前、開催年、そして開催1年後の縦断調査をロンドン住民に対して実施した。データ分析の結果、ロンドン住民の快楽的ウェルビーイングが大会期間中に向上したことを明らかにした。しかし、この向上した快楽的ウェルビーイングは1年後には大会前のレベルに戻ってしまうことも報告している。これに関連して、Teare et al.（2021）は2010年に開催されたバンクーバーオリンピックが、開催都市に住む12～19歳の青少年のウェルビーイングに与えた影響を検証した。開催前の2007～08年から開催後の2013～14年まで、4度にわたり隔年で行われた政府主導のアンケートデータを分析した結果、行政区分上開催都市に属するエリアにおいて、開催前から開催年にかけて青少年の快楽的ウェルビーイングが向上したことを報告している。しかしこの研究においても、大会後の青少年の快楽的ウェルビーイングは大会前のレベルに戻っている。これらの研究から導き出される1つの懸念は、大会後に長続きしない快楽的ウェルビーイングの向上である。スポーツイベントをカンフル剤のように活用し、開催地に「今この時の楽しみ」を提供することも重要である。しかしスポーツイベントの文脈では、いかにより長続きする心理的・社会的ウェルビーイングを醸成できるかに議論の力点を置く必要がある。

スポーツイベントの心理的・社会的ウェルビーイングへの貢献を検証した研究は数こそ少ないものの少しずつ蓄積されてきている。先ほど紹介したバンクーバーオリンピックを対象にした研究では、快楽的ウェルビーイングの向上はオリンピック開催後消滅したものの、青少年のまちへの帰属意識を表す社会的ウェルビーイングは大会後に向上したという、スポーツイベントにとっては朗報とも言えるエビデンスが報告されている（Teare et al. 2021）。2018年にオーストラリアのゴールドコーストで開催されたコモンウェルスゲームズを対象に行われた住民へのインタビュー調査においても、スポーツイベントが「人生の意義」や「他者とのつながり」といった心理的・社会的ウェルビーイングを住民に感じさせる装置として機能したことが明らかになっている（Doyle et al. 2021）。スポーツイベントが住民の心理的ウェルビーイングにおいて果たす貢献は、日本のスポーツイベントを対象にした研究でも実証されている。Sato et al.（2022）は2019年に日本で行われたラグビーワールドカップを対象に、開催都市住民に2度にわたる縦断調査を行った。その結果、大会は開催都市住民の「未来に希望を持ち、困難があっても乗り越えられるしなやかな心のエネルギー」を醸成し、彼らの少なくとも2カ月後の心理的ウェルビーイングを予測したという結論に至っている。スポーツイベントの規模が大きければ大きいほど、住民のウェルビーイングへの影響も大きくなる可能性は否定できない。しかし前述のように、開催費用を考慮するとハイリスクハイリターンと考えざるを得ないメガイベント戦略だけに傾倒するのではなく、中小規模のスポーツイベントを多く活用した住民をより幸福にする社会システムの構築は、「手堅い戦略」と呼べるかもしれない。[注1]

［執筆担当：佐藤晋太郎］

注

注１：本稿はＪＳＰＳ科研費 ＪＰ２０２９２６７４の助成を受けたものである。

参考文献

- Agha, N., & Taks, M.（2018）. Modeling resident spending behavior during sport events: Do residents contribute to economic impact?. Journal of Sport Management, 32（5）, 473－485.
- Aizawa, K., Wu, J., Inoue, Y., & Sato, M.（2018）. Long-term impact of the Tokyo 1964 Olympic Games on sport participation: A cohort analysis. Sport Management Review, 21（1）, 86－97.
- Annear, M., Sato, S., Kidokoro, T., & Shimizu, Y.（2021）. Can international sports mega events be considered physical activity interventions? A systematic review and quality assessment of large-scale population studies. Sport in Society, 1－18.
- Butler, J., & Kern, M. L.（2016）. The PERMA-Profiler: A brief multidimensional measure of flourishing. International Journal of Wellbeing, 6（3）, 1-48.
- Castellanos-García, P., Kokolakakis, T., Shibli, S., Downward, P., & Bingham, J.（2021）. Membership of English sport clubs: A dynamic panel data analysis of the trickle-down effect. International Journal of Sport Policy and Politics, 13（1）, 105－122.
- Doyle, J., Filo, K., Thomson, A., & Kunkel, T.（2021）. Large-Scale Sport Events and Resident Well-Being: Examining PERMA and the Gold Coast 2018 Commonwealth Games. Journal of Sport Management, 35（6）, 537－550.
- Gibson, H. J., Walker, M., Thapa, B., Kaplanidou, K., Geldenhuys, S., & Coetzee, W.（2014）. Psychic income and social capital among host nation residents: A pre–post analysis of the 2010 FIFA World Cup in South Africa. Tourism Management, 44, 113－122.
- Ito, E.（2020）. Relationships of involvement and interdependent happiness across a revised Masters Games participant typology. Journal of Sport & Tourism, 24（4）, 235－250.
- Kahneman, D., Diener, E., & Schwarz, N.（Eds.）.（1999）. Well-being: Foundations of hedonic psychology. Russell Sage Foundation.
- Keyes, C. L. M.（1998）. Social well-being. Social Psychology Quarterly, 121－140.
- Kukihara, H., Yamawaki, N., Ando, M., Tamura, Y., Arita, K., & Nakashima, E.（2018）. The mediating effects of resilience, morale, and sense of coherence between physical activity and perceived physical/mental health among Japanese community-dwelling older adults: a cross-sectional study. Journal of Aging and Physical Activity, 26（4）, 544－552.
- Makizako, H., Akaida, S., Shono, S., Shiiba, R., Taniguchi, Y., Shiratsuchi, D., & Nakai, Y.（2021）. Physical activity and perceived physical fitness during the COVID-19 epidemic: a population of 40-to 69-year-olds in Japan. International Journal of Environmental Research and Public Health, 18（9）, 4832.
- Oshimi, D., & Harada, M.（2019）. Host residents' role in sporting events: The city image perspective. Sport Management Review, 22（2）, 263-275.
- 押見大地、原田宗彦（２０１７）「スポーツイベントの開催が観戦者の行動意図に及ぼす影響 イベントにおける快感情、イメージフィット、都市イメージに着目して」スポーツマネジメント研究
- Ryff, C. D., & Singer, B. H.（2008）. Know thyself and become what you are: A eudaimonic approach to psychological well-being. Journal of Happiness Studies, 9（1）, 13－39.
- Sato, S., Kinoshita, K., Kim, M., Oshimi, D., & Harada, M.（2022）. The effect of Rugby World Cup 2019 on residents' psychological well-being: a mediating role of psychological capital. Current Issues in Tourism, 25（5）, 692－706.
- Watanabe, Y., Qian, T. Y., Wang, J. J., Pifer, N. D., & Zhang, J. J.（2020）. Sport spectatorship and health benefits: a case of a Japanese professional golf tournament. Frontiers in Psychology, 1494.

II・6 COLUMN

スポーツイベントと多様性

スポーツツーリズムとスポーツイベントの親和性は高い。日本政府観光局（2019）によると、ラグビーワールドカップ2019日本大会開催時（2019年9月）、ラグビーワールドカップの出場国が含まれる欧米豪市場の訪日外客数が、前年同月に比べ7万7千人増加した。今日はCOVID‐19の影響はあるものの、近年我が国では国際的なメガスポーツイベントの招致や開催が活発であり、スポーツツーリズムによる経済的波及効果等が期待されていることがうかがえる。

2021年に開催された東京オリンピック・パラリンピック競技大会の基本コンセプトの1つが「多様性と調和」だったことは記憶に新しい。そもそも多様性とは何か。『広辞苑第六版』（2008）によると、多様とは「いろいろ異なるさま。異なるものの多いさま」である。スポーツイベントを多様性の観点から見てみると、種目は多様になってきたものの、参加者はスポーツ実施者やスポーツにアクセスしやすい人々に偏っている印象を持たれる人が多いのではないだろうか。原田（2020）によると、社会的に排除された人々を包摂するソーシャルインクルージョンの理念を前面に押し出したイベントや、ブラインドサッカーのように、視覚障害者と健常者がサッカーを通じて混ざり合う機会を提供するという、新しい価値提供のイベントに注目が集まっている。そこで、多様性の観点から新しい価値を生み出していると考えられるスポーツイベント等を一部紹介する。

まずは、スペシャルオリンピックスである。スペシャルオリンピックスの使命は、知的障害のある人たちに年間を通じて、オリンピック競技種目に準じたさまざまなスポーツトレーニングと競技の場を提供し、参加したアスリートが健康を増進し、勇気をふるい喜びを感じ、家族やほかのアスリート、そして地域の人々と才能や技能、友情を分かち合う機会を継続的に提供することである（スペシャルオリンピックス日本、n.d.）。知的障害のある人々は特別支援学校等の卒業以降、スポーツをする機会が激減することから、スペシャルオリンピックスの日常プログラムに継続的に参加することは、生涯スポーツの観点でも大きな意義を有する（仲野、2018）。このスペシャルオリンピックスでは、ユニファイドスポーツを採用している。ユニファイドスポーツとは、知的障害のある人と知的障害のない人で混合チームをつくり、練習や試合を行い、スポーツを通じてお互いに相手の個性を理解し合い支え合う関係を築いていく取組である。スペシャルオリンピックス国際本部が推進し、世界中で展開され、世界大会公式種目として実施されている（スペシャルオリンピックス日本、n.d.）。

次は、CONIFAワールドフットボールカップである。CONIFA（Confederation of Independent Football Associations）は、FIFA（International Federation of Association Football）に加盟できない、あるいはしない地域や民族のサッカー協会をまとめる国際的な非営利団体であり（CONIFA. n.d.）、独立サッカー連盟と訳されることが多い。世界には自分たちの固有の文化に誇りを持ち、1国家1民族という同化システムに入ることに与しない少数民族や、迫害を受けて祖国を捨て異国のコミュニティで暮らす人種、固有の領土を持たないが地域に根を下ろして生活している民族等が多様に存在している。そのような人々もサッカーをプレーし、サッカー協会を持ってはいるが、FIFAの加盟承認の原則ではすくい上げることは不可能なため、そのような人々にプレーする場所を提供しようと、2013年にCONIFAは創設された（木村、2016）。我が国と関連するチームとして、2022年3月時点でRyukyu と United Koreans in Japan が加盟している（CONIFA. n.d.）。

最後に、ダイバーシティカップである。ダイバーシティカップは、ホームレスやひきこもり、不登校、うつ病、LGBT、若年無業、依存症、精神障害、難民等、多様な社会的困難を持つ当事者とその支援者が立場を超えて集い交流するフットサル大会で、2015年の第1回大会以来、毎年かたちを変えながら東京と大阪で計8回開催し、延べ1千500人以上が参加した（ダイバーシティサッカー協会、2021）。

以上、紹介したものは一部であり、かつ種目の偏りがあることはご容赦いただきたい。COVID-19のパンデミックの中、スポーツの構造的変化や様々なスポーツイベントの延期やキャンセルは、多様なアスリートのウェルビーイングに影響している（Evans et al. 2020）。そのため、スポーツイベントも可能な範囲で開催することが望ましい。

2022年3月25日に策定された「第3期スポーツ基本計画」においても、多様な主体に重点を置いていることがうかがえるが、多様性やダイバーシティ推進等を謳《うた》うことで、すでに存在する根本的な問題を置き去りにしてしまうことがあることはよく指摘される。スポーツイベントは、理念や目的も重要であるが、継続的に開催することに加えて、多様性の観点から今までの課題を抽出し、ＰＤＣＡサイクルを回すことも重要である。

［執筆担当：秋吉遼子］

参考文献

- ＣＯＮＩＦＡウェブサイト（n.d.）（https://www.conifa.org/en/about/）（参照日：２０２２年３月23日）
- ダイバーシティサッカー協会（２０２１）「２０２０－２０２１アニュアルレポート」（https://diversity-soccer.org/wp-content/uploads/2021/07/2020-2021annualreport.pdf）（参照日：２０２２年３月28日）
- Evans Adam B., Blackwell Joanna, Dolan Paddy, Fahlen Josef, Remco Hoekman, Lenneis Verena, McNarry Gareth, Smith Maureen & Wilcock Laura（2020）Sport in the face of the COVID-19 pandemic: towards an agenda for research in the sociology of sport, European Journal for Sport and Society, 17（2）:85－95.
- 原田宗彦（２０２０）『スポーツ地域マネジメント　持続可能なまちづくりに向けた課題と戦略』学芸出版社
- 木村元彦（２０１６）『橋を架ける者たち　在日サッカー選手の群像』集英社
- 『広辞苑第六版』（２００８）
- 仲野隆士（２０１８）「スペシャルオリンピックス」、川西正志・野川春夫編『生涯スポーツ実践論　生涯スポーツを学ぶ人たちに』市村出版
- 日本政府観光局ウェブサイト（２０１９）「訪日外客数（２０１９年９月推計値）報道発表資料」（https://www.jnto.go.jp/jpn/statistics/data_info_listing/pdf/191016_monthly.pdf）（参照日：２０１９年10月25日）
- スペシャルオリンピックス日本ウェブサイト（n.d.）（https://www.son.or.jp/about/index.html）（参照日：２０２２年３月29日）

応用編

III

スポーツツーリズムの推進組織と資金

III・1 スポーツツーリズムを推進する組織

1 スポーツコミッション政策の経緯

(1) 観光政策によるスポーツツーリズム

日本で外国人旅行者の訪日促進を掲げた最初の取組は、1963年に国際収支の改善と外国との経済文化の交流促進を目的とした「観光基本法」の制定である（図表1）。翌1964年の東京オリンピックの開催に合わせた東海道新幹線の開通、高速道路の建設、宿泊施設の整備や接遇の向上が推進されていくこととなる。外国人旅行者の訪日促進は1996年「ウェルカムプラン21（訪日観光交流倍増計画）」において「2005年までに700万人」の目標が掲げられ、2003年には小泉純一郎総理大臣の施政方針演説の中で「2010年までに訪日外国人旅行者を1千万人に」と明言された。これを受け、日本の観光立国としての基本方針を検討する「観光立国懇談会」の設置（その後「観光立国推進戦略会議」へと発展的改組）や、歴代内閣初となる観光立国担当大臣の設置など、観光立国を実現するための取組が始まった。また、同年4月には国土交通省を中心として、訪日旅行の飛躍的拡大のための国家戦略的取組「ビジット・ジャパン・キャンペーン」が開始された。

2006年には観光立国の実現のための施策を総合的かつ計画的に推進することを目的とした「観光立国推進基本法」が制定され、観光が日本の重要施策の1つとして位置付けられた。2007年6月には基本法に規定された「観光立国推進基本計画」（2007～2012年度）も策定されている。さらに2008年10月1日、国土交通省の外局に観光庁が設置され、国として観光立国の強力に推進するための体制を構築した。

2009年3月には観光立国推進戦略会議による「訪日外国人2000万人時代の実現へ――もてなしの心によるあこがれの国づくり（第二の開国）」とした提言が策定された。さらに同年12月には国土交通大臣（観光立国担当大臣）を本部長とし、全府省の副大臣等で構成する「観光立国推進本部」が設置され、より一層の省庁間の連携強化が進められた。観光立国推進本部には「外客誘致ワーキングチーム」「観光連携コンソーシアム」「休暇分散化ワーキングチーム」の3つの分科会的組織が設置され、それぞれ議論が進められた。このうち、2010年1月に開催された観光連携コンソーシアムにおいて、ニューツーリズムの1つとして初めて「スポーツ観光」が取り上げられた。その後、同年5月にはスポーツ観光の推進に特化した「スポーツ・ツーリズム推進連絡会議」が開催され、観光政策におけるスポーツ観光・スポーツツーリズムの検討が始まった。

スポーツ・ツーリズム推進連絡会議には、「スポーツツアー造成ワーキングチーム」「チケッティン

図表1：観光政策の動向　（各種資料より筆者作成。WTはワーキングチームの略）

年月	出来事
1963年 6 月	観光基本法の制定・施行
1996年 4 月	ウェルカムプラン21（訪日観光交流倍増計画）
2003年 1 月	小泉純一郎総理大臣施政方針演説 「2010年までに訪日外国人旅行者を1,000万人に」
2003年 4 月	ビジット・ジャパン・キャンペーンの開始
2006年 12 月	観光立国推進基本法の制定（施行は2007年1月）
2007年 6 月	観光立国推進基本計画の策定（～2011年度）
2008年 10 月	観光庁の設置（国土交通省の外局）
2009年 3 月	観光立国推進戦略会議 「訪日外国人2,000万人時代の実現へ」
2009年 12 月	観光立国推進本部の設置 （外客誘致WT、観光連携コンソーシアム、休暇分散化WT）
2010年 1 月	観光連携コンソーシアム（第1回）の開催
2010年 5 月	スポーツ・ツーリズム推進連絡会議 （スポーツツアー造成WT、チケッティング改善WT 国際化・国際交流WT、施設魅力化・まちづくりWT）
2011年 6 月	スポーツツーリズム推進基本方針の策定
2012年 3 月	観光立国推進基本計画の改定（～2016年度）
2017年 3 月	観光立国推進基本計画の改定（～2020年度）

グ改善ワーキンググチーム」「国際化・国際交流ワーキンググチーム」「施設魅力化・まちづくりワーキンググチーム」の4つの分科会的組織が設置され、それぞれワーキンググチームの課題に対する改善方策案の検討や実証実験（モニターツアー）の検証が行われた。会議は2011年6月まで合計5回実施され、会議の成果として「スポーツツーリズム推進基本方針～スポーツで旅を楽しむ国・ニッポン～」を策定した。この方針にはスポーツツーリズムの推進に向けた基本的方向として、①魅せるスポーツコンテンツづくりとスポーツ観光まちづくり、②国際競技大会の積極的な招致・開催、③旅行商品化と情報発信の推進、④スポーツ

図表2：観光立国推進基本計画（2017～2020年度）　（観光立国推進基本計画（2017）より筆者作成）

観光立国推進基本計画（2017）　政府が総合的かつ計画的に講ずべき施策

1．国際競争力の高い魅力ある観光地域の形成	
（一）国際競争力の高い魅力ある観光地域の形成	①地方公共団体と観光事業者その他の関係者との連携による観光地域の特性を生かした良質なサービスの提供の確保
	②宿泊施設、食事施設、案内施設その他旅行関連する施設および公共施設の整備等
	③東北の観光振興
（二）観光資源の活用による地域の特性を生かした魅力ある観光地域の形成	①テーマ別観光を核に据えた持続可能な観光地域の形成
	②文化財に関する観光資源の保護、育成および開発
	③歴史的風土に関する観光資源の保護、育成および開発
	④優れた自然の風景地に関する観光資源の保護、育成および開発
	⑤良好な景観に関する観光資源の保護、育成および開発
	⑥温泉その他文化、産業等に関する観光資源の保護、育成および開発
（三）観光旅行者の来訪の促進に必要な交通施設の総合的な整備	①国際交通機関の整備
	②国際交通機関に関する施設の整備
	③国内の幹線交通に係る施設の整備等
	④国内の地域交通に係る施設の整備等

⬇

コ　スポーツツーリズムの推進
　スポーツの参加や観戦を目的として地域を訪れたり、地域資源とスポーツを掛け合わせた観光を楽しむスポーツツーリズムは、国内旅行需要の喚起やゴルフ、スキー等スポーツへの志向性が高い外国人旅行者の訪日促進に寄与するものである。今後、国内外からの交流人口を一層拡大するためには、地域性の高い魅力あるスポーツ観光資源の創出と、スポーツツーリズムの需要喚起・定着化が必要と考えられる（中略）このため、地域スポーツコミッションの設立を促し、スポーツ観光資源の開発や、イベント開催、大会・キャンプ等の誘致等の活動に対し支援を行うとともに、関連する産業界とも連携･協働したスポーツツーリズムの魅力訴求により、国民全体の需要を喚起し、定着化を図る。また、スポーツ庁・文化庁・観光庁が連携し、スポーツと文化芸術が融合した体験型観光素材の創出を図る。

ーリズム人材の育成・活用、⑤オールジャパンのスポーツツーリズム推進連携組織（JSTA）の創設の5つの方策が示された。

こうした動きの中、2011年度を期限としていた観光立国推進基本計画が改定され、2012年3月には新たに2016年度を期間とする計画が閣議決定された。この基本計画には、これまでのスポーツ・ツーリズム推進連絡会議での議論やスポーツツーリズム推進基本方針の内容などを受け、「スポーツツーリズムの推進」や「地域スポーツコミッションの設立を促す」の文言が初めて盛り込まれ、観光政策において、スポーツツーリズムおよびスポーツコミッションが明確に位置付けられることとなった。その後、2017~2020年度を期間とする基本計画が2017年3月に閣議決定され、これまでと同様スポーツツーリズムおよび地域スポーツコミッションの文言が盛り込まれた（図表2）。なお、2020年3月末をもって期限を迎えた観光立国基本計画であるが、新型コロナウイルス感染症の影響によるインバウンドの消滅を受け、策定後の実効性が伴わないなどの懸念から2022年度においても策定はされていない。

(2) スポーツツーリズムのスポーツ政策への導入

近年における日本のスポーツ政策の端緒となるのは、2008年6月に自由民主党政務調査会スポーツ立国調査会が発表した提言「『スポーツ立国』ニッポンを目指して~国家戦略としてのスポーツ~」である（図表3）。提言では、これま

図表3：スポーツ政策の動向　（各種資料より筆者作成）

年月	出来事
1961年6月	スポーツ振興法の制定（施行は1962年4月）
2008年6月	自由民主党政務調査会スポーツ立国調査会 「スポーツ立国」ニッポンを目指して
2010年8月	スポーツ立国戦略の策定（文部科学省）
2011年6月	スポーツ基本法の制定（施行は8月）
2012年3月	スポーツ基本計画（第1期）（~2016年度）
2017年3月	第2期スポーツ基本計画（~2021年度）
2022年4月	第3期スポーツ基本計画（~2026年度）

で日本は国策としてスポーツ振興を図るという認識が十分でなかったとし、「スポーツ立国」ニッポンの早期実現に向けて政策を大胆に洗い直し、新たに取り組むべき課題を強力に推進するため、①競技力の向上に国を挙げて取り組む、②国際競技大会の招致に国として積極的に取り組む、③地域のスポーツ環境の整備を支援するとした３つの戦略を提案した。中でも「新スポーツ法」の制定やスポーツ省（庁）の設置とスポーツ振興組織の整備といった現在のスポーツ政策につながる提言がなされている点に特徴がある。なお、国際競技大会の招致を成功させるための「スポーツ外交の強化」や、スポーツマーケティングなどの環境整備に努める「スポーツ産業の推進」が盛り込まれているものの、スポーツツーリズム、スポーツコミッションの文言は記載されていない。

この提言を受ける形で、２０１０年8月に文部科学省は「スポーツ立国戦略」を策定し、スポーツ基本法の策定など、新たなスポーツ政策の方向性を示した。その後、２０１１年6月には議員立法で「スポーツ基本法」が制定された。これは、前身のスポーツ振興法の制定（１９６１年）から50年ぶりの全面改正となった。２０１２年には基本法に規定された「スポーツ基本計画（第1期）」（２０１２〜２０１６年度）が策定され、観光庁におけるスポーツツーリズム等の議論も斟酌《しんしゃく》し、スポーツツーリズム・地域スポーツコミッションの文言が盛り込まれた。

２０１７年3月には第2期スポーツ基本計画（２０１７〜２０２１年度）が策定された。本計画では「２ スポーツを通じた活力があり絆の強い社会の実現〈（２） スポーツを通じた経済・地域の活性化〉②スポーツを通じた地域活性化」の施策目標として「スポーツツーリズムの活性化とスポーツによるまちづくり・地域活性化の推進主体である地域スポーツコミッションの設立を促進し、スポーツ目的の訪日外国人数を２５０万人程度（平成27年度現在約１３８万人）、スポーツツーリズム消費額を３８００億円程度（平成27年度現在約２２

04億円）、地域スポーツコミッションの設置数を170（平成29年1月現在56）に拡大することを目指す。」と明記され、スポーツツーリズムおよび地域スポーツコミッションの数値目標が示されるに至った。

2022年現在、第3期スポーツ基本計画（2022〜2026年度）がスタートしている。本計画では、今後5年間に総合的かつ計画的に取り組む施策として12の柱が掲げられているが、そのうち「(7) スポーツによる地方創生、まちづくり」にスポーツツーリズム、地域スポーツコミッションが位置付けられている（図表4）。施策目標は「全国各地域が『スポーツによる地方創生、まちづくり』に取り組み、それらを将来にわたって継続させ、各地に定着させるよう、促進する。その結果として、スポーツ・健康まちづくりに取り組む地方公共団体の割合を2026年度末に15.6％（令和3年度）から40％とする。」とされた。第2期スポーツ基本計画では目標値が訪日外国人数や消費額（スポーツツーリズム）、設置数（地域スポーツコミッション）であったが、第3期ではスポーツ・健康まちづくりに取り組む地方公共団体の割合へと変化している点からも、スポーツツーリズムや地域スポーツコミッションを地方創生やまちづくりに活かしていくというスポーツ庁の目指す方向が見て取れる。また、地方創生においては、従来のスポーツツーリズム等のアウター施策に加え、インナー施策も含めて総合的に進めることが重要であるとされた。さらに地域スポーツコミッションにおいては、設置数の目標が第2期で達成されたことから、第3期では「質の向上」を目指す方向性が示された。すでに活動している団体に対しては、経営の安定性を高める活動や経営の基盤となる人材の育成・確保の取組を推進するとされている。また、2020年東京オリンピック・パラリンピック競技大会等を契機としたスポーツへの関心の高まりをレガシーとして地方創生の取組に転化させ、継続していくため、ホストタウンの組織体制も活用して地域スポーツコミッションへと発展させる活動を推進するとしている。

図表 4：第 3 期スポーツ基本計画における施設群と政策目標（第3期スポーツ基本計画（2022）より作成）

第 3 期スポーツ基本計画　今後 5 年間に総合的かつ計画的に取り組む施策		
施策群	施策のキーワード	政策目標
(1)多様な主体におけるスポーツ機会創出	スポーツ実施率 運動部活動、子供の体力 大学スポーツ	国民のスポーツ実施率を向上させ、日々の生活の中で一人一人がスポーツの価値を享受できる社会を構築する。
(2)スポーツ界における DX の推進	先進技術・ビッグデータ 新たなビジネスモデル	スポーツ界において DX を導入することで、様々なスポーツに関する知見や機会を国民・社会に広く提供することを可能とし、スポーツを「する」「みる」「ささえる」の実効性を高める。
(3)国際競技力の向上	NF 組織基盤強化 女性アスリート スポーツ医・科学	(前略) 夏季及び冬季それぞれのオリ・パラ競技大会並びに各競技の世界選手権等を含む主要国際大会において、過去最高水準の金メダル獲得数、メダル獲得総数、入賞数及びメダル獲得競技数等の実現を図る。
(4)スポーツの国際交流・協力	IF 役員ポスト SOIP、SFT 国際競技大会の開催支援	スポーツの国際交流・協力を進めることで、スポーツ界における我が国の国際的な位置づけを高めるとともに、スポーツを通じた国・地域・人々のつながりを強める。
(5)スポーツによる健康増進	運動習慣 医療・介護との連携	地域住民の多様な健康状態やニーズに応じて、関係省庁で連携しつつ、スポーツを通じた健康増進により健康長寿社会の実現を目指す。(後略)
(6)スポーツの成長産業化	プロスポーツ スタジアム・アリーナ	スポーツ市場を拡大し、その収益をスポーツ環境の改善に還元し、スポーツ参画人口の拡大につなげるという好循環を生み出すことにより、スポーツ市場規模 5.5 兆円を 2025 年までに 15 兆円に拡大することを目指す。
(7)スポーツによる地方創生、まちづくり	スポーツツーリズム 地域スポーツコミッション 国立スポーツ施設活用	全国各地で特色ある「スポーツによる地方創生、まちづくり」の取組を創出させ、スポーツを活用した地域の社会課題の解決を促進することで、スポーツが地域・社会に貢献し、競技振興への住民・国民の理解と支持を更に広げ、競技振興と地域振興の好循環を実現する。
(8)スポーツを通じた共生社会の実現	障害者スポーツ 女性の活躍促進	誰もが「する」「みる」「ささえる」スポーツの価値を享受し、様々な立場・状況の人と「ともに」スポーツを楽しめる環境の構築を通じ、スポーツを軸とした共生社会を実現する。
(9)担い手となるスポーツ団体のガバナンス改革・経営力強化	ガバナンス コンプライアンス	スポーツの機会提供等の主要な担い手となるスポーツ団体のガバナンス改革・経営力強化を図ることで、国民がスポーツに関わる機会の安定的な確保に資する。
(10)スポーツの推進に不可欠な「ハード」「ソフト」「人材」	ストック適正化 総合型、少年団、指導者 アスリートキャリア 推進委員、ボランティア	国民がスポーツに親しむ上で不可欠となる「ハード（場づくり)」「ソフト（環境の構築)」「人材」といった基盤を確保・強化するため、場づくりや環境の構築、スポーツに関わる人材の育成等を進める。
(11)スポーツを実施する者の安全・安心の確保	暴力、ハラスメント 誹謗中傷 スポーツ事故・障害	スポーツを実施する者が、本人の希望しない理由等でスポーツから離れたり、スポーツに親しむ機会を奪われたりすることがないよう、スポーツを実施する者の心身の安全・安心を確保する。
(12)スポーツ・インテグリティの確保	スポーツ仲裁 ドーピング防止	我が国のスポーツ・インテグリティを高め、クリーンでフェアなスポーツの推進に一体的に取り組むことで、国民・社会がスポーツの価値を十分に享受できるような取組を進める。

(3) スポーツコミッションの動向

日本で初めて公的な団体が「スポーツコミッション」の文言を使用した資料は、社団法人関西経済同友会（現・一般社団法人関西経済同友会）の活動組織であるスポーツ・観光推進委員会が2007年5月に発表した提言「日本初のスポーツコミッションを大阪に～都市集客と都市マーケティング推進に向けて」である。これは、人材（選手・チームなど）、施設、企業といった大阪が持つ豊富なスポーツ資源を核とした産業振興を目指すための提言集であり、5つの提言がなされた。提言1において、大阪に〝日本初〟の「スポーツコミッション」設立を提言する（仮称・OSAKA SPORTS COMMISSION）と明記され、以降、スポーツコミッションが認知されていくこととなる。

2009年には経済産業省関東経済産業局が「広域関東圏におけるスポーツビジネスを核とした新しい地域活性化のあり方に係る調査」報告書を発表し、その中で「米国インディアナポリスのような、地域活性化を主眼に地域トップチームの活動を支援し、スポーツ競技の地元誘致やマーケティング調査、観客の宿泊先手配などスポーツに関連する様々な企画・運営を行う組織（「スポーツコミッション」）や仕組みも米国のように顕在化していない状況である（中略）スポーツビジネス向けの新規施策立案や既存施策の活用、日本版スポーツコミッションのあり方を検討するものである」と述べ、トップチームを中心としたビジネスの点からスポーツコミッション設立に向けた報告を行った。

さらに、前述の2010年5月からスタートしたスポーツ・ツーリズム推進連絡会議において「国際スポーツ大会・合宿・会議の戦略的誘致のあり方」や「スポーツ・ツーリズムの推進組織のあり方」といった検討事項の今後の方針として、スポーツコミッションの育成・支援が示された。

こうした流れの中、地域スポーツの振興と地域経済の活性化を目的とし、日本初のスポーツコミッション

「さいたまスポーツコミッション」（ＳＳＣ）が２０１１年10月に設立された。埼玉県知事を名誉会長とし、会長はさいたま市長、副会長は学識経験者とさいたま市議会議長、委員としてプロスポーツチーム、商工会議所、メディアなどが名を連ねた。設立当初は社団法人さいたまコンベンションビューロー（現・公益社団法人さいたま観光国際協会）内に事務局を置いていたが、２０１８年12月に一般社団法人さいたまスポーツコミッションとして法人格を取得している。ＳＳＣが主催する最も特徴的な事業が「ツール・ド・フランスさいたまクリテリウム」である（２０１３〜２０１８年はさいたま市が主催でＳＳＣは共催。２０１９からＳＳＣが主催）。世界最高峰のサイクルロードレースであるツール・ド・フランスの名を冠したこのレースは、さいたま新都心の高層ビル群の特設コースを舞台として1周約３・５㎞の周回コースを20周程度走行する。新型コロナウイルス感染症の影響で２０２０年、２０２１年は中止となったが、２０２２年は11月に開催が決定している。

２０１２年４月には「スポーツツーリズム推進基本方針」の基本的方向性として記載された「オールジャパンのスポーツツーリズム推進連携組織（ＪＳＴＡ）の創設」を受け、一般社団法人日本スポーツツーリズム推進機構（Japan Sport Tourism Alliance：ＪＳＴＡ）が創設された。ＪＳＴＡは、スポーツツーリズムによる地域振興に寄与すべく、スポーツおよび観光関係者や地方自治体関係者がスポーツを活用した観光まちづくり、大会・合宿の招致・開催、地域資源を生かした旅行商品化などに取り組む際のネットワークやノウハウの提供を行っている。

ＳＳＣの設立以後、日本各地でスポーツコミッションの設立が続いた。代表的な団体は、広域自治体で初めて設立されたスポーツコミッション関西（２０１２年４月）、都道府県レベルで初めて設立された佐賀県スポーツコミッション（２０１３年４月）、スポーツに加えて「文化」の名を冠した新潟市文化・スポーツコミッション（２０１３年10月）、「ヘルス」の名を冠した由利本荘市スポーツ・ヘルスコミッション（２０１６年11月）

図表5：地域スポーツコミッション一覧　（スポーツ庁資料（2021）に筆者加筆）

所在地		地域スポーツコミッション
北海道	旭川市	旭川市スポーツ合宿誘致等推進協議会
北海道	芦別市	芦別市合宿の里推進協議会
北海道	帯広市	帯広市スポーツ合宿・大会誘致推進実行委員会
北海道	釧路市	特定非営利活動法人 東北海道スポーツコミッション
北海道	札幌市	さっぽろグローバルスポーツコミッション
北海道	札幌市	北海道オリパラの会
北海道	札幌市	一般社団法人北海道ゴルフ観光協会
北海道	士別市	合宿の里士別推進協議会
北海道	千歳市	千歳市スポーツ合宿・大会誘致等推進協議会
北海道	苫小牧市	苫小牧市大会等誘致推進協議会
北海道	名寄市	Nスポーツコミッション
北海道	稚内市	稚内市スポーツ合宿誘致推進協議会
北海道	上富良野町	十勝岳スポーツコミッション
北海道	釧路町	釧路町スポーツでまちを元気に推進委員会
北海道	斜里町	斜里スポーツ合宿誘致実行委員会
北海道	新得町	新得町スポーツ合宿の里事業推進委員会
北海道	壮瞥町	そうべつアウトドアネットワーク
北海道	幕別町	幕別町スポーツ合宿誘致実行委員会
北海道	美瑛町	特定非営利活動法人美瑛エコスポーツ実践会
青森県	青森市	スポーツコミッション青森
青森県	八戸市	八戸スポーツコミッション
岩手県	北上市	一般社団法人北上観光コンベンション協会
岩手県	花巻市	はなまきスポーツコンベンションビューロー
岩手県	宮古市	みやこスポーツコミッション連絡会議
岩手県	盛岡市	いわてスポーツコミッション
岩手県	盛岡市	盛岡広域スポーツコミッション
宮城県	仙台市	スポーツコミッションせんだい
宮城県	角田市	スポーツネットワークかくだ
秋田県	大館市	スポーツコミッション大館
秋田県	由利本荘市	由利本荘市スポーツ・ヘルスコミッション
秋田県	三種町	三種町スポーツ・地域振興推進協議会
秋田県	大潟村	スポーツコミッションおおがた
山形県	上山市	蔵王坊平アスリートヴィレッジ構想推進協議会
山形県	天童市	ホームタウン TENDO 推進協議会
山形県	山形市	山形県スポーツコミッション
福島県	いわき市	いわき市スポーツコミッション
福島県	いわき市	スポーツによる人・まちづくり推進協議会
福島県	相馬市	相馬スポーツツーリズム推進協議会
福島県	福島市	福島市スポーツコミッション
福島県	楢葉町	楢葉町スポーツコミッション
福島県	塙町	サイクルスポーツフォーラムはなわ
福島県	南会津町	伊南スポーツツーリズム実行委員会
栃木県	那須塩原市	那須高原オールスポーツアソシエーション NASA
栃木県	日光市	日光市ゴルフ活性化推進協議会
栃木県	矢板市	矢板スポーツコミッション
群馬県	前橋市	前橋スポーツコミッション
茨城県	笠間市	笠間スポーツコミッション
茨城県	鹿嶋市	一般社団法人アントラーズホームタウン DMO
茨城県	かすみがうら市	かすみがうらアクティビティコミッション
茨城県	境町	特定非営利法人境スポーツクラブ
埼玉県	熊谷市	熊谷スポーツコミッション
埼玉県	さいたま市	一般社団法人さいたまスポーツコミッション
千葉県	鴨川市	一般社団法人ウェルネスポーツ鴨川
千葉県	木更津市	きさらづスポーツコミッション
千葉県	千葉市	千葉県スポーツコンシェルジュ
千葉県	銚子市	特定非営利活動法人銚子スポーツコミュニティー
千葉県	成田市	一般社団法人成田スポーツツーリズム推進協会
千葉県	成田市	成田市スポーツツーリズム推進協議会
千葉県	芝山町	特定非営利活動法人成田臨空スポーツ文化推進ネットワーク
東京都	大田区	一般社団法人おおたスポーツコミッション
新潟県	佐渡市	一般財団法人佐渡市スポーツ協会

（116、117頁に続く）

所在地		地域スポーツコミッション
新潟県	三条市	特定非営利活動法人ソーシャルファームさんじょう
新潟県	十日町市	十日町市スポーツコミッション
新潟県	新潟市	新潟市文化・スポーツコミッション
新潟県	村上市	むらかみスケートボードコミッション
石川県	金沢市	金沢文化スポーツコミッション
石川県	宝達志水町	NPO 法人宝達スポーツ文化コミッション
福井県	福井市	福井県スポーツまちづくり推進機構
山梨県	甲府市	やまなしスポーツエンジン
山梨県	韮崎市	韮崎市スポーツコミッション
長野県	上田市	一般社団法人菅平高原観光協会
長野県	小諸市	小諸市エリア高地トレーニング推進協議会
長野県	茅野市	白樺湖活性化協議会
長野県	東御市	一般社団法人とうみ湯の丸高原スポーツコミッション
長野県	長野市	長野県スポーツコミッション
長野県	長野市	スポーツコミッション推進室
長野県	松本市	一般社団法人松本観光コンベンション協会
長野県	軽井沢町	軽井沢カーリング活性化プロジェクト推進委員会
長野県	長和町	長和町スポーツコミッション
岐阜県	岐阜市	清流の国ぎふスポーツコミッション事務局
岐阜県	岐阜市	飛騨御嶽高原ナショナル高地トレーニングエリア推進協議会
岐阜県	郡上市	郡上市スポーツコミッション
静岡県	伊豆市	伊豆魅力（三力）プロジェクト
静岡県	御前崎市	御前崎スポーツ振興プロジェクト
静岡県	掛川市	特定非営利活動法人掛川市体育協会
静岡県	御殿場市	御殿場市スポーツタウン推進連絡会
静岡県	御殿場市	特定非営利活動法人ふじさんスポーツコミッション協会
静岡県	静岡市	中部地域スポーツ産業振興協議会
静岡県	裾野市	裾野市スポーツツーリズム推進協議会
静岡県	沼津市	フェンシングのまち沼津推進協議会
静岡県	浜松市	ビーチ・マリンスポーツ推進協議会
静岡県	袋井市	西部地域スポーツ産業振興協議会
静岡県	富士市	一般社団法人富士山観光交流ビューロー
静岡県	三島市	東部地域スポーツ産業振興協議会
静岡県	三島市	三島市スポーツ・文化コミッション
愛知県	安城市	ホームチームサポーター事業実行委員会
愛知県	犬山市	いぬやまスポーツコミッション
愛知県	岡崎市	岡崎市国際スポーツ大会等推進委員会
愛知県	刈谷市	刈谷市国際スポーツ大会等誘致推進委員会
愛知県	名古屋市	あいちスポーツコミッション
愛知県	名古屋市	名古屋スポーツコミッション
愛知県	名古屋市	名古屋トップスポーツチーム連絡協議会
三重県	伊賀市	特定非営利活動法人伊賀 FC くノ一
三重県	熊野市	熊野マリンスポーツ推進委員会
三重県	志摩市	一般社団法人志摩スポーツコミッション
三重県	津市	一般社団法人みえゴルフツーリズム推進機構
滋賀県	高島市	高島くつきトレイルランレース実行委員会
京都府	京丹後市	ワールドマスターズゲームズ 2021 関西京丹後市実行委員会
京都府	京丹波町	京丹波町ホストタウン推進協議会
大阪府	大阪市	大阪スポーツコミッション
大阪府	大阪市	舞洲スポーツ振興事業推進協議会
大阪府	岸和田市	一般社団法人 KIX 泉州ツーリズムビューロー
大阪府	東大阪市	一般社団法人東大阪ツーリズム振興機構
大阪府	熊取町	くまとりスポーツコミッション
兵庫県	神戸市	神戸マラソン実行委員会
兵庫県	西宮市	スポーツを核とした甲子園エリア活性化推進協議会
兵庫県	姫路市	ひめじスポーツコミッション
兵庫県	香美町	香美町ウォーキングネットワーク会議
奈良県	橿原市	橿原市スポーツツーリズム推進実行委員会
和歌山県	田辺市	南紀エリアスポーツ合宿誘致推進協議会
和歌山県	上富田町	一般社団法人南紀ウエルネスツーリズム協議会
和歌山県	白浜町	白浜町ランフェス実行委員会
和歌山県	高野町	高野山・龍神温泉ウルトラマラソン実行委員会

所在地		地域スポーツコミッション
関西広域	堺市	スポーツコミッション関西
鳥取県	米子市	鳥取県アウトドア・スポーツ協議会
島根県	出雲市	特定非営利活動法人出雲スポーツ振興 21
岡山県	赤磐市	赤磐市東京 2020 ホッケー競技国内キャンプ誘致実行委員会
岡山県	岡山市	おかやまスポーツプロモーション機構
岡山県	玉野市	渋川ビーチスポーツキャンプ誘致実行委員会
岡山県	美作市	美作国スポーツコミッション
岡山県	美作市	スポーツキャンプ誘致岡山美作実行委員会
広島県	広島市	スポーツアクティベーションひろしま
広島県	北広島町	きたひろスポーツコミッション
広島県	北広島町	一般財団法人どんぐり財団
山口県	宇部市	一般社団法人宇部市スポーツコミッション
山口県	下関市	スポーツコミッション推進係
山口県	山口市	サイクル県やまぐち推進協議会
徳島県	徳島市	国際スポーツ大会とくしまレガシー創出会議
徳島県	徳島市	徳島県自転車利用促進協議会
徳島県	徳島市	徳島県スポーツコミッション
徳島県	鳴門市	NARUTO スポーツコミッション
高知県	高知市	一般社団法人高知県スポーツコミッション
高知県	土佐町	一般社団法人土佐町スポーツコミッション
福岡県	福岡市	福岡県スポーツコミッション
福岡県	北九州市	北九州市大規模国際大会等誘致委員会
佐賀県	嬉野市	嬉野市スポーツ大会キャンプ誘致推進協議会
佐賀県	鹿島市	鹿島市スポーツ合宿誘致実行委員会
佐賀県	佐賀市	佐賀県スポーツコミッション
佐賀県	佐賀市	佐賀市スポーツキャンプ誘致・交流推進協議会
佐賀県	武雄市	SAGA 武雄温泉スポーツコミッション
佐賀県	みやき町	一般社団法人みやきスポーツコミッション
佐賀県	基山町	佐賀県基山町
長崎県	長崎市	長崎県スポーツコミッション
熊本県	阿蘇市	阿蘇サイクルツーリズム学校「コギダス」協議会
熊本県	上天草市	スポーツの里づくり推進協議会
熊本県	水俣市	スポーツコミッションみなまた
熊本県	八代市	八代スポーツコミッション
熊本県	大津町	肥後おおづスポーツ文化コミッション
熊本県	南関町	南関町スポーツコミッション
大分県	大分市	大分県スポーツ合宿誘致推進協議会
宮崎県	えびの市	えびの市スポーツ観光推進協議会
宮崎県	小林市	小林市合宿誘致推進協議会
宮崎県	西都市	西都市スポーツランド推進協議会
宮崎県	都城市	都城市スポーツコミッション
宮崎県	宮崎市	公益財団法人宮崎県観光協会
宮崎県	都農町	一般社団法人ツノスポーツコミッション
鹿児島県	奄美市	奄美スポーツアイランド協会
鹿児島県	指宿市	スポーツコミッションいぶすき
鹿児島県	鹿児島市	スポーツキャンプ対策県連絡会
鹿児島県	鹿屋市	かのやスポーツコミッション
鹿児島県	霧島市	霧島市スポーツ団体誘致歓迎実行委員会
鹿児島県	薩摩川内市	薩摩川内スポーツコミッション
鹿児島県	志布志市	志布志市スポーツ団体誘致推進協会
鹿児島県	垂水市	垂水市スポーツ団体等誘致実行委員会
鹿児島県	日置市	日置市施設利用促進協議会
鹿児島県	中種子町	中種子町スポーツ合宿等誘致推進協議会
鹿児島県	さつま町	コンベンションタウンさつま推進協議会
鹿児島県	南さつま市	南さつま市スポーツ観光推進協議会
鹿児島県	与論町	特定非営利活動法人ヨロン SC
九州広域	春日市	一般社団法人九州スポーツツーリズム推進協議会
沖縄県	沖縄市	一般社団法人沖縄市観光物産振興協会
沖縄県	豊見城市	豊見城市オリンピック・パラリンピック強化合宿誘致推進協議会
沖縄県	那覇市	公益財団法人沖縄県スポーツ協会
沖縄県	読谷村	読谷村スポーツコンベンション受入協力会

などが挙げられ、2022年4月時点で184団体が確認されている（図表5）。

スポーツ庁が第2期スポーツ基本計画の目標としていた数値は170団体であったが、2021年度末で達成となった。なお、最も設立数が多い都道府県は北海道の19団体で、次いで静岡県および鹿児島県の13団体、長野県の9団体である。夏に冷涼あるいは冬に温暖な気候の地域での設立数が多い特徴がみられる。

2 スポーツコミッションの現状と設立に向けた手順

(1) データからみるスポーツコミッション

2022年4月時点で184団体の設立が確認されているスポーツコミッションであるが、その全体像を把握したデータとして、JSTAがスポーツ庁委託事業として実施した「地域スポーツコミッションの組織体制及び活動概況に関する調査」の結果を取りまとめた「地域スポーツコミッション データ&ナレッジ」（2022）がある。この調査は2021年9月から12月にかけて実施され、調査時点で把握されていた168のスポーツコミッションを対象としている（図表6）。本項では、同調査をもとにスポーツコミッションの全体像について述べる。

○スポーツコミッションの設立年

スポーツコミッションの設立年度を示したデータが図表7である。2011年度が4団体、2012年度が2団体、2013年度が7団体であるが、2014年度以降は毎年度10を超えるコミッションが設立されており、2020年度には過去最多の17団体が設立された。なお、日本初のスポーツコミッションは2011年10月設立のさいたまスポーツコミッションであるが、それ以前にもスポーツキャンプ・合宿等の誘致活動をしていた組織が北海道、九州、沖縄地方を中心に存在しており、それらの設立年が2010年以前設立

図表 6：地域スポーツコミッションの組織体制および活動概況に関する調査　概要

（JSTA 資料（2022）より筆者作成）

調査対象	168 団体（2021年 9 月時点でスポーツ庁が把握する地域スポーツコミッション）	
調査方法	配布：郵送による質問紙調査および質問紙の JSTA ウェブサイトへのアップロード	
	回収：返信用封筒、メール添付、FAX	
調査時期	2021 年 9 月～ 12 月	
調査項目	名称／活動エリア／事務局／法人格／設立年月／所管部署／ 2021 年度当初予算	
	職員数／設立目的／今後取り組む事業／課題　など	
調査主体	スポーツ庁	
調査実施	（一社）日本スポーツツーリズム推進機構	
回収結果	129 団体／ 168 団体（回収率：76.8%）	

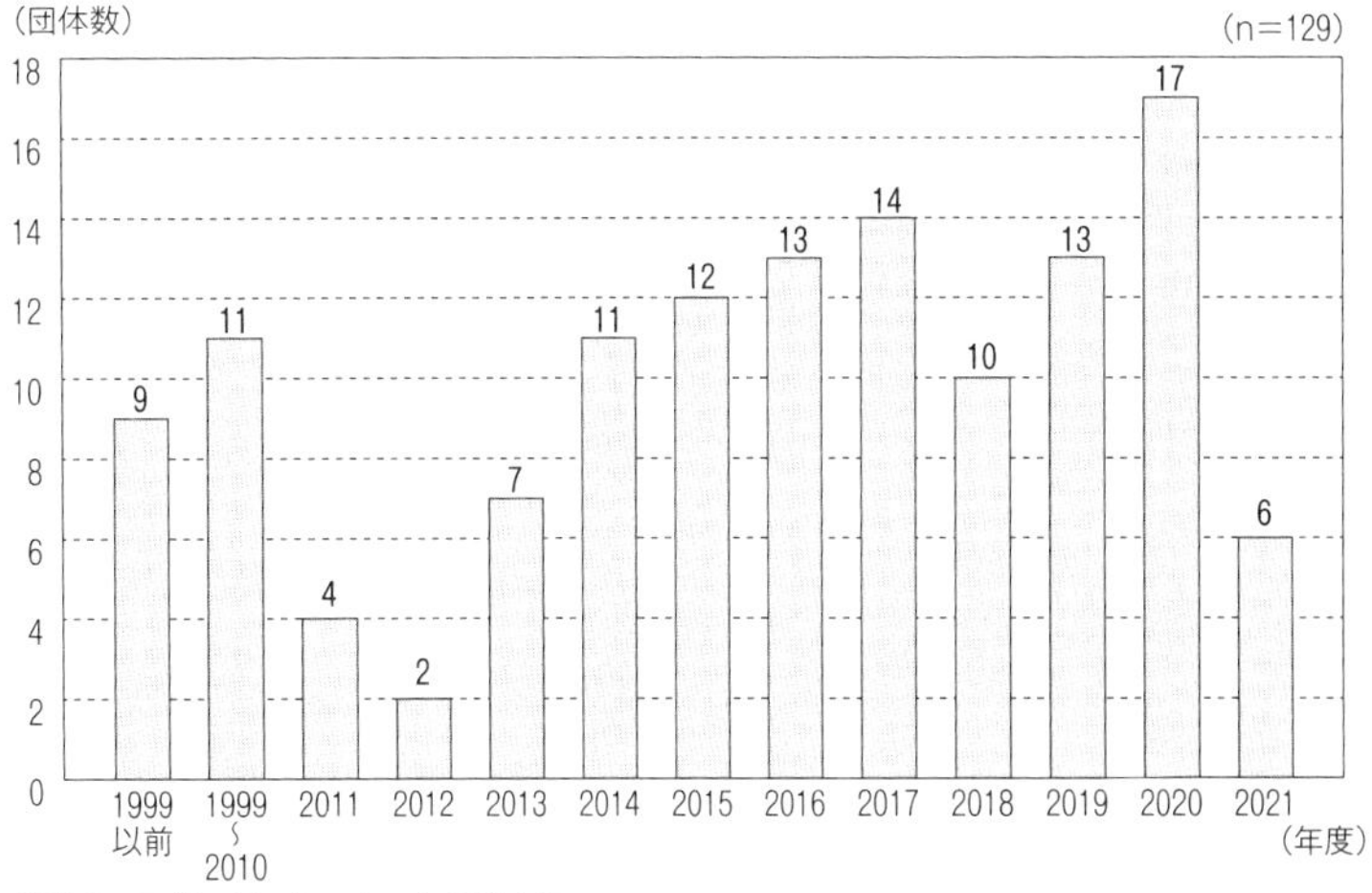

図表 7：スポーツコミッションの設立年

（JSTA「地域スポーツコミッション データ&ナレッジ（スポーツ庁委託事業）」（2022））

の団体としてカウントされている。

○スポーツコミッションの予算

スポーツコミッションの予算額を示したデータが図表8である。「200万円以上500万円未満」が22・0％と最も多く、次いで「1千万円以上2千万円未満」が17・9％である。全体的には1千万円未満の団体が6割、さらに500万円未満の団体が4割を占めている。一方で5千万円以上の予算の団体も1割存在している。123団体の平均は3千700万円であり、中央値は630万円である。なお、予算が「0円」と回答した8団体を除いた平均は3千958万円、中央値は888万円である。

○スポーツコミッションの事務局

スポーツコミッションの事務局を示したデータが図表9である。事務局を自治体に置く団体が52・7％（68団体）と半数を超えている。スポーツコミッションは観光庁およびスポーツ庁といった国の施策として推進されてきた経緯もあり、地方自治体が組織（または事業）として立ち上げ、運営の事務局を担うケースが最も多い。一方、自治体以外の組織に事務局を置くケースも47・3％（61団体）みられるが、外郭団体（観光協会、スポーツ協会など）に事務局を担当させるケースも少なくないため、間接的に自治体の影響下にあるコミッションが多くを占める。

○スポーツコミッションの担当職員

スポーツコミッションを担当する職員の数を示したデータが図表10である。「3～4人」が32・6％（42団体）で最も多く、次いで「1～2人」が30・2％（39団体）、「5～9人」は20・9％（27団体）となり、「0人」の3・9％（5団体）を加えると約9割の団体が9人以下の職員でコミッションを運営している。

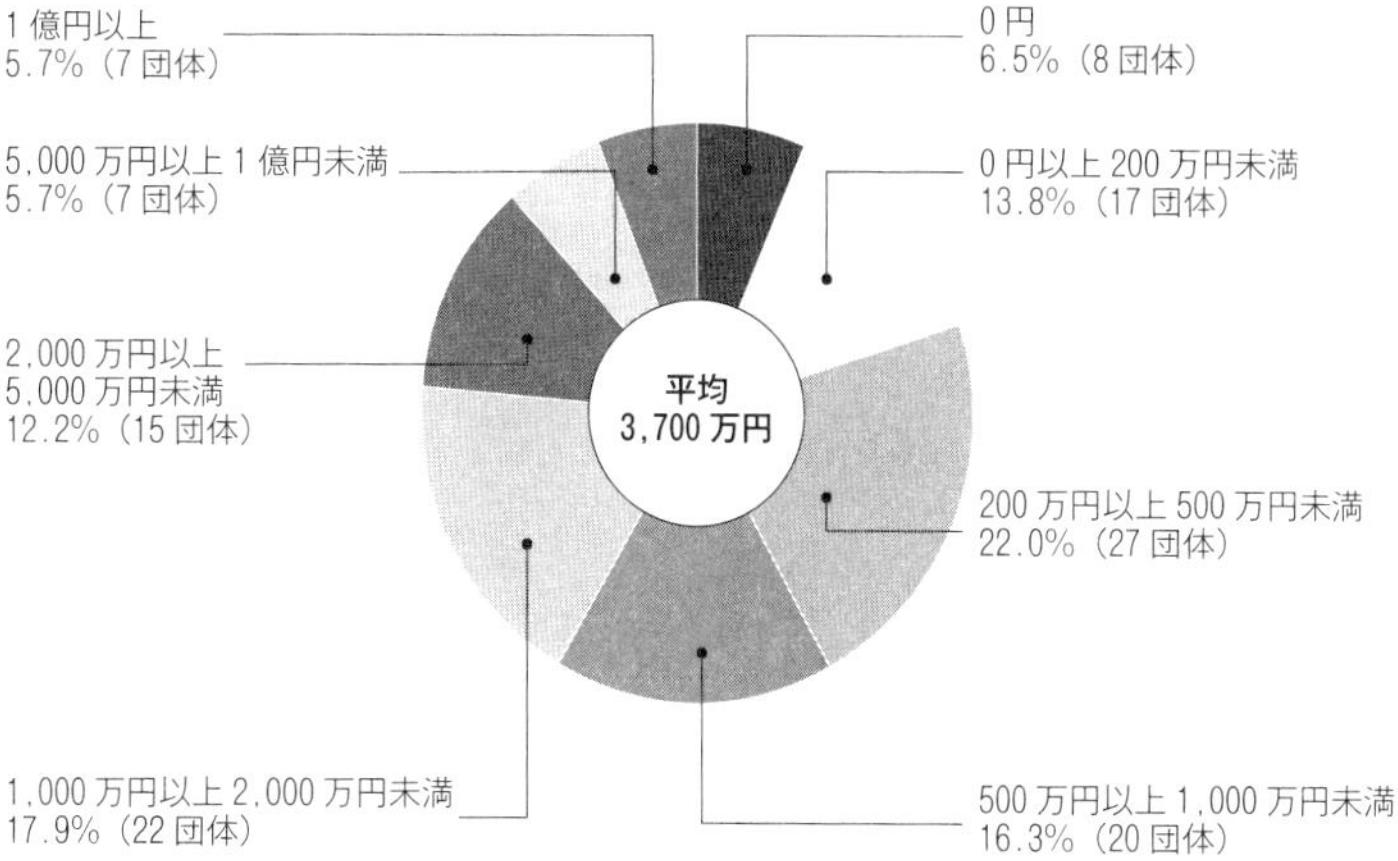

図表8：スポーツコミッションの予算

（JSTA「地域スポーツコミッション データ&ナレッジ（スポーツ庁委託事業）」(2022)）

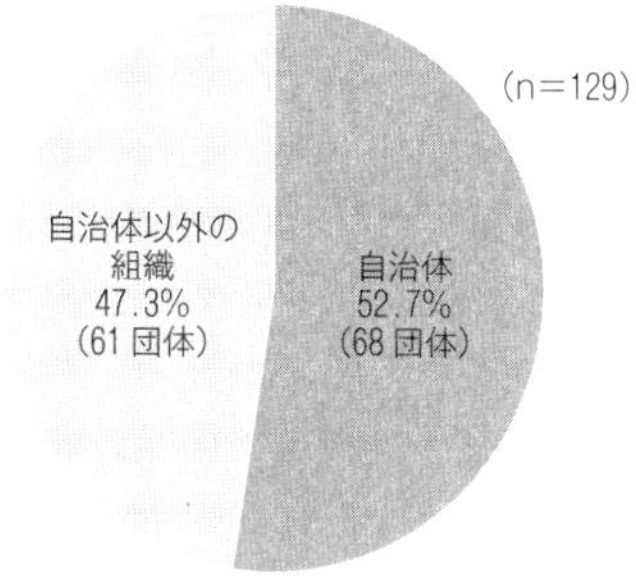

図表9：スポーツコミッションの事務局

（JSTA「地域スポーツコミッション データ&ナレッジ（スポーツ庁委託事業）」(2022)）

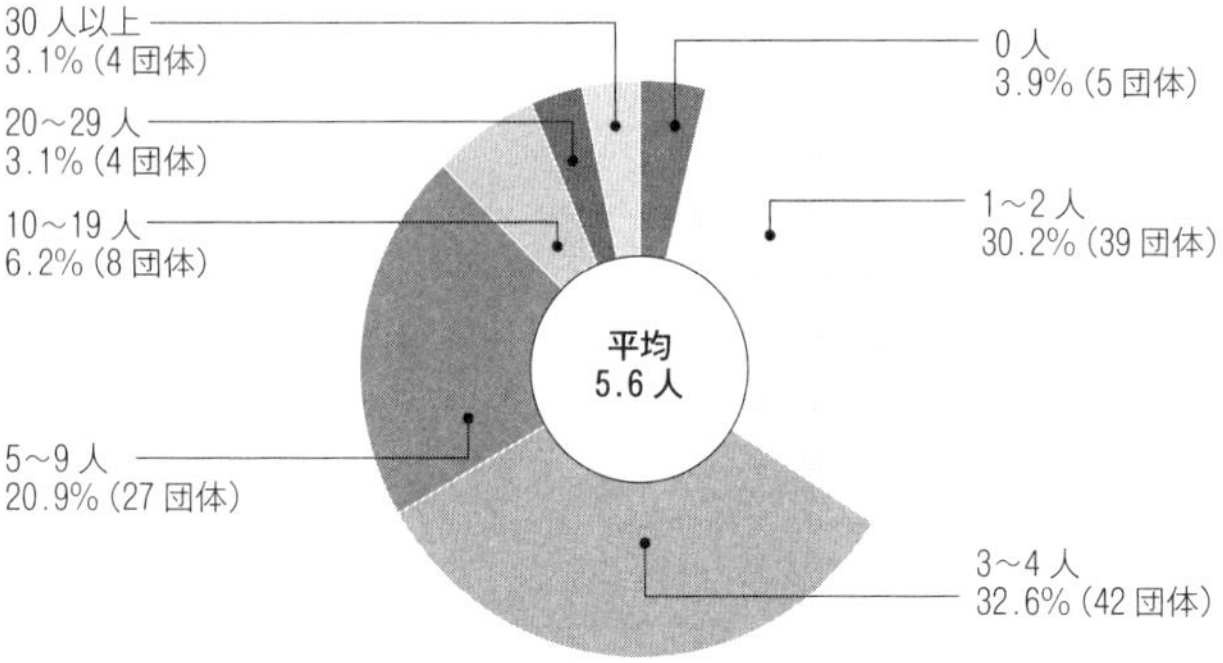

図表 10：スポーツコミッションの担当職員

(JSTA「地域スポーツコミッション データ&ナレッジ（スポーツ庁委託事業）」(2022))

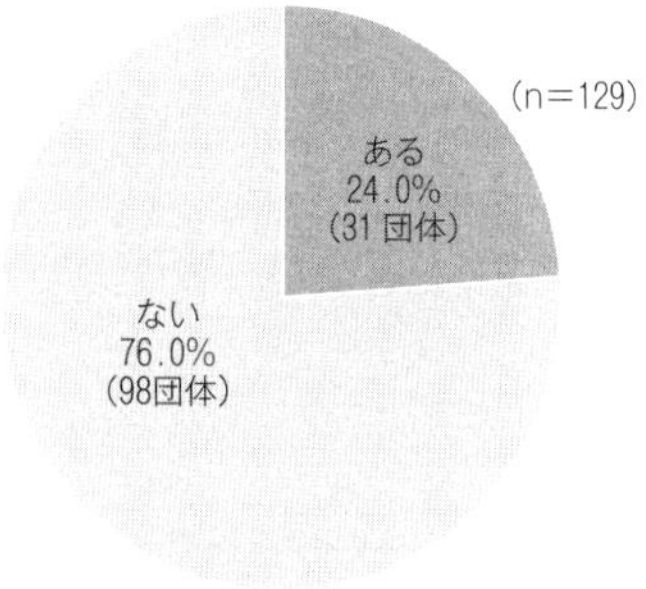

図表 11：スポーツコミッションの法人格の有無

(JSTA「地域スポーツコミッション データ&ナレッジ（スポーツ庁委託事業）」(2022))

図表 12：スポーツコミッションの法人格

(JSTA「地域スポーツコミッション データ &ナレッジ（スポーツ庁委託事業）」(2022))

	団体	割合
一般社団法人	21	67.7
公益社団法人	—	—
一般財団法人	1	3.2
公益財団法人	1	3.2
NPO 法人	8	25.8
株式会社	—	—
合　計	31	100.0

○スポーツコミッションの法人格の有無

スポーツコミッションの法人格の有無を示したデータが図表11である。法人格がある団体は24・0％（31団体）であり、ない団体は76・0％（98団体）であった。4分の1の団体が法人格を有している。一方、4分の3の団体が法人格を持たない任意団体として活動している。

○スポーツコミッションの法人格の種類

スポーツコミッションの法人格を示したデータが図表12である。「一般社団法人」が67・7％（21団体）で最も多く、次いで「NPO法人」が25・8％（8団体）、「一般財団法人」と「公益財団法人」がともに3・2％（1団体）であった。一方、「公益社団法人」「株式会社」の法人格を持つスポーツコミッションは存在していない。

(2) スポーツコミッションの設立に向けた手順

スポーツ庁が把握するスポーツコミッション（地域スポーツコミッション）は、図表13の要件を満たした団体を指す。組織要件と活動要件に大別され、組織要件には一体組織要件（様々な団体が一体となって活動していること）、常設組織要件（時限の組織でないこと）があり、活動要件には対域外活動要件（主要な活動に域外交流人口の拡大に向けた活動があること）、広範通年活動要件（単発大会等の付帯事業ではなく幅広い活動を行っていること）がある。本項では、JSTAがスポーツ庁委託事業として取りまとめた「スポーツを通じた地域活性化に向けて―地域スポーツコミッションの設立・運営の手引き―」を基にスポーツコミッションの設立手順について述べる。

○発案と理解促進

スポーツコミッションの設立は「設立の発案」が出発点である。発案の主体者は、①知事・市町村長、②

地方自治体スポーツ担当部署、③地方自治体観光担当部署、④民間団体（スポーツ協会、総合型地域スポーツクラブ、観光協会など）が挙げられるが、多くは①～③であり、地方自治体の内部から発案される。発案時において重要な点は、コミッション事業の成果は一朝一夕で現れるものではなく、長期的な展望が必要となるため、自治体の総合計画、スポーツ推進計画、観光振興計画など、ベースとなる計画に基づいて立案し、単年度あるいは数年の事業で終了しないように政策を構築することである。また、コミッション事業は、スポーツ側からは観光の協力、観光側からはスポーツの協力が必要不可欠であるため、部署間における理解促進や共通認識の醸成やそれぞれの地元関係者への丁寧な説明も合わせて重要である。これらをスムーズに進めるためには、外部講師を招いた勉強会・講演会も有効となる。

○設立目的の設定

これまで設立されたスポーツコミッションの多くが設立目的を「地域活性化」と定めているが、地域が活性化しているとはどのような状態を指すのか、具体的にイメージできているケースは多くない。例えば、地域外からの交流人口の拡大を目指すコミッションは多いが、交流人口の拡大は目的ではなく手段であり、多くの人が訪

図表13：地域スポーツコミッションの要件　（スポーツ庁（2022））

組織要件	
一体組織要件	地方公共団体、スポーツ団体（体協、総合型等）、民間企業（観光協会、商工団体、大学、観光産業、スポーツ産業等）などが一体として活動を行っていること（実際には、一つの組織となっている場合や、複数の組織が協働している場合などがある）。
常設組織要件	常設の組織であり、時限の組織でないこと。 ※組織の構成員の常勤・兼務は問わない。
活動要件	
対域外活動要件	スポーツツーリズムの推進やスポーツ合宿・キャンプの誘致など域外交流人口の拡大に向けたスポーツと地域資源を掛け合わせたまちづくり・地域活性化のための活動を主要な活動の一つとしていること。
広範通年活動要件	単発の特定の大会・イベントの開催及びその付帯事業に特化せず、スポーツによる地域活性化に向けた幅広い活動を年間通じて行っていること。

れることによるどういった効果を狙うのか、効果をどのような手法で把握するのかといった点も設立前に検討しておく必要がある。

○会議体の設置

スポーツコミッションの設立に向け「設立準備委員会」「設立検討会議」などの会議体を設置するケースも少なくない。会議体の設置にはメリット、デメリットの両面があるため、地域の実情に応じて最適な方法を選択する必要がある。

会議体を設置するメリットは、①立場の異なる関係者の意見を集約できること、②設立後の方向性をあらかじめ調整し、決定できることの2点が挙げられる。特に地方自治体が発案者となってコミッションを設立する場合、スポーツ大会・イベントや合宿誘致などのスポーツに関連する事業の実施は地元スポーツ団体の協力なしには実現しない。また、スポーツツーリズム事業における観光施策との連携など、既存の施策との調整も発生することから、このような点を事前に話し合い、設立後のスムーズな運営のための会議体の設置は有用である。一方、利害関係の調整等、異なる意見の調整に手間を要する可能性も十分に考えられることから、当初想定していたスケジュール通りに物事が進まないといったデメリットもあり得る。

会議体を設置しないメリットは、①比較的短時間で設置できるこ

図表14：スポーツコミッション設立に向けた会議体のメンバー（例）
（JSTA「スポーツを通じた地域活性化に向けて—地域スポーツコミッション設立・運営の手引き—」(2021)）

スポーツ関係者	自治体スポーツ担当部署　体育（スポーツ）協会　スポーツ競技団体
	総合型地域スポーツクラブ　スポーツ関連事業団・財団　公共スポーツ施設の指定管理者
	スポーツチーム　民間スポーツ事業者　スポーツ少年団　スポーツ推進委員
	スポーツを専門とする学識経験者
スポーツ以外の関係者	自治体観光担当部署　自治体健康福祉担当部署　自治体都市計画・公園担当部署
	観光協会（連盟）・DMO　商工会議所　宿泊施設、宿泊施設の組合・連絡協議会
	旅行会社、旅行業協会　青年会議所　地方銀行、地銀シンクタンク　マスメディア
	観光・地域づくり・都市計画を専門とする学識経験者

と、②当初想定していた形・スケジュールで進むことが挙げられ、デメリットは、事業実施時など関係者からスムーズな協力が得られない可能性があることが挙げられる。設置した場合のメリット・デメリットと表裏一体であり、設立までは想定通りに進められる反面、設立後の事業運営に不安を残す可能性が考えられる。また、そもそも「地域におけるスポーツを活用した地域活性化を検討する会議体」自体をコミッションとして活動している団体もあり、一概に設置の是非について決定できるものではない。

図表14にスポーツコミッションを設立する際、比較的招集されやすい会議体のメンバーを示した。スポーツ関係者からは、体育（スポーツ）協会、スポーツ競技団体、総合型地域スポーツクラブ、スポーツ関連事業団・財団、指定管理者、スポーツチーム、スポーツ事業者、少年団、スポーツ推進委員など、スポーツ以外の関係者からは、自治体（観光、健康福祉、都市計画・公園）担当部署、観光協会（連盟）・DMO、商工会議所、宿泊施設およびその組合、旅行会社および旅行業協会、青年会議所、地方銀行およびシンクタンク、マスメディアなどが挙げられ、この中からコミッションの方向性を鑑《かんが》みながら事務局がメンバーを選定していくケースが多い。

○先進地視察

スポーツコミッションの設立を検討する上で、目指すべき先進事例の収集や会議体メンバー等にコミッションの実態を理解してもらうため、先進地視察は効果的である。視察候補地は単に実施事業が類似しているというだけでなく、組織体制（自治体事業、任意団体、法人格団体等）、自治体規模（小規模から政令指定都市、都道府県単位）、保有しているスポーツ資源や観光資源（スポーツに関する施設・人材、有力な競技種目等）といったポイントを勘案して選定することが重要である。なお、先進地として選ばれやすいコミッションはこれまで何度も視察を受けている場合が多い。スポーツ庁による事例調査等、既存のデータも活用しながら、重複するであろう質問は避けるなどの工夫をする必要がある。

○詳細内容の検討～設立

設立目的の設定、会議体の設置、先進地視察を経てスポーツコミッションへの理解が深まり、設立する団体の方向性が見えてきたところで詳細な内容を検討していく段階となる。組織形態、運営体制などの具体的な内容について、地域の実情に応じて最適な体制を選択する必要がある。

組織形態は「自治体事業」と「法人格団体」の2つに大別できる。自治体事業は自治体の直接的な事業とする形態で、例えば「スポーツによる地域活性化事業」などの事業名で自治体職員が直接担当者としてコミッション事業を実施する。これに加えて、体育（スポーツ）協会や観光協会などの外郭団体に事務局を置き、事業費は自治体から支出しながら担当者は外郭団体職員または自治体からの出向などで実施する形態も含めると、既存のコミッションの約2分の1がこの形態である。さらに、任意団体で活動しているコミッションは全体の4分の1程度であるが、このケースもほとんどが自治体に事務局を置いているため、合計すると4分の3程度のコミッションが自治体の直接的な事業としての形態である。

法人格団体は、自治体から独立して法人格を有する形態である。既存のスポーツコミッションの4分の1がこの形態である。ここにはスポーツコミッション事業を目的として設立されたケースと既存の法人格を有する団体がスポーツコミッション事業を始めたケースが存在している。ただし、法人格を有している団体は外形的には自治体から独立しているが、その多くが当該自治体からの補助金や負担金、あるいは事業の委託費によって運営されているケースが多いため、実質は既存のスポーツコミッションのほとんどが自治体の資金を活用して運営されている。このため、将来的にどのような組織体制を採用するにしても、設立当初には自治体の支援（金銭面や人材など）を想定しておく必要がある。

ステップ	概要
発案	●地域スポーツに関する課題の抽出 ●発案の主体者の決定 ●市町村の上位計画（総合計画、観光振興計画、スポーツ振興計画等）の勘案
理解促進	●自治体内での理解促進 ●複数部局での連携体制の構築 ●地域のスポーツ関係者、観光関係者の洗い出し
設立目的設定	●具体的な設立目的の設定 （経済効果、交流人口、健康増進等）
会議体設置	●関係者の招集 （担当部局、スポーツ協会、観光協会、宿泊施設団体、経済団体、地元プロスポーツチーム、メディア、学識経験者等） ●座長の決定
先進地視察	●先進地視察候補地の決定 ●先進地視察の実施
詳細内容検討	●設立目的の再確認 ●組織体制の決定（自治体事業、法人格団体、代表者等） ●事業内容の決定（主たる実施事業の決定、既存団体との棲み分け等） ●最終調整（規約、設立日等）
財源確保	●財源の検討 （一般財源、地方創生推進交付金、自主事業収益、会費、協賛金等） ●予算要求
最終合意	●関係者の総意による設立の決定 ●活動内容の最終合意
設立	●代表者の決定、規約の決定 ●設立総会の開催 ●設立記念イベントの開催 （記者会見、シンポジウム等）

図表15：スポーツコミッション設立に向けたフローチャート
（JSTA「スポーツを通じた地域活性化に向けて―地域スポーツコミッション設立・運営の手引き―」（2021））

なお、設立に向けては詳細内容の検討の中で「事業内容」を決定し、その後「財源の確保」「最終合意」「設立」のステップを踏むこととなるが、「事業内容」は167頁、「財源の確保」は130頁で詳しく述べる。これらをフローチャートにしたものが**図表15**であり、スポーツコミッション設立の際には参考にしていただきたい。

［執筆担当：藤原直幸］

参考文献

- 国土交通省（2021）「国土交通白書2020」
- 国土交通省（2007）「観光立国基本計画」
- 観光庁（2012）「観光立国基本計画」
- 観光庁（2017）「観光立国基本計画」
- スポーツツーリズム推進連絡会議（2011）「スポーツツーリズム推進基本方針」
- 自由民主党政務調査会スポーツ立国調査会（2008）「スポーツ立国ニッポンを目指して～国家戦略としてのスポーツ～」
- 文部科学省（2010）「スポーツ立国戦略―スポーツコミュニティ・ニッポン―」
- 文部科学省（2012）「スポーツ基本計画（第1期）」
- スポーツ庁（2017）「第2期スポーツ基本計画」
- スポーツ庁（2022）「第3期スポーツ基本計画」
- 社団法人関西経済同友会スポーツ・観光推進委員会（2007）「日本初のスポーツコミッションを大阪に～都市集客と都市マーケティングに向けて～」
- 経済産業省関東経済産業局（2009）「広域関東圏におけるスポーツビジネスを核とした新しい地域活性化のあり方に係る調査報告書」
- JSTA（2022）「地域スポーツコミッションナレッジ&データ（スポーツ庁委託事業）」
- JSTA（2021）「スポーツを通じた地域活性化に向けて―地域スポーツコミッション設立・運営の手引き―」

Ⅲ・2 スポーツツーリズムを推進する資金

1 地方自治体の資金

(1) 直接事業

スポーツツーリズムの推進団体であるスポーツコミッションが活動するための資金については、前述のようにその成り立ちから地方自治体の予算が活用されるケースが最も多い。自治体内に事務局を置く任意団体、あるいは自治体のスポーツコミッション担当部署が直接コミッション事業を実施するケースでは自治体の事業費がそのまま活動資金となる。既存のスポーツコミッションでは「裾野市スポーツツーリズム推進協議会」（静岡県裾野市）や「佐賀県スポーツコミッション」（佐賀県佐賀市）がこの形態である。このケースでは主として自治体職員が事業を担当し、人件費は当該自治体が負担するため、自治体内の人事配置によって人的資源の確保が可能である。また、事業費に会計年度任用職員や出向者の人件費が含まれるケースもある。

(2) 補助金

法人格を有するスポーツコミッションに対して自治体が資金を支出する場合は、補助金（負担金・交付金を含む）や委託費が主となる。そのうち補助金は、支出側（自治体側）からすると助成的性格の金銭的な給付であり、補助事業者（コミッション）への財政援助の作用を持つ。既存の法人格を有するスポーツコミッションでは「一般社団法人さいたまスポーツコミッション」（埼玉県さいたま市）や「一般社団法人宇部市スポーツコミッション」（山口県宇部市）が当該自治体から補助金を受けて活動している。このケースでは、自治体職員以外の人件費や事業に関する経費などの全部または一部が自治体から支援されるため、運営的には安定する。しかし、補助金は単年度でその成果の査定を受ける点やそもそも補助に類する支出は減額する傾向にある自治体が多い点も考慮すれば、コミッションの将来的な体制を必ずしも保証するものではない。

(3) 委託費

法人格を有するスポーツコミッションに対して自治体が支出するもう1つの主な支出が委託費である。委託費は支出側（自治体側）からすると対価的性格の経費であり、自治体が本来実施するべき業務を受託機関（コミッション）が代わりに実施するという作用を持つ。委託費にはイベントの実施といったソフト事業の委託に加え、ハード事業として公共スポーツ施設等の指定管理料も含まれる。既存のスポーツコミッションでは「NPO法人出雲スポーツ振興21」や「NPO法人掛川市スポーツ協会」が当該自治体における公共スポーツ施設の指定管理を受託している。指定管理を受託するコミッションは、契約内容にもよるが数年にわたる収入が保証され、管理する施設を活用した事業（総合型地域スポーツクラブの運営や教室・イベントの実施など）による収入も加わるため、補助金よりもさらに安定的な運営が可能となる。しかし、指定管理も数年ごとに更新が行われるため、更新にかかわる事務の負担が大きい上、受託後の施設運営のノウハウも必須となる点に加え、更新できなかった場合にコミッション運営自体が困難になる可能性も十分に考えられるなど、課題も残されている。

スポーツコミッションそのものが法人格を有するケースに類似して、体育（スポーツ）協会や観光協会などの外郭団体に事務局を置くスポーツコミッションも存在しており、こうしたコミッションへの資金も委託費で支出される場合がある。既存のスポーツコミッションでは「さっぽろグローバルスポーツコミッション」

（北海道札幌市）や「金沢文化スポーツコミッション」（石川県金沢市）が該当する。さっぽろグローバルスポーツコミッションは一般財団法人札幌市スポーツ協会に、金沢文化スポーツコミッションは一般社団法人金沢市観光協会に事務局を置き、スポーツ協会・観光協会がコミッションに関する事業を市から委託されて市職員や外郭団体職員等が協働して活動を行っている。このケースでは、自治体から資金を得ながらも外郭団体という民間事業者として活動を行うことで、ある程度の自由度を持ちながらの事業実施が可能となる。また、市職員や外郭団体職員の配置によって人的資源の確保もできる。前述した通り、自治体の方針による資金の増減は想定されるものの、契約次第ではあるが、自治体事業の対価的性格を持つ委託費の方が補助金等よりも継続的な事業の実施が見込める点や一般管理費を得ることで団体に「利益」を残せるといった点にメリットがある。

2 国の資金

スポーツコミッションの活動資金の確保には、団体が所在する自治体（都道府県や基礎自治体）から得る資金以外に、国の支援制度の活用が挙げられる。ここではスポーツコミッションが活用可能な主な国の支援制度について述べる。

(1) スポーツ庁

スポーツコミッション事業を所管するスポーツ庁では、参事官（地域振興担当）において継続的に支援制度を提供している。コミッション支援の端緒は、２０１５年度に始まった「スポーツによる地域活性化推進事業（地域スポーツコミッションへの活動支援）」である。これは、コミッションが実施する長期継続的・通期通年型の取組に対する補助制度であり、事業に関する対象経費の100%が補助される。実施年度によって多少の違いはあるが、おおむね1千万円が上限である。2021年度には活動支援をさらに推し進め、従来の活動を発展させ、経営の多角化に向けて複合的な事業にチャレンジする取組を補助の対象とする「経営多角化支援」へと発展させた。2015年度から2021年度までの7年間で活動支援・経営多角化支援をあわせて延べ49のスポーツコミッションが補助を受けて活動した（図表1、2、3）。2022年度は「スポーツによる地域活性化・まちづくり担い手育成総合支援事業（経営多角化支援）」として、2021年度までと同様の補助を継続している。2022年度現在、スポーツコミッションに特化した国の支援制度は本事業のみである。

　スポーツ庁では、前述の支援制度以外に2022年度は「スポーツによる地域活性化・まちづくりコンテンツ創出等総合推進事業」（2021年度

図表1：スポーツ庁の支援を受けたスポーツコミッション（2015～2017年度）
（スポーツ庁資料（2022）より筆者作成）

年度	補助を受けたスポーツコミッション	都道府県	市町村
2015（8団体）	十勝岳スポーツコミッション	北海道	上富良野町
	十日町市スポーツコミッション	新潟県	十日町市
	三島市スポーツ・文化コミッション	静岡県	三島市
	（一社）志摩スポーツコミッション	三重県	志摩市
	美作国スポーツコミッション	岡山県	美作市他9自治体
	宇部市スポーツコミッション	山口県	宇部市
	国際スポーツ大会県内準備委員会	徳島県	
2016（6団体）	東北海道スポーツコミッション	北海道	釧路市
	北海道オリパラの会	北海道	
	銚子スポーツタウン協議会	千葉県	銚子市
	みえゴルフツーリズム推進協会	三重県	
	関西広域連合	関西広域圏	
	高野龍神スカイラインウルトラマラソン実行委員会	和歌山県	高野町
2017（4団体）	スポーツリンク北上	岩手県	北上市
	京丹波町ホストタウン推進協議会	京都府	京丹波町
	南関町スポーツコミッション	熊本県	南関町
	スポーツランドみやざき推進協議会	宮崎県	

図表 2：スポーツ庁の支援を受けたスポーツコミッション（2018 ～ 2019 年度）

（スポーツ庁資料（2022）より筆者作成）

年度	補助を受けたスポーツコミッション	都道府県	市町村
2018（8 団体）	釧路町スポーツでまちを元気に推進委員会	北海道	釧路町
	さっぽろグローバルスポーツコミッション	北海道	札幌市
	いわてスポーツコミッション	岩手県	
	前橋スポーツコミッション	群馬県	前橋市
	矢板スポーツコミッション	栃木県	矢板市
	（一財）どんぐり財団	広島県	北広島町
	自転車利用促進協議会	徳島県	
	スポーツランドみやざき推進協議会	宮崎県	
2019（5 団体）	特定非営利活動法人東北海道スポーツコミッション	北海道	釧路市
	裾野市スポーツツーリズム推進協議会	静岡県	裾野市
	自転車利用促進協議会	徳島県	
	肥後おおづスポーツ文化コミッション	熊本県	大津町
	スポーツランドみやざき推進協議会	宮崎県	
2020（5 団体）	（一社）ウェルネスポーツ鴨川	千葉県	鴨川市
	裾野市スポーツツーリズム推進協議会	静岡県	裾野市
	特定非営利活動法人銚子スポーツコミュニティー	千葉県	銚子市
	蔵王坊平アスリートヴィレッジ構想推進協議会	山形県	上山市
	（一社）みえゴルフツーリズム推進機構	三重県	

図表 3：スポーツ庁の支援を受けたスポーツコミッション（2021 年度）

（スポーツ庁資料（2022）より筆者作成）

年度	補助を受けたスポーツコミッション	都道府県	市町村
2021（13 団体）	そうべつアウトドアネットワーク	北海道	壮瞥町
	スポーツコミッション大館	秋田県	大館市
	特定非営利活動法人銚子スポーツコミュニティー	千葉県	銚子市
	軽井沢カーリング活性化プロジェクト推進委員会	長野県	軽井沢町
	長和町スポーツコミッション	長野県	長和町
	裾野市スポーツツーリズム推進協議会	静岡県	裾野市
	（一社）土佐町スポーツコミッション	高知県	土佐町
	（一社）沖縄市観光物産振興協会	沖縄県	沖縄市
	特定非営利活動法人美瑛エコスポーツ実践会	北海道	美瑛町
	かすみがうらアクティビティコミッション	茨城県	かすみがうら市
	御殿場市スポーツタウン推進連絡会	静岡県	御殿場市
	（一社）みえゴルフツーリズム推進機構	三重県	
	阿蘇サイクルツーリズム学校「コギダス」協議会	熊本県	阿蘇市

以前は「スポーツによる地域の価値向上プロジェクト」）を実施しており、事業内で「スポーツツーリズムコンテンツ創出のためのテーマ別モデル事業の実施及び検証」を用意している。モデル事業に採択された団体は国内外の旅行者から選ばれる優良なコンテンツを創出するための事業を実施する。モデル事業におけるスポーツツーリズムのコンテンツテーマは「スノースポーツツーリズム」「サイクルツーリズム」「武道ツーリズム」「武道ツーリズム（デジタル技術の活用）」「アーバンスポーツツーリズム」が指定されており、スポーツコミッションで応募、実施することが可能である。

(2) 内閣府

スポーツコミッションで活用できる国の資金として、内閣府が所管する地方創生推進交付金（以下、「推進交付金」）および地方創生拠点整備交付金（以下、「拠点整備交付金」）がある。これら２つの交付金は、地方版総合戦略に定められた自主的・主体的で先導的な事業を記載して作成した地域再生計画に基づく複数年度にわたる事業に要する経費に充てることが可能であり、いずれも２０１６年度に創設された。推進交付金はそれぞれの地域の実情に応じたまち・ひと・しごと創生（地方創生）に資する事業の効率的か

図表4：2022年度の地方創生推進交付金の採択自治体と事業および予算（主なスポーツ関連事業）
（内閣府資料（2022）より筆者作成）

地方自治体	交付対象事業	採択額（千円）
秋田県大館市	スポーツコミッション大館によるスポーツツーリズムの推進と交流を生むまちづくり	25,192
山形県寒河江市	縁 JOY さがえ！～新時代スポーツツーリズム～	15,640
石川県金沢市	東京オリパラのレガシーと新市民サッカー場を活かしたポストコロナのまちづくり	82,972
石川県七尾市	スポーツと文化を生かした七尾みなと・まちなか賑わい再生プロジェクト	21,230
山梨県	スポーツで稼げる県づくり推進事業	10,961
愛知県西尾市	eスポーツを活用した地域活性化事業	5,720
大阪府泉佐野市	eスポーツ MICE コンテンツ実証事業	53,350
鳥取県湯梨浜町	町民総スポーツの推進による一人ひとりが輝く生涯活躍のまちづくり	12,212
佐賀県	SAGAアリーナを核とした交流人口の増加と地域活性化事業	55,037

つ効果的な事業に対して、拠点整備交付金は事業と一体となって整備される地方創生の推進に資する施設の整備に対して交付される。

具体的な交付対象事業は①結婚、出産または育児についての希望を持つことができる社会環境の整備に資する事業、②移住および定住の促進に資する事業、③地域社会を担う人材の育成および確保に資する事業、④観光の振興、農林水産業の振興その他の産業の振興に資する事業、⑤地域再生を図るために取り組むことが必要な政策課題の解決に資する事業となっており、幅広いテーマに充てることが可能である。スポーツコミッションでは、④および⑤における事業が主な対象と想定される。

採択された自治体への交付率（補助率）については、推進交付金は総事業費の2分の1が国から交付され、残りの2分の1の2分の1（全体の4分の1）が普通交付税措置、さらに残りの2分の1（全体の4分の1）が特別交付税措置される。拠点整備交付金も交付率（補助率）は2分の1で推進交付金と同様であり、残りの2分の1については充当率90％の地方債を措置できる。いずれの交付金も極力地方負担を少なくした制度となっている。

２０２２年3月に採択された推進交付金および拠点整備交付金の自治体、事業、採択額をまとめたものが**図表4**および**図表5**である。

図表5：2021年度補正予算の地方創生拠点整備交付金の採択自治体と事業および予算（主なスポーツ関連事業）

（内閣府資料（2022）より筆者作成）

地方自治体	交付対象事業	採択額（千円）
青森県藤崎町	ふじさき健康ブランド創生スポーツ拠点整備事業	51,447
岩手県	陸前高田オートキャンプ場整備計画	189,221
山形県寒河江市	温泉を活用したチェリースポーツパーク拠点施設整備事業	357,850
福島県いわき市	いわきFCと連携したスポーツによる地域の元気創造プロジェクト	843,165
神奈川県湯河原町	スポーツを通じた関係人口の創出「地域住民との交流施設（仮称）」整備事業	15,152
長野県高森町	スポーツを通じた高森町の賑わい創出事業	160,600
愛知県西尾市	スポーツを核とした健康まちづくり促進のための拠点施設整備計画	88,120
香川県三豊市	宝山湖ボールパーク夢いっぱいプロジェクト	193,997
宮崎県	屋外型トレーニングセンター整備事業	828,692

推進交付金では採択された自治体のうち秋田県大館市、石川県金沢市、山梨県、佐賀県にスポーツコミッションが設置されている。拠点整備交付金では岩手県、いわき市、宮崎県に設置されている。2016年度の制度創設以来、多くの自治体が推進交付金および拠点整備交付金を活用してスポーツツーリズムやスポーツコミッション事業に取り組んでおり、今後も積極的な活用が望まれる。交付率は2分の1であるものの、複数年度にわたる事業が採択されるため、中長期的な視点を持った活動が可能となる。

(3) その他の省庁

スポーツ庁、内閣府以外の省庁においてもスポーツツーリズムおよびスポーツコミッションで活用可能な様々な支援制度がある。特に観光庁では、2022年度事業として「持続可能な観光推進モデル事業」「ポストコロナを見据えた新たなコンテンツ形成支援事業」「『新たな旅のスタイル』促進事業」「地域一体となった観光地の再生・観光サービスの高付加価値化」「サステナブルな観光コンテンツ強化事業」「国際競争力の高いスノーリゾート形成促進事業」といったテーマの異なる複数の支援制度を準備している。また、農林水産省では「農山漁村振興交付金のうち農泊推進対策」「農山漁村振興交付金のうち農山漁村発イノベーション対策」といった交付金を活用した観光コンテンツの磨き上げ等への支援を行っている。

3 民間の資金

スポーツコミッションの活動資金は所在する自治体の補助金や委託費を活用しており、活動資金の多くを民間の収入で賄っている、いわゆる「稼いでいる」コミッションは現状ほとんど存在しない。これは、スポーツコミッションが自治体の発案によって設立され、公的な資金を活用しながら事業を実施してきたという過程から、趣旨的にも外形的（自治体が事務局の場合は民間から得た資金を直接自治体の口座に入れることが難しい）にも収益性を求めるという行為が困難であった点も1つの要因であろう。また、スポーツコミッションは地域のスポーツ関係者の支援・協力があって成立する団体であるため、コミッションそのものが株式会社のように収益を追求することが果たして周囲の理解を得られるかといった点にも検討の余地がある。つまり、コミッションは「自ら稼ぐ」のではなく「周囲を稼がせる」組織であるべきという指摘である。しかし、いずれにしても永続的に自治体からの資金があるといった保証はないため、コミッションとしてどのように公的な資金以外の収入源を確保するのかという点は喫緊の課題であろう。既存の多くのスポーツコミッションにおいて、この課題は共通認識であり、いくつかの団体は民間からの資金（収入）を得るべく事業等を実施している。

第一に収入源として検討される点は会費であろう。一般社団法人やNPO法人のように団体そのものが会員制度によって成り立っているコミッションもあれば、任意団体であっても規約・規程を定めているコミッションも多く存在する。これらコミッションを構成する会員から会費を得るといった収入源である。既存のスポーツコミッションでは「一般社団法人さいたまスポーツコミッション」や「名古屋スポーツコミッション」が会員から会費を得ている。特に名古屋スポーツコミッションは会員から一定程度の額の会費を得ており、コミッションの貴重な収入となっている。

第二は事業実施の対価による収入である。まず考えられる事業としてはスポーツイベントの実施であろう。イベントの実施にかかる経費をイベント参加者の参加料と企業等からのスポンサー料で賄う形態が一般的である。「一般社団法人さいたまスポーツコミッション」が実施するウォーキングイベントでは、約800万円の参加料等と約2000万円の協賛金（2021年度）を見込んでいる。

次にスポーツ教室等の実施が挙げられる。教室の開催にかかる施設料や講師料といった経費を参加料で賄う形態が一般的である。「NPO法人出雲スポーツ振興21」が実施するスポーツ教室では、指定管理施設の活用というアドバンテージを活かし、約3千万円（2019年度）の収入を得ている。

最後に、既存のスポーツコミッションで実際に得られている収入源の種類を列挙すると、旅行手配手数料（旅行業免許が必要）、手配手数料（旅行以外）、物販、自動販売機の設置、冊子の制作・販売、施設利用料（指定管理施設以外）などがある。

［執筆担当：藤原直幸］

Ⅲ·3 スポーツコミッションの新たな資金獲得方法

1 新たな収益源としての「スポーツふるさと納税」の可能性

本節ではスポーツ振興の新たな収益源獲得方法として、ふるさと納税の活用に注目したい。

「ふるさと納税」とは、自分の選んだ自治体に寄附（ふるさと納税）を行った場合に、寄附額のうち2千円を越える部分について、所得税と住民税から原則として全額が控除される制度である（一定の上限はある）。例えば、3万円のふるさと納税を行うと、2千円を超える部分である2万8千円（3万円－2千円）が所得税と住民税から控除される。市場全体は、令和2（2020）年度で約6千700億円を超えてきており、拡大傾向である。

そのふるさと納税には、2つの特徴的な仕組みがある。

1つ目は、ふるさと納税の寄附者が使途を決めることができるという点。

2つ目は、ふるさと納税のお礼として各自治体から返礼品を受け取ることができるという点である。その中に、使途としてプロスポーツチームの支援や大会運営の支援など、スポーツに関連している項目が含まれている自治体もあれば、返礼品がスポーツに関する内容の自治体もある。スポーツならではの体験を活かした返礼品として、スポーツ大会の参加権利や、該当自治体をホームタウンとするプロスポーツチームの応援グッズなどを返礼品とするケースがその例である。

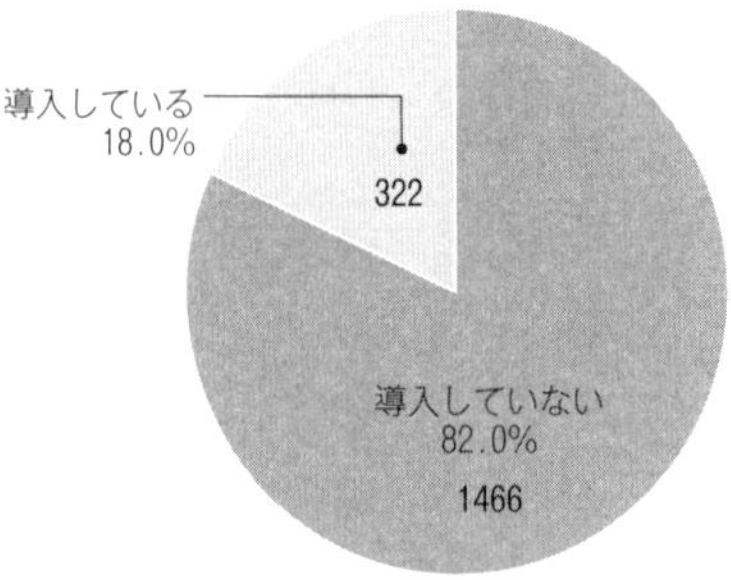

図表1：スポーツに関する返礼品を導入している自治体

そういった、ふるさと納税の使途および返礼品にスポーツが関連している場合を「スポーツふるさと納税」と定義する。大会開催の持続可能な形として、参加者がふるさと納税で大会の参加権を返礼品で享受しながら、大会と地域のスポーツ振興を応援するような形が実現できたり、プロスポーツチームなどは、コロナ禍で収入減が続く中、「クラウドファンディング型ふるさと納税」による資金調達したりする事例も出てきた。

本節では、スポーツとふるさと納税に関する研究論文や事例などを紹介し、その可能性を考える。

2 「スポーツふるさと納税」の市場について

赤嶺（２０１７）によれば、２０１６年度において、スポーツふるさと納税の返礼品を導入している自治体数は３２２あり、総務省が公表している「平成29年度ふるさと納税に関する現況調査」対象の１千７８８自治体のうち18・０％にあたることがわかった（図表１）。

３２２自治体について、競技別分類は図表２のように分けられる。ゴルフ施設の利用権が最も多く55・８％（２３９施設）、次にマラソン大会の出場権13・８％（60大会）、Ｊリーグチームの観戦チケットや応援グッズ９・０％（39自治体）と続く。

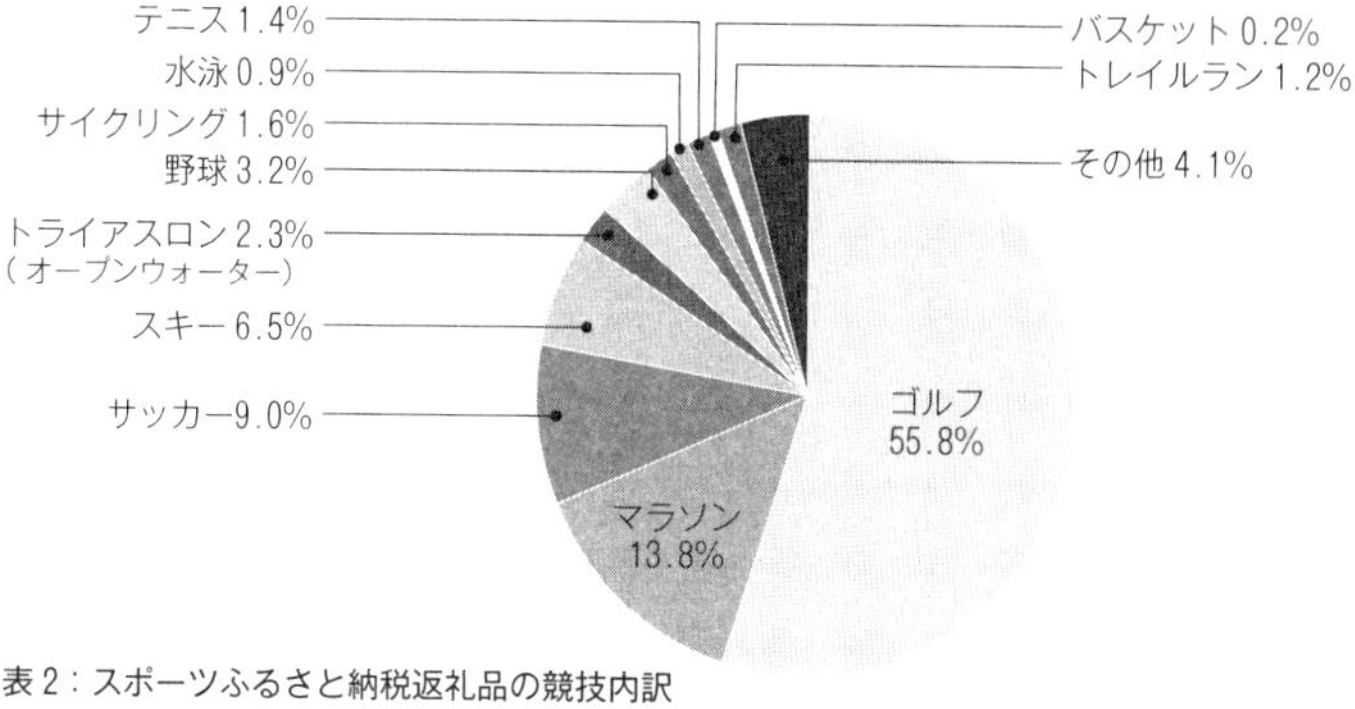

図表２：スポーツふるさと納税返礼品の競技内訳

3 個人版ふるさと納税を活用した資金獲得

(1) ふるさと納税におけるスポーツに関する返礼品の分類

これらのスポーツに関する返礼品は、3つに分類することができる。

①「利用型」…ゴルフ場、スキー場、テニス場、プールなど既存施設の利用券

②「参加型」…マラソンやトライアスロン、サイクリングイベントなどの大会参加権

③「チーム応援型」…Jリーグやプロ野球、Bリーグの観戦チケットや応援グッズなど

これら3つの類型のうち、ふるさと納税が多く集まっている上位自治体を示したものが図表3～5である（322自治体のうち、具体的な件数・金額・使途がわかった161自治体の数字）。

(2) 3類型の寄附金額の上位自治体と使途

「利用型」の返礼品による寄附金額が最高だったのは、宮崎県宮崎市（ゴルフ利用権）の1億3千664万1円で、上位10自治体の内9自治体がゴルフ場利用権を返礼品としており、そのうち5自治体は東京や名古屋などの大都市近郊の自治体であった（図表3）。

「参加型」の返礼品で最も集まったのは京都府京都市の京都マラソンの出場権で寄附額は5千213万円。京都マラソンは、2017年大会の抽選倍率が3・8倍の人気の大会で、「参加型」による寄附額上位10位の大会の参加抽選倍率は1・5倍以上もしくは、先着順でも募集期間より早く締め切りになる大会が多いことがわかった（図表4）。また、使途については、上位10大会中8自治体は大会の運営などに活用され、残りの2自治体はスポーツ振興の事業に活用されており、上位10大会すべての自治体において様々な形でスポーツ振興に活用されている。

図表3：「利用型」の返礼品による寄附金額が上位の自治体

	順位	自治体名	返礼品目	寄附金額	スポーツ分野への使途
利用型	1	宮崎県宮崎市	ゴルフ利用権	136,640,001	文化・スポーツ分野に約5,000万円を活用予定
	2	群馬県富岡市	ゴルフ利用権	73,423,600	市民体育大会など
	3	静岡県小山町	ゴルフ利用権	70,290,000	なし
	4	三重県桑名市	ゴルフ利用権	34,100,000	なし
	5	千葉県市原市	ゴルフ利用権	29,600,000	なし
	6	千葉県睦沢町	ゴルフ利用権	17,990,000	なし
	7	北海道占冠村	ゴルフ・スキー利用権	17,440,000	なし
	8	長野県野沢温泉町	スキー利用権	13,920,000	スノーリゾートのまちづくり
	9	千葉県一宮町	ゴルフ利用権	12,400,000	なし
	10	岐阜県可児市	ゴルフ利用権	10,610,000	サッカー場整備などのスポーツ振興

図表4：「参加型」の返礼品による寄附金額が上位の自治体

	順位	自治体名	返礼品目	寄附金額	使途
参加型	1	京都府京都市	京都マラソン	52,130,000	大会運営などに活用
	2	東京都あきる野市	ハセツネCUP	11,520,100	約3割を大会運営に活用
	3	新潟県佐渡市	佐渡国際トライアスロン	11,100,000	佐渡市スポーツ協会へ活用
	4	滋賀県近江八幡市	びわ湖トライアスロン	7,790,000	一部大会運営に活用
	5	北海道洞爺湖町	北海道トライアスロン	7,300,000	全額大会運営に活用
	6	愛知県名古屋市	名古屋シティマラソン	3,950,000	スポーツ振興に活用
	7	福岡県福岡市	福岡マラソン	3,812,000	スポーツ事業に活用予定
	8	和歌山県上富田町	紀州口熊野マラソン	3,440,000	一部大会運営に活用
	9	埼玉県さいたま市	さいたま国際マラソン	2,802,000	全額大会運営に活用
	10	茨城県土浦市	かすみがうらマラソン	2,750,000	一部大会運営に活用

図表5：「チーム応援型」の返礼品による寄附金額が上位の自治体

	順位	自治体数	返礼品目	寄附金額	使途
チーム応援型	1	山口県山口市	レノファ山口FC	17,865,000	チームを応援する事業に活用
	2	東京都町田市	ペスカドーラ町田	9,088,000	サッカースクール運営に活用
	3	宮崎県宮崎市	福岡ソフトバンクホークスファンクラブ入会権 オリックス・バファローズファンクラブ入会権	5,290,000	約5,000万円をスポーツ振興に活用予定
	4	茨城県鹿島市	鹿島アントラーズ	4,450,000	各事業に活用。チームはなし
	5	群馬県前橋市	ザスパクサツ群馬	2,860,000	993万円をスタジアム設立に活用

「チーム応援型」で最も集まった自治体は山口県山口市のJリーグクラブ・レノファ山口FCを応援する権利（ユニフォームやタオルマフラーなどの応援グッズや観戦チケット）の1千786万5千円であった（図表5）。返礼品の種類としては観戦という実際の体験が伴うシーズンパスなどと、そうではないユニフォームなどのグッズも存在していた。告知活動としてホームゲームやイベントで紹介を行っていたため、県内県外の比率が県内377件、県外71件であった。また、チーム応援型の自治体52のうち使途がチームを応援する事業に活用されているのは山口県山口市、東京都町田市、山形県天童市、群馬県前橋市、福岡県北九州市、徳島県鳴門市のみだが、これら5自治体は、いずれも「チーム応援型」寄附金額の上位10位に含まれていた。

(3) 類型別にみる成功の要因

「利用型」「参加型」「チーム応援型」それぞれの成功要因は以下の通りである（図表6）。

① 「利用型」……都市部からの距離や、人気の施設で、複数人利用できる返礼品のメニューがあること。

② 「参加型」……使途を大会に活用し、抽選や先着順でも募集期間より早く締め切りになるような人気の大会であることや、募集のタイミングを一般エントリーと同時か前にすること。

③ 「チーム応援型」……使途をチームに活用し、チームホームページなどでPR活動を行い、複数人利用できる返礼品のメニューがあること。

図表6：スポーツふるさと納税の成功要因3原則

類型	要因1	要因2	要因3
利用型	立地	施設人気	複数人利用
参加型	使途直結	大会人気	タイミング
チーム応援型	使途直結	PR活動	複数人利用

(4) 使途にスポーツが選ばれるための手続き

ふるさと納税の活用先としてふさわしい事業であるかどうかは、管轄する担当課で判断されることが一般的である。したがって、歳出歳入の観点から、すでに自治体として予算を組み込んでいる事業であれば、使途の項目として設定しやすい。例えば、自治体自らが主催者となっている大会の運営費であれば、ふるさと納税の使途として指定しやすいことになる。逆に、予算に組み込まれていない事業であれば、すぐに使途へ追加することは難しく、翌年度に向けて庁内・議会を通すというプロセスを踏むことになる。

4 先進自治体に学ぶスポーツふるさと納税の活用

ケース1 長野県東御市《とうみ》・とうみ湯の丸高原スポーツコミッション

2019年10月、長野県東御市は、標高1千750mの高地エリアに日本で唯一のトレーニングプール施設を整備した。建設費や維持管理費に企業版ふるさと納税や個人版ふるさと納税を活用し、毎年約1億円のふるさと納税を集めている。スキームは、短期間に目標金額を掲げたクラウドファンディング型ではなく、複数のふるさと納税サイトの使い道に「湯の丸高原高地トレーニング用プール・高トレ関連施設」を設け、持続可能な形で広く寄附を募っている。個人版ふるさと納税については、必ずしもプールの建設に興味がある人が寄附するわけではなく、特産品を入り口に、本事業のことを知ってもらえる可能性もある。

本トレーニング施設はトップアスリートを中心に年間約1万2千泊されているが、一般アスリート（日頃からスポーツを楽しむ人）には認知が低いという課題がある。そこで、トライアスロンメディア「Lumina」を運営するセロトーレ株式会社やスポーツコンサルティングや日本で唯一のスポーツ特化型ふるさと納税サイト「ふるスポ！」（図表7）を運営するスポーツ・ローカル・アクト株式会社と協定を結び、トライアスリートの誘客やふるさと納税での支援に取り組むなど、一般アスリートのスポーツツーリズム誘客にも努めている。プール建設には多くの費用がかかったが、市長自らが熱意を持って市内外の企業へ営業し、企業版ふるさと納税や寄附で多くの支援を集めた。

ケース2 Jリーグ　鹿島アントラーズ・茨城県鹿嶋市

茨城県鹿嶋市などをホームタウンとするJリーグクラブ・鹿島アントラーズは、スポーツチームへのクラウドファンディングでふるさと納税を活用した好例である。コロナ禍において収入の悪化が深刻になったことから、鹿嶋市と連携して、クラウドファンディングでは異例ともいえる、1億3千万円の支援を集めた（図表8）。鹿島アントラーズというブランド力を活かし、鹿嶋市のふるさと納税の認知を向上させ、オリジナルの返礼品の開発などを行い、市内市外から多くの寄附を集めた。返礼品には、名前の掲出や、サイン入りユニフォーム、そしてアントラーズOBとサッカー交流などの体験を伴う内容があった。

図表7：東御市　ふるさと納税募集ページ　（ふるスポ！）

ケース3 びわ湖トライアスロン ｉｎ 近江八幡・滋賀県近江八幡市

びわ湖トライアスロン ｉｎ 近江八幡の開催地である滋賀県近江八幡市は、２０１７年よりふるさと納税の返礼品として、本大会のエントリー権の進呈を開始している（図表9）。主催者の大会実行委員会がふるさと納税を活用した出場枠を設け、１００名を募集した。市においては、一定期間のみ使い道として項目を設ける「特定目的事業」として、大会支援の使途を設け、大会実行委員会が支援集めに協力し、毎年８００万円に上るふるさと納税による支援を集めている。支援金は、トライアスロン開催費用などに活用し、大会の持続可能な開催の形と、ふるさと納税による地域活性化に寄与した。

ケース4 Vリーグ パナソニックパンサーズ・大阪府枚方市

Vリーグ・パナソニックパンサーズのホームタウンである大阪府枚方市は、チームを活用した体験を目玉として盛り込んだ返礼品を用意した。プロ選手からのスパイクを受けることができる権利のほか、試合観戦チケットやチームのグッズがセットになった内容で、2万5千円の寄附で体験できる（図表10）。20名限定のため、寄附額からみた地域へのインパクトは限定的だが、新聞やテレビに取り上げられたことによって、その広告効果は寄附額以上であると考えら

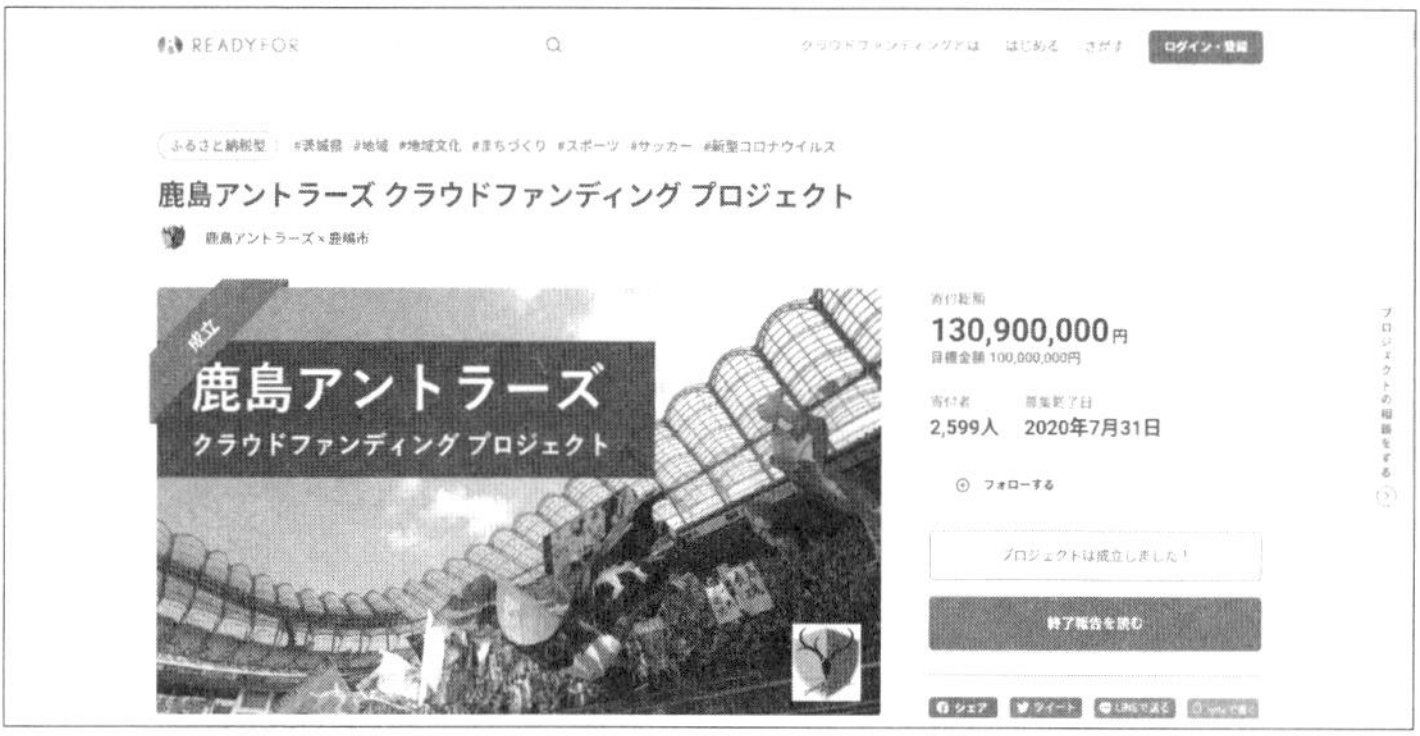

図表8：鹿嶋市　ふるさと納税募集ページ　（READYFOR）

れる。

チームやそのホームタウンとしてのまちの認知向上はもちろん、特別な体験を求める市外の寄附者との関係人口創出に寄与した好例である。

(5) 「スポーツふるさと納税」のスポーツ振興による地域活性化の可能性

スポーツならではの体験が盛り込まれたふるさと納税の返礼品は、地域外の人が実際にその地域を訪れるきっかけになりやすい。また寄附をした人にとっても、得られた体験を通じて、その地域が思い入れ深い場所になる。思い入れが深い場所となれば、離れていても、「また行きたい」「誰かにおすすめしたい」「ふるさと納税などで応援したい」といった感情が生まれ、その地域に対する評価が上がる。スポーツふるさと納税は、地域を応援する手法として、スポーツをきっかけとした関係人口づくりに寄与できる可能性が高い。寄附者・地域・スポーツの「三方よし」を実現し、「スポーツふるさと納税」を活用することで、様々な相乗効果が期待できる。

様々なスポーツのまちづくりに取り組む地域が、本節で紹介したような先行事例を参考にスポーツを起点とした好循環を生み出

図表9：びわ湖トライアスロン in 近江八幡のビジュアル　（びわ湖トライアスロン in 近江八幡）

すことを期待する。

［執筆担当：赤嶺健］

参考文献

- 赤嶺健（2017）「スポーツふるさと納税」施策の成功要因を明らかにする研究、早稲田大学大学院スポーツ科学研究科トップスポーツマネジメントコース修士論文

図表10：枚方市　ふるさと納税募集ページ　（さとふる）

III・4
COLUMN

先進的なスポーツコミッション

❶スポーツアクティベーションひろしま

●組織概要

スポーツアクティベーションひろしま（ＳＡＨ）は広島県が２０２０年４月に設立したスポーツコミッションである（図表1）。広島県内23市町それぞれが目指すスポーツ推進の実現のために伴走する支援型の組織であることが特徴。事務局は県スポーツ推進課内に設置されているが、プロスポーツチームの経営やスポーツ選手等のマネジメント経験のある民間人を代表に据え、スピーディかつ大胆に事業を実施することを目指している。事務局の人員体制は代表1人、県職員3人、民間から登用したスタッフ1人で構成されている。また、外部の民間人から市町支援戦略ディレクターとして1人を任命するほか、「アドバイザリーボード」として幅広いスポーツ関係の有識者から助言を受けられる体制を取っている。

当初の計画では、スポーツイベント・合宿等を誘致するスポーツツーリズム型のコミッションを検討していたが、県内すべての市町に対して県コミッションのあるべき姿について聞き取りを行った結果、市町の目指す姿に寄り添い、サポートする形式のコミッションが必要との結論に至った。また、従来の役所にはない発想・行動力・人脈等で強力に事業を推進するため、民間で豊富な経験をもつ人材の登用が必要と考え、人件費・旅費を確保し、県知事の面談を経た上で特別職の公務員として採用している。

主な事業として、県内23市町への支援事業「わがまち♡スポーツ」を実施。事業費の2分の1を県が補助する制度であり、大規模スポーツ施設の活用事業、ご当地イベントのブランディング、特定競技による地域の盛り上げなど、市町が望む形のスポーツによる地域活性化を支援している。また、広島県全域・県民全体に対する「わがまち♡スポーツ」として、県内に

図表1：スポーツアクティベーションひろしまの組織概要とロゴ

所在地	広島県広島市	職員数	4人（うち県職員3人）
対象エリア	広島県全域	事務局	広島県地域政策局 スポーツ推進課
設　立	2020年4月		
予　算	8,400万円 （2021）	構成団体	なし（県内プロチームと連携）

SAH
SPORTS ACTIVATION
HIROSHIMA

多数あるスポーツチームを活用した地域活性化事業（TEAM WISH）を2022年3月よりスタートさせている。

●**特徴①：広島県内の市町の支援**

SAHの最大の特徴として、県内にある23市町を支援する「わがまち♡スポーツ」の実施が挙げられる。「わがまち♡スポーツ」とは、それぞれの地域における目指す姿の実現に向け、スポーツを活用して行う取組の総称であり、具体的には「地域・経済の活性化」「地域アイデンティティ・地域ブランドの醸成」「健康長寿の達成」「地域コミュニティの形成」など、幅広い形でのスポーツによる地域活性化を対象としている。

図表2：府中市のEV& ゼロハンカー大会
（SAH資料より）

図表3：三次市の女子野球　（SAH資料より）

支援制度として、事業費の2分の1かつ最大500万円を県が補助する仕組みを採用している。資金的な支援に加え、補助を希望する県内市町から申請を待つのではなく、市町と対話しながら事業を立案するなど、伴走する形で支援する点が特徴的である。2022年現在、福山市、府中市（図表2）、北広島町、呉市、廿日市市、三次市（図表3）の6市町が対象となっており、最終的には23市町すべての支援を目指して活動している。

●**特徴②：スポーツ業界の経験が豊富な民間人の採用**

自治体内に事務局を置くスポーツコミッションは数多くあるが、機動力や人脈、アイデアなど行政職員では限界があることから、これまでにない推進力で事業を実施するため、海外も含めたプロスポーツチームの経営や日本代表クラスのスポーツ選手のマネジメントの経験がある民間人材をコミッションの代表に登用している。代表の決定にあたっては、コミッションの理念や方向性に合致すると想定される人材を担当部署において複数名選定し、共に事業を実施する実務レベルの担当者がすべての人物と直接面談した。その中で担当者が代表にふさわしいとした人物を県知事と面接させ、最終的に代表者を決定した。

●特徴③：地元トップスポーツチームと連携した自主事業の実施

県内市町それぞれと協働する「わがまち♡スポーツ」の広島県全域版として、ＳＡＨ自主事業「広島横断型スポーツ応援プロジェクト」を実施している。広島県内すべてのトップスポーツチームを県民全体で応援するコミュニティとして「ＴＥＡＭ ＷＩＳＨ」（We Illuminate Sports in Hiroshima）を立ち上げ、①広島ならではの新たなスポーツの楽しみ方の提供、②県民のみなさんの日々の共通話題に、③県内スポーツチームや選手のさらなる活力に、の3点をテーマとしている。

２０２２年3月には、ＴＥＡＭ ＷＩＳＨの最初のコンテンツとして「ＷＩＳＨ Ｍａｔｃｈ」を始動させた（図表4）。ＷＩＳＨ Ｍａｔｃｈとは日本初の「異競技横断型試合結果予想ゲーム」であり、スポーツ選手やチームのスタッツ（選手個人の試合に関するデータ）の勝敗を予想し、正解時に獲得した総ポイントを競うものである。設問はＴＥＡＭ ＷＩＳＨの趣旨に賛同した広島県内に本拠地を置く26のスポーツチームから出題される。ランキング上位入賞者にはプレゼントも用意されている。

図表4：「TEAM WISH」のロゴ（上）と「WISH Match」のロゴ（下）

❷一般社団法人ツノスポーツコミッション

●組織概要

一般社団法人ツノスポーツコミッションは宮崎県都農《つの》町に設立されたスポーツコミッション（図表5）。都農町は宮崎県の中央東側、宮崎市と延岡市の中間に位置する人口約1万人の町である。都農町では２０１０年に口蹄《こうてい》疫《えき》が発生し、主幹産業である畜産業をはじめ、大きな損害を出したが、疲弊した町を盛り上げるため、地元住民有志によるスポーツイベントを開催するなどスポーツによる地域活性化の取組が始まった。その後、２０１８年に民間人主体で町に働きかけたことで町・体育協会・商工会・観光協会などから構成される「スポーツ産業検討

図表5：一般社団法人ツノスポーツコミッションの組織概要

所在地	宮崎県都農町	予　算	1億円（2021）
対象エリア	都農町を中心とした県全域	職員数	29人（すべて地域おこし協力隊）
設　立	2019年4月（法人化は5月）	担当部署	まちづくり課

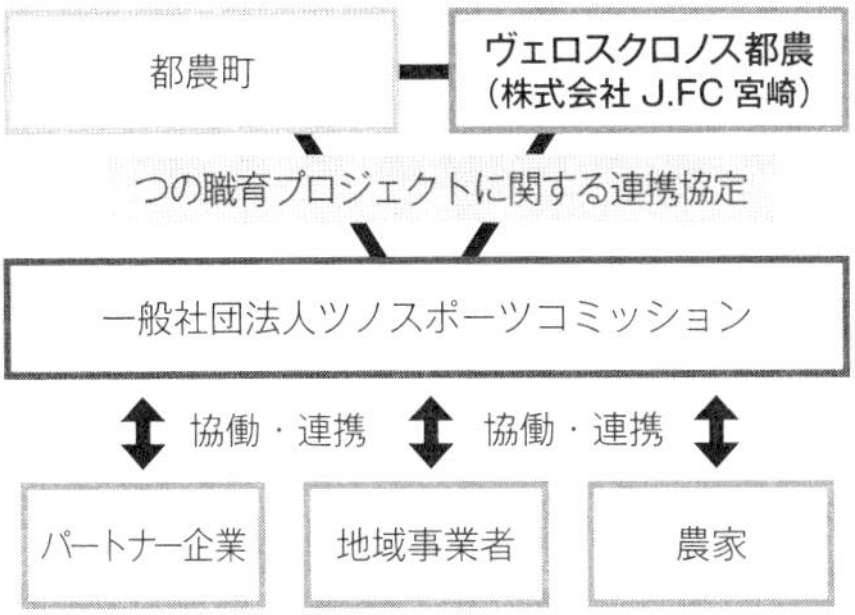

図表6：一般社団法人ツノスポーツコミッションを中心にした地域活性化のスキーム

委員会」が設置され、スポーツを通じた都農町の地域活性化の議論が本格化した。委員会の中で地域資源を活用したスポーツ産業の展開とそれを担う団体が必要との結論が得られ、２０１９年４月にツノスポーツコミッションが設立された（5月には一般社団法人ツノスポーツコミッションとして法人化）。

ツノスポーツコミッションは「都農町は東九州一のスポーツコンベンションシティになる」を掲げ、スポーツをツールとした産業活性化を目的としている。また、都農町が位置する東九州を経由地から目的地に変え、東九州に来る意義を世界中に発信することで、スポーツで人・事業・企業を呼び込み、地域課題の解決も目指している（図表6）。代表的な取り組みとして、２０１９年に都農町とＪ．ＦＣ ＭＩＹＡＺＡＫＩ（現・ヴェロスクロノス都農）とツノスポーツコミッションの三者による「つの職育プロジェクト」に関する連携協定を締結した。三者がそれぞれの資源や機能の活用を図りながら、若者の都農町への移住・定住を促し、農業・商業・工業・福祉等、労働力が不足しているあらゆる分野における町内事業所での職場体験を通し、自分に適する職業を見つけた若者が町の新しい活力になっていくことを目指す。

●特徴①：サッカークラブの誘致

宮崎市に拠点を置いていた九州サッカーリーグ（5部相当）所属の「Ｊ．ＦＣ ＭＩＹＡＺＡＫＩ」（現・ヴェロスクロノス都農）を２０２０年シーズンから都農町に誘致した。都農町としては少子高齢化、労働力不足、後継者不足という課題、チームとしては選手以外の収入源、練習場、セカンドキャリアという課題があり、互いの課題を解決するための補完関係を目指している（図表7）。

●特徴②：地域おこし協力隊制度の活用

ツノスポーツコミッションの職員は29人であるが、すべて地域おこし協力隊として着任している。組織の運営メンバーのほか、ヴェロスクロノス都農の選手も一部協力隊としてコミッションの業務にあたっている。協力隊兼選手は、協力隊の業務を行わないプライベートの時間

図表7：都農町とヴェロスクロノス都農の関係

図表8：ツノスポーツアカデミーの育成イメージ

にサッカー選手として練習等を行う一方で、協力隊の活動として地元の農家を手伝うなど「二足のわらじ」で活動している。ツノスポーツコミッションでは協力隊の活動の管理、運営や、定住に向けた活動支援を行っている。

●特徴③：若者を育てる「アカデミー」の設置

「よき社会人であれ」をコンセプトに「スポーツ」「生活」「教育」「職育」を通して少年期から青年期までの若者を育てる都農町を巻き込んだプロジェクト「ツノスポーツアカデミー」を運営している（図表8）。特に高校生年代の子どもたちは、ヴェロスクロノス都農U-18の選手としてサッカーに励みながら町内にある寮で集団生活を送る。通信制高校との提携による教育支援、地元事業者の協力による職育活動により、地域の人々とのかかわりを通して、地域社会の模範となり、地域を引っ張っていく人材を育てることを目的としている。また、若者にとってチャレンジしやすいまちづくりを目指す、まちぐるみのプロジェクトとなっている。

［執筆担当：藤原直幸］

応用編

Ⅳ

スポーツツーリズムの事業開発

Ⅳ・1 地域資源の棚卸し

1 地域資源の観光資源化

地域資源に関しては、基礎編Ⅰ-4「地域資源を活用したスポーツツーリズム」において、都市と地域に特有の地域資源について解説するとともに、距離に応じた地域資源の活用に言及した。地域資源とは、読んで字のごとく、特定の地域に存在する利用可能な資源であるが、本節では「棚卸し」と称して、隠れた地域資源を発掘し、価値を付加することによって観光資源化する流れについて概説したい。

まず資源（リソース）という概念についてであるが、森重（2011）によれば、一般に資源は最初から「資源」として存在するものではなく、地域の人々が何らかの働きかけをして初めて資源として認識されることになる。地方にある海や森、そして山や川についても同様に、これらを観光資源化するには、まずこれらを意図的に観光の対象として認識する「対象化」の段階がある。次は、人々の働きかけによって地域の要素を資源に変換する「資源化」の段階である。さらに資源を生産・流通・交換できる財やサービスに変換するプロセスであるが、これが「商品化」である。この流れは、スポーツツーリズムの商品造成の過程を反映しており、地域に眠る資源を棚卸しすることで発掘し、観光資源として認識し、商品化（あるいはブランド化）するプロセスに移行することができる。

例えば、富山県の最南端に位置する富山県南砺《なんと》市利賀《とが》村は、人口558人で高齢化率は約40％、村内の森林率は97％を超える限界集落である。同村は、スキー場の廃止に伴って、次なる地域振興策を考えた結果、山という資源に着目した。これが「対象化」である。次に利賀村に人を集めるためにトレイルランニングの実施を決めたが、これが、山という資源を観光資源に転化する「資源化」の段階である。次は資源を財やサービスに変換する「商品化」の段階であるが、村民たちは、森林組合や村の古老にヒアリングを行い、過去に集落と集落を結んでいた山越えの道の存在を確認した後、村民総出で草刈りをして古道や廃道を復活させ、「TOGA天空トレイルラン」というイベントを完成させた。余談ながらこのイベントは、村の人口を超える参加者を集め、2016年度のスポーツ振興賞で初の「スポーツ長官賞」に輝いた。

2 スポーツ観光資源について

観光資源は、「観光対象として活用され得る潜在的な可能性を指すものであり、簡単にはつくることができない固有性、独自性などのほか、場の代替性がきかないという特徴を持つ」（財団法人日本交通公社調査部編、1994）と定義される。この定義に従えば、観光資源と観光対象は同義であり、観光対象としてのアトラクションやイベントも観光資源の中に含めることができる。さらに『観光大事典』（香川眞編・日本国際観光学会監修、2007）によれば、観光資源は「自然観光資源」「人文観光資源」「複合観光資源」「施設観光資源」の4つに分類される。そこで、これら4つの資源について、スポーツツーリズムとの関連で説明しよう。

第一は「自然観光資源」である。これは人間の力では創造できない「天然資源」（山岳、高原、滝、動植物、温泉、海岸、河川、島）や「天然現象」（季節、気象、星空、虹、雪、波、澄んだ空気など）から構成されるが、この中には、スポーツで活用可能な資源が豊富に含まれている。筆者は、拙著『スポーツ地域マネジメント』（原田、2020）の中で、スポーツツーリズムで活用可能な4つの自然観光資源とアクティビティについて触れた。これらは、「海洋スポーツ資源」「山岳スポーツ資源」「氷雪スポーツ資源」そして「都市近郊スポーツ資源」である。

アクティビティの例を挙げると、海洋スポーツ資源では、セーリングやクルージング、スキューバダイビング、ＳＵＰ《スタンドアップパドル》、シーカヤック、スポーツフィッシング、山岳スポーツ資源では、トレッキング、ハイキング、ヒルクライム、氷雪資源では、スキー、スノーモービル、スケート、スノーボード、クロスカントリースキー、そして都市近郊スポーツ資源では、ハイキングやトレイルランなどがある。地域資源の棚卸しをする場合、地域にどのような自然観光資源があるかを認識するとともに、どのようなアクティビティが展開可能かを見極めるため、商品開発にあたってはアウトドアスポーツに関する幅広い知識が必要となる。

第二は「人文観光資源」であり、３つのカテゴリーに分類される。１つ目は人間の力によって創造された「有形文化資源」（史跡、建造物、庭園、テーマパークなど）であり、２つ目が「無形文化資源」（年中行事、イベント、風習、流鏑馬など）である。さらに３つ目として、有形文化資源と無形文化資源を組み合わせた「複合文化資源」があるが、これが現代的なスポーツツーリズムと密接な関係を持っている。例えば京都の三十三間堂で、弓引き初めの行事として行われる「通し矢」は、年中行事として毎年多くの観光客を集めるが、これは有形・無形の文化資源が組み合わさり、現代的なイベントへと昇華した例である。

第三は「複合観光資源」である。これは、自然観光資源と人文観光資源が密接に結びつき、観光対象として魅力を発揮しているケースで、大都市や農山漁村、そして郷（田舎や里）が含まれる。例えば秋田県角館《かくのだて》町の武家屋敷群や、海の京都と呼ばれる伊根《いね》町の舟屋、そして新潟市の豪農・豪商の館など、自然・人文といった２つの観光資源が美しい調和を生み出している。また大都市で行われるマラソン大会やサイクリングイベントなどもこのカテゴリーに含まれる。また岐阜県の飛騨地方で、日本最古の水田遺跡が残る米作地の田園風景をめぐるガイド付き自転車ツアーの「飛騨里山サイクリング」は、海外からの旅行者にも人気が高いが、これも地域に眠る（すなわちこれまで観光対象と認識されていなかった）里山を観光資源化し、商品化に成功した例の1つである。

第四は「施設観光資源」である。このカテゴリーでは、観光施設も資源と捉えており、宿泊、飲食、物品販売、娯楽、文化教育、観光案内、公共サービスなどを含んでいる。これらの多くは、ツーリズム商品を構成するインフラであるが、地方の特産品や物産品、そして食文化や公園のビジターセンターなど、ブランディングによって輝きを増すコンテンツが含まれている。例えばスポーツ庁では近年、スポーツ×文化×観光を組み合わせた「スポーツによるグローバルコンテンツ創出事業」に力を入れているが、食文化やガストロノミー（美食学）、歴史学習、そして脱炭素や気候変動等の環境問題などは、スポーツツーリズムのコンテンツを構成する要素として重要な役割を果たす。

3 都市型スポーツ資源

前項で、スポーツ観光自然資源には、「海洋スポーツ資源」「山岳スポーツ資源」「氷雪スポーツ資源」「都市近郊スポーツ資源」があると述べたが、最近のアーバンスポーツのトレンドを鑑みた場合、新たに「都市型スポーツ資源」を加える必要があるだろう。これは、スタジアムやアリーナなどの「社会的資源」（足羽、1997）と呼ばれる観光資源と同じ文脈を共有するが、固定化されたスポーツ施設に加え、道路、広場、空き地、坂、階段など、スケートボード（以下、「スケボー」）やパルクール、そして3X3（スリー・エックス・スリー）などのアーバンスポーツを楽しめる空間を含むことが可能である。アーバンスポーツは、「ストリートスポーツ」と呼ばれるほど都市空間との親和性が高く、公共空間をハッキングして行われるプレイスメイキング的要素が強いスポーツである。

アーバンスポーツの普及を考えた場合、一番の問題が施設と場所である。例えば、法律によって「交通のひんぱんな道路において、球戯をし、ローラー・スケートをし、又はこれらに類する行為をすること」（道路交通法第七十六条第4の三）は禁じられており、そのような道路でスケボーをすることはできない。ただし、「1時間あたり、原付30台、自転車30台、歩行者20名程度の場合は、交通のひんぱんな場所とはいえない」という名古屋高等裁判所の判決（昭和34（1959）年4月16日）もあり、普段は住人や宅配便くらいしか通行のない住宅地の道や、田舎の道路など、交通量が非常に少ない道でスケボーの練習をすることが禁じられているわけではない。しかし騒音の問題もあり、公道や市街地での練習は、住民から反対される傾向が強い。

その一方で、スケボーの人気が高まるにつれて、専用の施設としてのスケートパークの数が増え続けている。NPO法人日本スケートパーク協会の調べでは、全国で418施設（2021年5月現在）が整備されており、数は増加基調にある。その中でも茨城県には、すでに公共スケートパークが7カ所、民間スケートパークが8カ所あり、笠間市にはクラブハウスを備えた日本最大級の「ムラサキパークかさま」が誕生し、同時に設置された「笠間スポーツコミッション」とともにイベントや大会の誘致に力を入れている。

4 隠れたスポーツ観光資源：武道ツーリズム

武道×ツーリズムは、スポーツツーリズムのフロンティア領域である。日本人の精神世界と深いつながりがある武士道は、水や空気のように我々の生活に深く溶け込み、文化として定着しているが、これまで特に「観光資源」として認識されることはなかった。柔道、剣道、空手、弓道、相撲の練習や試合は、日本人にとっては日常的な風景だが、外国人観光客には、新鮮で興味深い観光アトラクションとなる。

スポーツ庁のホームページによると、武道ツーリズムとは、武道や武術の見学や観戦、そして実技体験や施設見学など、発祥の地である日本でしか体験できないスポーツと文化（伝統文化・精神文化）が融合した希少性の高いツーリズムである。そのフィールドも広く、武道館、講道館、国技館などの「聖地」から、各地の道場（県・市町村の施設、大学施設、町道場等）、そして忍者ミュージアムや空手会館などの見学・体験施設まで、多くの場所が含まれる。

　武道ツーリズムにおける「武道」は、**図表1**に示すように、卓越性と精神性が高い漢字の「武道」と、エントリー層にも関心が高く、エンターテイメント的要素を含むアルファベットの「BUDO」を両輪とする、一定幅を持つ概念と捉えることができる。**図表1**の左側は、勝敗のある競技としての真剣な武道であり、競技者と競技観戦者がいて、修練と修行が強調される。その一方で右側は、エンターテイメントやレクリエーション的な要素が強い、国内外の観光客向けの体験型BUDOである。この中には、日本泳法や流鏑馬など、武士や兵卒が戦場で戦うために訓練した技芸である「武芸」をはじめ、忍術やスポーツチャンバラなどが含まれる。

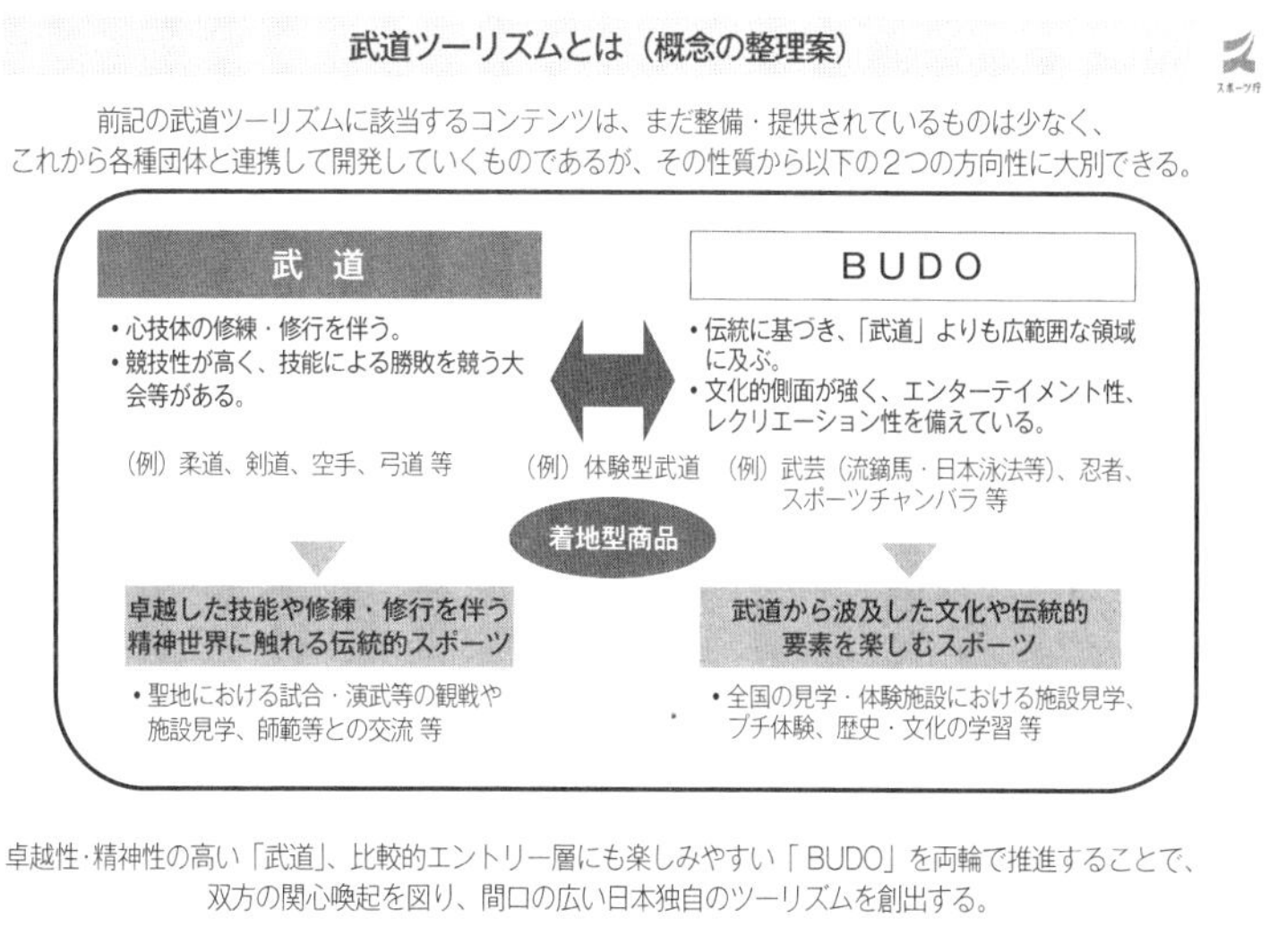

武道ツーリズムとは（概念の整理案）
前記の武道ツーリズムに該当するコンテンツは、まだ整備・提供されているものは少なく、
これから各種団体と連携して開発していくものであるが、その性質から以下の2つの方向性に大別できる。
武　道
・心技体の修練・修行を伴う。
・競技性が高く、技能による勝敗を競う大会等がある。
（例）柔道、剣道、空手、弓道 等
BUDO
・伝統に基づき、「武道」よりも広範囲な領域に及ぶ。
・文化的側面が強く、エンターテイメント性、レクリエーション性を備えている。
（例）体験型武道
（例）武芸（流鏑馬・日本泳法等）、忍者、スポーツチャンバラ 等
着地型商品
卓越した技能や修練・修行を伴う精神世界に触れる伝統的スポーツ
・聖地における試合・演武等の観戦や施設見学、師範等との交流 等
武道から波及した文化や伝統的要素を楽しむスポーツ
・全国の見学・体験施設における施設見学、プチ体験、歴史・文化の学習 等
卓越性・精神性の高い「武道」、比較的エントリー層にも楽しみやすい「BUDO」を両輪で推進することで、
双方の関心喚起を図り、間口の広い日本独自のツーリズムを創出する。

図表1：武道ツーリズムの捉え方　（筆者作成）

5 武道ツーリズムの現状

武道ツーリズムは、隠れた観光資源としてあるが、それは対象として認識されてこなかっただけで、施設や指導者などは、観光資源として全国的な広がりを持っている。例えば剣道では、インバウンド客に対して各地で体験プログラムを提供するケースがある。居合道発祥の地である山形県村山市は、「居合抜刀《ばっとう》術サムライ体験」を観光商品化し、真剣で試し斬りできるプログラムを提供している。またインバウンド向けの「ＳＡＭＵＲＡＩ《サムライ》 ＴＲＩＰ《トリップ》」が、本格的な剣道体験と防具製作工場の見学を合わせたアクティビティを展開する一方、「京都の侍パフォーマンス」や「1日サムライ教室」（いずれもトリップアドバイザーの「サムライ剣舞シアター」から検索）など、アルファベットのＢＵＤＯに限りなく近い観光商品が提供されている。

全国各地にある忍者体験プログラムや忍者ミュージアムについても、忍者が実在したという歴史的事実をベースに、そして実際の姿をデフォルメ（あるいはアニメ化）したステレオタイプの忍者像を観光商品化することによって、多くの観光客を集めている。日光江戸村の忍者大劇場で、観光客に向けて行われる忍者パフォーマンスは、典型的な「みる」武道ツーリズムの1つである。

その一方で、アルファベットのＢＵＤＯツーリズムの場合、地域の文化と深い関係を持つ武道が、過度にエンターテイメント化された結果、文化的歪曲という副産物が生まれかねないことにも留意すべきである。特に忍者を使った観光アトラクションの場合、歴史的事実が過度にファンタジー化され、脚色された忍者イメージが世界に向けて発信されているのも事実である。

6 武道ツーリズムの優位性

武道ツーリズムの有利な点は、前述のように、北は北海道から南は沖縄まで全国各地に武道の指導者がおり、武道場や武道館が整備されている点にある。それゆえ、武道ツーリズムのプロモーションに必要な人的なインフラや施設には事欠かない。さらに、江戸時代の面影を残す武家屋敷や武家文化も、武道ツーリズムの重要なコンテンツである。

沖縄県では、空手を観光資源化するために、「沖縄空手」という名称で様々な流派を統一し、ブランド化を進めてきた。筆者も委員として加わった「沖縄空手ブランディング検討委員会」（2015年度）がその仕事を担ったが、その後、県の文化観光スポーツ部の中に空手振興課を設置するとともに、沖縄空手の聖地となる「沖縄空手会館」を建設した。空手ミュージアムも併設した施設は、試合・演武の鑑賞と観戦、実技体験、そして師範などの高段者との交流など、空手修行や空手体験を通した沖縄文化の理解促進を図る拠点として、重要な役割を担っている。

最後に紹介するのが、青森県十和田《とわだ》市発祥の「スポーツ流鏑馬」である。武道ツーリズムが認知される先駆けとなったこの大会は、スポーツ庁、観光庁、文化庁の3庁が連携して行う「スポーツ文化ツーリズムアワード」で、第1回文化庁長官賞（2016年）を受賞した。流鏑馬は、神事として日本全国で広く行われているが、日本で唯一女性のみが参加できる「桜流鏑馬」は、勇壮にして華麗なスポーツとして多くの観光客を魅了している。会場では馬とのふれあいコーナーも設けられており、人馬一体となった日本の武道文化を発信する貴重な体験の場を提供している。スポーツ流鏑馬のように、漢字の「武道」とアルファベット「BUDO」のバランスがうまくとれたアクティビティの開発が、今後の武道ツーリズム発展の鍵を握ると考えられる。

［執筆担当：原田宗彦］

参考文献

- 足羽洋保（1997）『観光資源論』中央経済社
- 原田宗彦（2020）『スポーツ地域マネジメント　持続可能なまちづくりに向けた課題と戦略』学芸出版社
- 香川眞編・日本国際観光学会監修（2007）『観光学大事典』木楽舎
- （財）日本交通公社調査部編（1994）『観光読本』東洋経済新報社
- 森重昌之（2011）「観光資源論から見た資源の「利用」の考え方――日本遺産を活用した兵庫県淡路島の取り組みを事例に」阪南論集 人文・自然科学編、56（1）、19～32頁

Ⅳ･2 国内外に向けた地域スポーツコミッションによるアクション

1 地域スポーツコミッションが取り組む主な事業

ＪＳＴＡが２０２１年度に地域スポーツコミッション対象に実施したアンケートによると、２０２１年度に実施（予定含む）した事業は、「スポーツ合宿・キャンプの誘致」が55・0％（71団体）で最も割合が高く、次いで「スポーツツーリズム事業の企画・実施」「大会・合宿・キャンプへの補助制度の運営」「既存のスポーツ大会・イベントの誘致」「自主スポーツ大会・イベントの企画・実施」が30％台（それぞれ41から48団体）となっている。

2 スポーツ合宿誘致

(1) スポーツ合宿（国内編）

スポーツ合宿は、地域スポーツコミッションが取り組む主要な事業の一分野である。図表1は、北海道、宮城県、鹿児島県、そして沖縄県が行うスポーツ合宿統計を比較したものである。スポーツ合宿等を実施する団体（学校、スポーツクラブ、競技団体等）あるいは旅行会社に、スポーツ施設の手配のみならず、宿泊の手配・合宿補助金の申請・交通の手配・食事の手配等の関連手配をワンストップで行う窓口として、地域スポーツコミッションは利便性の高い存在となっている。

本来、自治体が設置するスポーツ施設は地元住民利用が優先であるので、合宿利用との調整が至難である。スポーツ合宿を受け入れるために、宿泊施設が独自にグラウンド・トレーニング施設を設置し、合宿シーズ

図表1：スポーツ合宿実績統計比較表

（令和元（2019）年度の各道県公表データ[注1]より抜粋しJSTAにて作成）

	北海道	宮崎県	鹿児島県	沖縄県
A：合宿実施自治体 B：実施件数 C：参加実人数 D：参加延人数	A：115/179(64.2%) B：　3,620 C：　80,893 D：284,683 平均宿泊数：3.5泊	A：データなし ※自治体総数：26 B：　1,017 C：　24,883 D：163,839 平均宿泊数：6.6泊 ※春季キャンプ観客数：827,778	A：30/43(69.8%) B：　2,168 C：　37,047 D：160,572 平均宿泊数：4.3泊 ※春季キャンプ観客数：10,346	A：30/41（73.1%） B：　　395 C：　11,195 D：124,264 平均滞在日数：11.1泊 ※春季ｷｬﾝﾌﾟ観客数：935,666 県外：270,744(28.9%) 県内：664,856(71.1%) 海外：　　66(------)
E：発地別参加延人数(構成比)	道内：172,353(60.5%) 道外：110,016(38.6%) 不明：　2,314(0.9%)	※経済効果：13,164百万円 ※PR効果：6,799百万円	①九州・沖縄：51,095(31.8%) ②関東・甲信越：40,740(25.4%) ③近畿：24,827(15.5%) ④東海・北陸：16,119(10.0%) ⑤北海道・東北：11,409(7.1%) ⑥中国：　6,947(4.3%) ⑦海外：　5,374(3.3%) ⑧四国：　4,061(2.5%)	※構成比は人数比較 県内：　726(6.5%) 県外：9,684(86.5%) 海外：　785(7.0%)
F：カテゴリー別件数／参加延人数（構成比）	プロ・代表クラス：92/10,758(3.8%) 社会人：486/39,120(13.7%) 大学生：449/55,979(19.7%) 高校生：1,126/77,304(27.2%) 中学生：374/28,549(1.0%) 小学生：550/39,509(13.9%) その他：543/33,465(11.7%)	プロ野球：　7球団 Jリーグ：19チーム 韓国プロ野球：1球団	プロ：34/9,412(5.9%) 社会人：231/29,089(18.1%) 大学：220/32,897(20.5%) 高校生：1,404/72,695(45.3%) その他：279/16,479(10.3%)	※構成比は件数比較 日本代表：31(7.8%) プロ：98(24.8%) 社会人：127(32.1%) 大学生：85(21.5%) アマ合同（大学・高校他）:16(4.1%) 高校生：20(5.1%) 中学生：3(0.8%) ジュニア：4(1.0%) 小学生：0(------) 一般その他：11(2.8%)
G：競技別参加延人数構成比	①サッカー：11.4% ②陸上（長距離ロード）:9.4% ③野球・ソフトボール：9.3% ④バスケットボール：8.9% ⑤バレーボール：6.9% ⑥アイスホッケー：6.6% ⑦陸上(フィールド・トラック)：6.0% ⑧ラグビー：5.5% ⑨武道（空手・柔道以外）：3.8% ⑩スキー（アルペン）：3.7%		①サッカー：14.4% ②陸上競技：13.4% ③野球：12.5% ④バスケットボール：12.4% ⑤バレーボール：6.3% ⑥体操・ダンス：5.6% ⑦卓球：4.6% ⑧柔道：4.5% ⑨ラグビー：3.8% ⑩テニス・ソフトテニス：3.4% ○その他：19.1%	※構成比は件数比較 ①陸上競技：54.1% ②野球：21.5% ③サッカー：7.6% ④バスケットボール：1.8% ⑤ソフトボール：1.3% ⑥空手：0.8% ⑦ハンドボール：0.5% ⑦武道（柔道・剣道・弓道等）：0.5% ⑦テニス：0.5% ○その他：11.4% ・実施件数では陸上競技・野球・サッカーの3競技で8割を占める。 ・1件当たりの参加人数は野球が最も多い。野球：61.8人、サッカー：54.6人、陸上競技：11.4人

ンに大量のチーム・団体を受け入れている地区もあり、合宿のメッカとして機能している（菅平高原：ラグビー、神栖・波崎：サッカー）。

(2) スポーツ合宿誘致（海外編）

○ホストタウン登録制度

ホストタウン登録制度は、ラグビーワールドカップ2019日本大会、2020年東京オリンピック・パラリンピック競技大会（以下、「2020年東京大会」）開催にともなって多くの選手・観客が来訪することを契機に、全国の地方公共団体と大会に参加する国・地域との相互交流を図るとともに、地域の活性化を推進するために設けられた制度である。利点としては交流事業、施設改修、民間施設・交流施設のバリアフリー化・ユニバーサルデザイン化事業のための改修事業に、国から特別交付税措置による補填が受けられる。その一方で、2020年東京大会の1年延期や新型コロナウイルス感染症拡大による入国規制等により、予定されていた事前合宿による交流事業は縮小されたが、図表2に集計したように一定程度の受け入れが実現した。

相手国・地域を選定するきっかけは、

・姉妹都市・友好都市提携を結んでいる
・オリンピアン・パラリンピアンに当該国・地域の出身者がいる
・過去に事前合宿で利用した実績がある

図表2：2020年東京大会におけるホストタウン登録制度の活用状況

（出典：内閣官房東京オリンピック・パラリンピック推進本部事務局）

		総登録件数	自治体数	相手国・地域数	選手等の人数
ホストタウン登録		462	533	185	*
オリンピック	事前合宿		183	79	6,349
	大会後交流		22	16	191
パラリンピック	事前合宿		67	39	1,627
	大会後交流		13	6	33

・整備されたスポーツ施設など環境が充実している
・民間企業のつながりが深い
・歴史的なつながりが深い
・地域を代表する花が同じ
など、多岐にわたる。

２００８年北京オリンピック開催前には、相当数の海外代表チームが日本・韓国において事前合宿を実施したが、日本側が積極的にセールスをしたわけではない。２０１２年ロンドンオリンピック開催時には組織委員会の補助金制度もあり、先進国で開催されるオリンピック・パラリンピックのモデルとして同様の制度を模索したが、ＩＯＣが組織委員会としての補助金制度を設けることを許可せず、日本政府が事前合宿を誘致する地方自治体を支援する形となった。これにより自治体間競争となった部分もあるが、地域のスポーツ施設のグレードアップ、シティセールスの一環としてのスポーツの活用、市民の巻き込みなどの社会的効果が大きかったと言える。

○ホストタウンレガシー

２０２０年東京大会の開催都市以外への波及効果を目指して、ホストタウン登録自治体数は相当な数となったが、コロナ禍により実際の交流事業ができなかったケースも多く見られた。今後の相手国・地域との持続的関係を維持する努力が必要であるゆえ、下記の視点を持ちながら関係の維持を試みることが望ましい。
・相手国・地域との交渉、受け入れ体制整備等に関わった人材の活用。地域スポーツコミッション設立による組織化
・日本開催国際大会、近隣国（中国・韓国等）開催国際大会での事前合宿実施の提案

・自治体国際交流におけるスポーツ交流の重点化
・スポーツ・文化交流のみならず、経済的関係確立の糸口の発見

3 スポーツイベント・大会誘致

(1) 国内大会

地域スポーツコミッションの構成メンバーには地域のスポーツ関連団体（県市町スポーツ協会・競技団体・総合型地域スポーツクラブ等）が入っており、大会の誘致・競技運営、交流相手として参画している。全国レベルの大会になると、国内競技統括団体（NF）・各都道府県協会との関係強化が重要になるが、最近では、競技団体・チーム有力者等への直接セールスも活発になっており、スポーツ関連展示会に

図表3：国内スポーツ関連展示会・セミナーの例

イベント名・主催	会期・会場	JSTA の関わり
Japan Sports Week2022 主催：RX Japan 株式会社 【構成展示会】 第5回スポーツビジネス産業展 第2回トレーニング&コンディショニング EXPO 第1回スポーツ施設 EXPO 第1回スポーツテック EXPO 第1回スポーツツーリズム EXPO	2022年5月11日 ～13日 東京ビッグサイト	後援：JSTA ・スポーツビジネス産業展 特別講演 「これからのスポーツツーリズム」 ・会員共同ブース出展
Sportec2022 主催：Sportec 実行委員会 （TSO International 株式会社内） 【構成展示会】 第31回ヘルス&フィットネスジャパン 第2回スポーツニュートリション EXPO 第8回スポーツファシリティ EXPO 第8回スポーツイベントサービス EXPO 第4回スポーツサイエンステクノロジー EXPO 第3回ヘルス&ビューティショー 第7回スポーツファッショングッズ EXPO 第7回フレイル・介護対策 EXPO 第2回マリン&アーバンスポーツ EXPO 第1回プロスポーツ経営支援 EXPO	2022年7月27日 ～29日 東京ビッグサイト	JSTAは実行委員会メンバー 基調講演、「スポーツ振興賞」表彰式開催、JSTA セミナー開催、会員共同ブース出展
Sports & Wellness Week2022 主催：TSO International 株式会社 【同時開催展】 Sportec2022 NAGOYA Wellness & Beauty Nagoya2022 レジャー&アウトドア Nagoya2022 感染症対策総合展イン Nagoya	2022年11月9日 ～11日 ポートメッセ名古屋	基調講演、JSTA セミナー開催、会員共同ブース出展（予定）

出展・参加し、大会主催者および大会運営サービス提供者とのネットワークを拡大する方策を取る積極的な地方自治体・地域スポーツコミッションが多くなっている（図表3）。

(2) 国際大会・イベント誘致

国際スポーツ大会誘致を目指す地方自治体・地域スポーツコミッションは保有するスポーツ施設の規模・規格に左右されるため政令市のような大都市に限定されるが、競技の特性・規模により、中小規模自治体にもチャンスがある。2020年東京大会で新競技として人気を博したアーバンスポーツ（都市型スポーツ）の例を次に紹介する。

スポーツ国際組織および関係者とのネットワーク構築・情報収集の機会と捉え、JSTAはSportAccord Convention（SAC）に2012年から参加している。2013年からは日本スポーツ振興センター（JSC）・さっぽろグローバルスポーツコミッション・さいたまスポーツコミッション・金沢文化スポーツコミッション・札幌2017冬季アジア競技大会組織委員会・ワールドマスターズゲームズ関西組織員会および民間企業（梓設計・JTB）等とともに共同出展している。さいたま市・さいたまスポーツコミッションが2013年から主催するイベント「ツール・ド・フランスさいたまクリテリウム」開催は、SportAccord2012においてアジア市場進出を狙っていたツール・ド・フランスの主催者であるA.S.O.（Amaury Sport Organization）との商談が結実したものである。国際スポーツイベントを誘致しようとする地方公共団体が海外で直接商談を行うことはまだ珍しいが、世界の有力国・都市が参加するSportAccord Conventionにおいて日本および都市の存在感を示すことが非常に重要である。以下は国際スポーツイベント誘致に関連し、JSTAが深いパイプを持つ4団体である。

ケース1 **SportAccord Convention（SAC）**

・主催：国際競技連盟連合（GAISF）

・概要：国際オリンピック委員会（IOC）をはじめ、各国際競技連盟（IF）、夏季オリンピック国際競技連盟（ASOIF）、冬季オリンピック国際競技連盟（AIOWF）、IOC承認国際競技連盟連合（ARISF）、国際ワールドゲームズ協会（IWGA）、国際マスターズゲームズ協会（IMGA）等の統括団体の理事会・総会が開催され、競技団体・スポーツイベント開催・招致都市・民間スポーツイベント主催者・スポーツビジネス関連事業者等がブース出展する。世界各都市で毎年開催され、スポーツ関係者が一堂に集まる。

ケース2 **IAEH（International Association of Event Hosts：国際スポーツイベント開催都市連合）**

・概要：SportAccord Conventionに参加している有力国・都市・地域（欧米中心）が、情報共有と誘致・開催する側の発言力強化のため2017年に設立。本部はロンドン。アジアからの参加国・都市はまだ少ない。このネットワークから、APEC SPORTS POLICY NETWORK、Fun Sports in TAIWAN ProgramとJSTAとの連携が誕生している。

ケース3 **FIBA 3×3 WORLD TOUR2022 UTSUNOMIYA OPENER**

・主催：国際バスケットボール連盟

・会場：バンバ市民広場（宇都宮二荒山神社参道）

・概要：「3×3」クラブ世界一決定戦の開幕戦の位置付けとなっている。日本文化を象徴する神社の鳥居を背景とするユニークベニューで開催し、「アーバンスポーツ」と「伝統文化」の融合を印象付ける。国際バスケットボール連盟からの評価も高く、2022大会は2018・2019年に続き宇都宮市で3回目の開催となる。

ケース4 FISE WORLD SERIES HIROSHIMA

- 主催：（一社）日本アーバンスポーツ支援協議会／（一社）アーバンスポーツ大会組織委員会
- 会場：2018／2019 旧広島市民球場跡地（2020／2021／2022は中止）
- 概要：FISE（Festival International des Sports Extrêmes）は1997年フランス・モンペリエ発祥のイベントである（図表4）。2020年東京大会の先駆けとして、日本で最初のアーバンスポーツ（都市型スポーツ）の祭典である。2019年は次の7競技・種目を複合開催し、3日間で観衆約10万人を集めた（入場無料）。

・UCI BMX Freestyle Park World Cup（フリースタイル・パーク）
・UCI BMX Freestyle Flatland World Cup（フリースタイル・フラットランド）
・FISE World Series Skateboard Street（スケートボード・ストリート）
・FIG Parkour World Cup（パルクール）
・IFSC Bouldering International Series（ボルダリング）
・World Skate Roller Freestyle World Cup（フリースタイル・ローラースケート）
・WDSF World Open Series Breaking（ブレイキン）

図表4：FISEのロゴマーク

note

海外と持続的な関係を構築するための留意点

- 地域スポーツコミッションにおいて複数の担当者の語学レベルを向上させることが理想的であるが、外国語コミュニケーションの窓口は担当者を固定することが望ましい。
- メールでの問合せ等には迅速に対応したい。正式な回答はあとでもよいので、受け付けた旨はすぐに返信することが望ましい。
- 国際競技連盟（ＩＦ）主催競技大会等はその他ライバル招致都市との競合となることが多いので、民間組織が主催するイベント（ツール・ド・フランスさいたまクリテリウム、FISE HIROSHIMA等）は相互の条件が合致すれば、決定は早い。

4 アクティビティ参加型プログラムの開発

２００７年の東京マラソンが皮切りとなり、大都市マラソンの開催が一気に拡大したが、それに伴うランニングブームは現在落ち着いた感がある。笹川スポーツ財団が2年毎に実施している「スポーツライフに関する調査報告書」によると、年1回以上のジョギング・ランニング推計実施人口は、２０１２年に初めて1千万人（実施率9・7％）を超え、その後減少傾向となったが、２０２０年には1千55万人（実施率10・2％）となり、過去最多となった。コロナ禍の運動不足を解消する一方法となったと推察できる。

その一方で、コロナ禍により参加者が密集するマラソン大会等の中止が相次いだが、地方における中小規模マラソン大会の開催は以前から減少傾向にある。原因はマラソン大会の乱立、運営要員不足による実施困

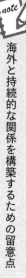

難等に起因すると考えられる。

マラソン大会やサイクリング大会のような1年に1回の大規模イベント開催に代わり、増加傾向にあるのが、スマートフォンアプリを活用した、期日を特定しない個別・集合参加型のミニイベントである。

マラソン大会が都市型イベントとすれば、日本が保有する豊かな自然をより一層活用するアウトドア・アクティビティに注目が集まっている。特にコロナ禍においては、3密を避けることのできるアウトドアでの活動が好まれる潮流がある。

スポーツ庁が2018年に表明したアウトドアスポーツ推進宣言は、この市場動向に先行するアピールであったと言える。奇しくも同時期にアウトドア用品市場の活況がみられた。過去に何度かのアウトドアブームがあったが、グランピング等の新キャンプスタイルの登場や、アウトドア向けの新素材を採用した新商品が市場を拡大・牽引している。

特に自治体側が取り組む旧来のキャンプ施設のグレードアップと同時に、アクティビティメニューの充実や、地域の文化や産業を巻き込むプランの提案等、地域スポーツコミッションには「体験価値」を提供する役割が求められる。

note

アウトドアスポーツ・アクティビティ開発の留意点

- 日本各地の自然に恵まれた地形（山・川・谷・湖・森・トレイル・道路等）を活用することにより、どの地域でもアウトドアスポーツ・プログラムの開発が可能であるが、環境保護、地域住民・文化の尊重等 SDGsに配慮したプログラムづくりが重要である（アドベンチャーツーリズム（AT）（図表5）の概念を国内旅行・訪日旅行に導入）。

・環境省も、自然環境の保護一辺倒の政策から、国立公園の保護と利用の好循環により優れた自然を守り地域活性化を図る国立公園満喫プログラムを2016年から推進している。

・地域スポーツコミッションがプログラムづくりの先導的役割を果たすものの、安心・安全を担保する民間事業者・人材を育成し、通年雇用を想定した商品化を志向すべきである。

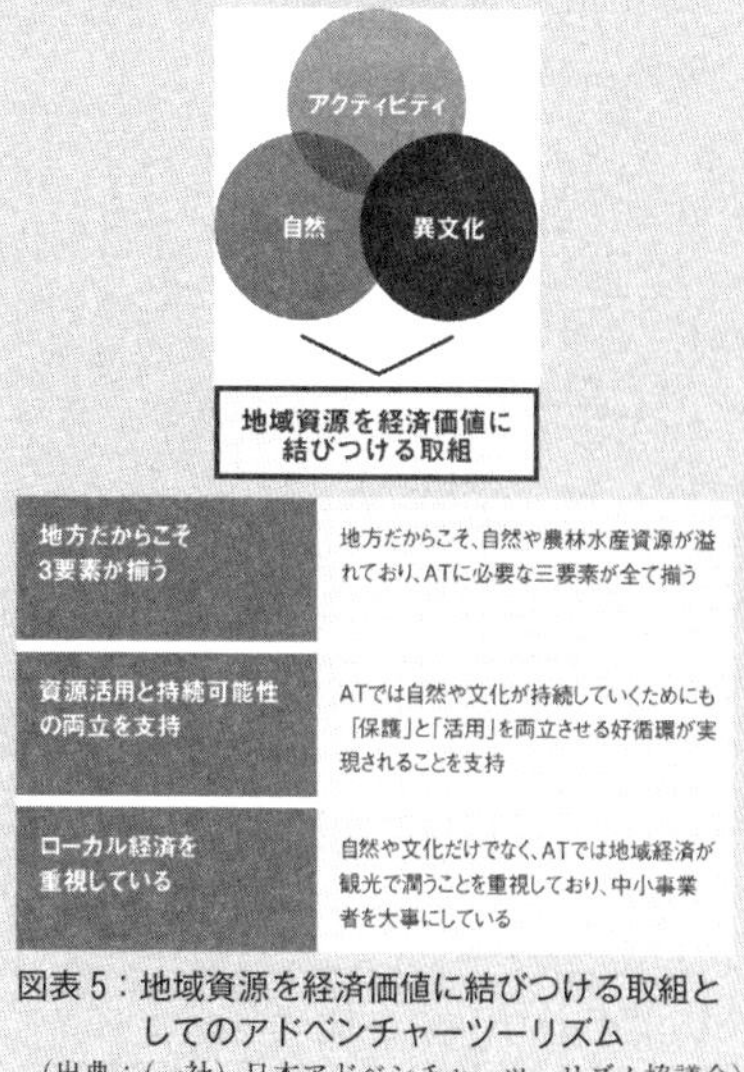

地方だからこそ3要素が揃う	地方だからこそ、自然や農林水産資源が溢れており、ATに必要な三要素が全て揃う
資源活用と持続可能性の両立を支持	ATでは自然や文化が持続していくためにも「保護」と「活用」を両立させる好循環が実現されることを支持
ローカル経済を重視している	自然や文化だけでなく、ATでは地域経済が観光で潤うことを重視しており、中小事業者を大事にしている

図表5：地域資源を経済価値に結びつける取組としてのアドベンチャーツーリズム
（出典：（一社）日本アドベンチャーツーリズム協議会）

［執筆担当：中山哲郎］

注

注1：「北海道スポーツ合宿実態調査（2019年度）」（担当：北海道環境生活部スポーツ局スポーツ振興課）（https://www.pref.hokkaido.lg.jp/fs/2/3/5/5/9/6/7/_/shisetsugaiyou_R1_1.pdf）、宮崎県「県外からのスポーツキャンプ・合宿受入実績について（2019年度）」（担当：宮崎県スポーツランド推進室）（https://www.pref.miyazaki.lg.jp/sportsland/kanko/miryoku/20200527171140.html）、「鹿児島県スポーツキャンプ・合宿状況調査（2019年度）」（担当：鹿児島県文化スポーツ局スポーツ振興課）（http://www.pref.kagoshima.jp/sangyo-rodo/kanko-tokusan/kanko/sportkanko/sports/index.html）、「沖縄県スポーツコンベンション開催実績（2019年度）」（担当：沖縄県文化観光スポーツ部スポーツ振興課）（https://www.pref.okinawa.lg.jp/site/bunka-sports/sports/kikaku/spoconjisseki.html）

Ⅳ-3 スポーツを活かしたエリアマネジメント

1 スポーツを核とした魅力あるまちづくりに求められる施設づくり

民間主体や公民連携によるスポーツを核とした魅力あるまちづくりが各地で見受けられるようになってきた。施設計画にあたっては、大規模集客施設としてのメリットを活かし、地域の魅力向上、課題解決等に向け、立地特性・地域特性、さらに地域・人・周辺施設とのつながりを十分に考慮した計画が重要となる。具体的には、飲食や物販など周辺エリアとの相乗効果を生む回遊性の創出や、地域に開くことによる日常的な賑わい創出など、多様性を生む施設づくりがポイントとなる。

2 賑わいあるまちづくりをリードするスタジアム・アリーナ

施設づくりにおいて必要な5つの視点を挙げる（図表1）。

(1) 地域特性を考慮し施設運用まで見据えた施設づくり

スタジアムやアリーナのタイプは、〈スポーツ重視型〉〈スポーツ・音楽併用型〉〈音楽重視型〉〈コミュニティ型〉の大きく4つに分類できる。構想、設計段階においては、コンテンツ、ステークホルダー、立地特性、地域特性等を考慮し、施設運用に合致したアリーナタイプの的確な選択が重要となる。地域の需要予測によるコンテンツを見極め、規模や設備等の過剰投資にならないように十分に配慮した計画が必要となる。

(2) ここにしかない唯一無二の施設づくり

誰もが一度見たら忘れない外観、機能、内観、外部環境、またユニークアイコンなど、世界観が徹底的に統一されたトータルデザインやＳＮＳ映えするスポットの創出、さらにまちのランドマークとして地域固有の文化、風土、環境を考慮したデザインが重要となる。

(3) 新たなエクスペリエンスを生む施設づくり

大規模集客施設としてのメリットを活かし、賑わいを生むまちづくりの拠点を形成する。周辺エリアとの相乗効果を生む回遊性ある外部環境や広場を設けるなど、開演前、開演後の飲食・物販や周辺施設への立ち寄り機会の創出による日常的な賑わいを生む環境づくりが重要となる。

(4) 顧客満足度と運用効率を高める施設づくり

スタジアム・アリーナにおけるＩｏＴ対応は必然となっている。将来を見据えた、様々なテクノロジーの進化に柔軟に対応する施設づくりが重要となる。これにより顧客サービスの向上による快適性の確保はもとより、業務の効率化による運用コストの大幅な縮減にもつながる。将来の段階整備も含め、可変性と柔軟性のある施設計画が求められる。

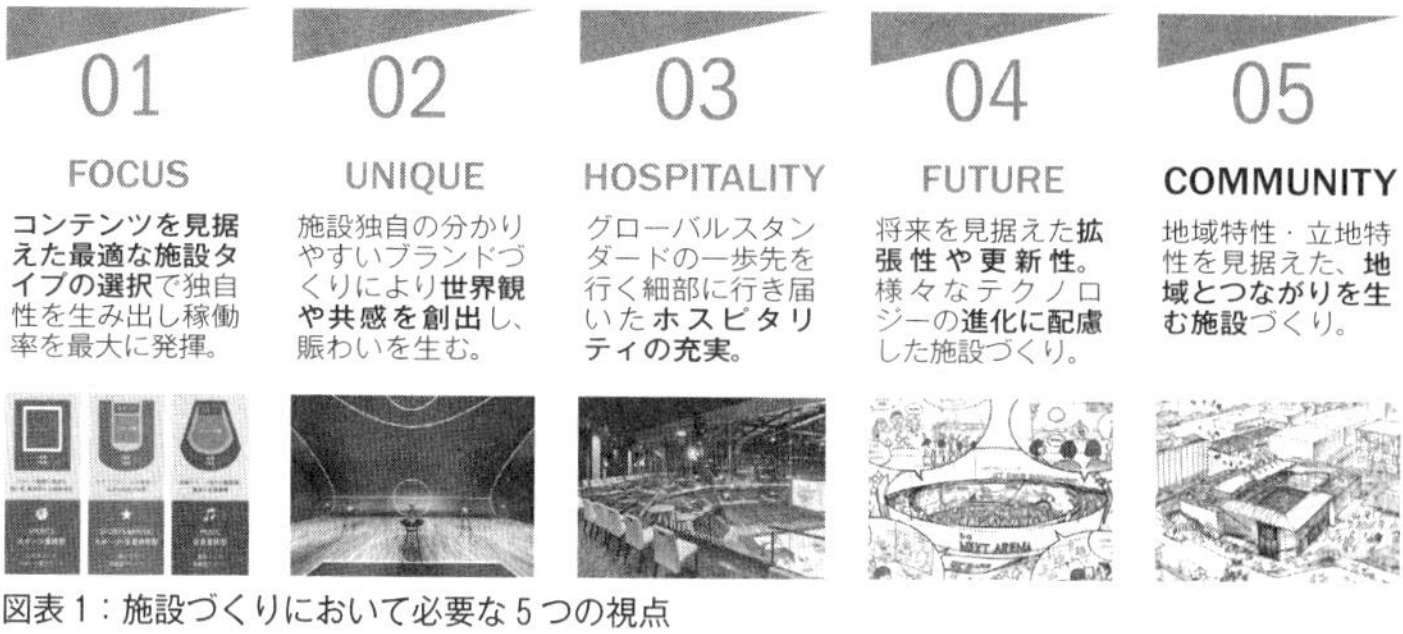
01
FOCUS
コンテンツを見据えた最適な施設タイプの選択で独自性を生み出し稼働率を最大に発揮。
02
UNIQUE
施設独自の分かりやすいブランドづくりにより世界観や共感を創出し、賑わいを生む。
03
HOSPITALITY
グローバルスタンダードの一歩先を行く細部に行き届いたホスピタリティの充実。
04
FUTURE
将来を見据えた拡張性や更新性。様々なテクノロジーの進化に配慮した施設づくり。
05
COMMUNITY
地域特性・立地特性を見据えた、地域とつながりを生む施設づくり。

図表1：施設づくりにおいて必要な5つの視点

(5) 地域の魅力を活かし、誰もが気軽に集まれる居場所づくり

地方のスタジアム・アリーナは、地域特性（観光、食など）・立地特性（歴史・文化、景観など）を最大限活かした施設づくりで、地域の価値・魅力を高める施設になる必要がある。地域の交流拠点として、また地域の観光資源を活かしたツーリズムの拠点として地域に密着した複合化、デザイン、誰もが気軽に立ち寄れる「居場所」となる施設計画が求められる。

3 地域とつながる仕掛け：日常性と多様性

前述のまちづくりをリードするスタジアム・アリーナの施設づくりに加え、地域とのつながりをさらに高め、日常的な賑わいを生む多様性ある施設づくりのためのポイントを挙げる。

(1) 日常と非日常が両立する施設づくり

365日賑わう地域の居場所として、試合がないノンゲームディも日常的に楽しめ、地域交流を生むまちのリビングとなるような施設づくりが重要である。具体的には、コンコースの活用（ランニング等）、外部に開かれたコンセッション・レストランエリア、VIPエリア等の活用（オフィス・教育事業等）、ピッチの活用（グランピング等）により稼働率の向上を図る。

(2) まちとつながり地域の暮らしと寄り添う施設づくり

日常利用を促進し地域に親しまれる施設として、まちに開かれ、地域とともに成長する施設づくりが重要となる。具体的には、まちに賑わいをつなげる周辺施設との連携性の確保や、様々な市民ニーズに対応可能

な「余白」のある計画で、スポーツを通した地域・人とつながり、地域の暮らしに寄り添う施設を目指す。

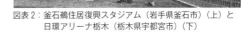

(3) 地域の課題解決を促進する施設づくり

SDGsの達成に貢献する課題解決（地域の魅力向上、気候変動対策、健康増進対策、防災対策）の象徴となるような、未来に向けた持続可能な社会と地域貢献につながる施設づくりが重要である。具体的には、地域の景観との調和、地域の魅力を活かした飲食体験、地域産材の活用など周遊観光拠点としての機能、環境負荷の低減、再生エネルギー利用等によるカーボンニュートラルの促進、まちに安心・安全をもたらす災害対応拠点の実現といった価値提供を目指す。

図表2：釜石鵜住居復興スタジアム（岩手県釜石市）（上）と日環アリーナ栃木（栃木県宇都宮市）（下）

4 「余白の設計」による持続可能なプログラム

ハード面の配慮

先にも触れたが、持続可能な施設づくりにおいては、時代や地域のニーズに応える形で転用が可能な可変性や更新性に優れた余白ある施設づくりが重要となる。具体的には、非イベント時にコンコースや諸室活用を可能にしつつセキュリティ区分に配慮した動線の確保、様々なアクティビティや市民活動をサポートする土地利用など、汎用性のある施設を目指す。

ソフト面の配慮

施設更新上の伸びしろを用意しておくことはソフト面でも重要となる。最新テクノロジーの導入や、世代間で異なる多様な来場者の嗜好を満足させるサービスとホスピタリティの実現などにより、利用者の需要に応え続け、再び訪れたくなる驚きと感動体験の提供を、施設構想段階から十分に検討することが必要である。

図表3：FC今治の「里山スタジアム」整備イメージスケッチ

5 プロジェクトの機運醸成とエリア共創を育むCSV活動

スタジアムやアリーナのように一度に数千~数万人を集める大規模な集客施設の整備は、周辺地域に与える影響と効果を十分に議論していく必要がある。企画構想、設計、建設、運用の各フェーズにおいて、地域住民も含めたすべてのステークホルダーに対して、公設・民設にかかわらず適切な情報開示と合意形成を行うことがプロジェクト推進の命運を左右する。

そのためにも地域一体となった機運醸成を図るエリア全体のブランディングがプロジェクトの早い段階から必要となる。さらに、施設整備後のエリアマネジメントや運用を見据えた担い手育成も重要なファクターである。地域、クラブ、企業の連携によるＣＳＶ（Creating Shared Value）活動の推進で施設整備と並行した付加価値創造が必要不可欠となる。

6 スタジアム・アリーナを核としたまちづくりと回遊性向上

スポーツを核とした回遊性ある賑わいあるまちづくりの拠点づくりに向けた施設の事例を挙げる。

ケース1 横浜文化体育館

(1) 観光・エンターテインメントシティ横浜のまちとともに成長するアリーナ

関内と関外地区のエリア全体の賑わいづくりを行うためのリーディングプロジェクトである。２０２４年１月の完成を予定している。関内、関外地区の回遊性を高め、駅周辺に賑わいを生み、またスポーツ・音楽による新たなムーブメントを発信するとともに、様々な観戦環境により誰もがまた来たいと思える施設として、活気あるまちづくりをリードすることを目指している。ＪＲ関内駅に近く、さらに周辺には横浜スタジアムなどの大規模集客施設や横浜市庁舎跡地の開発地区も近接するという立地特性を最大限活かし、スポーツ・文化による新たなムーブメントを発信する拠点として、集客力と発信力の向上、コミュニティと賑わいの醸成、まちづくりと回遊性の強化を図り、「人と文化・スポーツ」「人と人」「人とまち」をつなぐ新たなまちづくりの核を形成する。

(2) 施設概要

コンセプトは、まちなか・駅ちかの立地条件を活かした「まちに賑わいを創出」「まち歩きの拠点として、まちに回遊性を創出」「横浜の歴史・文化を継承し、横浜らしさを創出」の3点である。施設は既存の横浜文化体育館敷地に整備されるメインアリーナと隣接の高校跡地に整備されるサブアリーナ（横浜武道館）で構成される（図表4）。

○メインアリーナ

メインアリーナは、浜風を受けて未来に船出することをイメージしたデザインで、新たな地域のランドマークを創出する。

コンサートやプロリーグの開催など多彩なイベントに対応可能な「エンターテイメントアリーナ」、そしてみるスポーツに特化し感動を演出する「ハイパフォーマンスアリーナ」として、アーティストやプレイヤーのベストパフォーマンスを引き出し、観客の一体感を生む、集客力の高いアリーナとなることを目指している。また、VIPエリアなどホスピタリティの高い観戦環境により、観客に多彩な興奮と感動を生むアリーナとなることも構想している。さらに商業施設とホテルを併設し、多世代の様々な人が訪れる複合施設となる予定である。一方、様々なイベントにフレキシブルに対応する体育室とラウンジは、コンサート時の物販スペースや、展示会のセミナー利用に加え、カフェや民間収益施設と連携したレセプションやパーティー

図表4：横浜文化体育館再整備事業のイメージ

など、多目的な活用を可能としている。

○サブアリーナ（横浜武道館）

サブアリーナは、「する・支える」アリーナとして、1階の武道場と2階のアリーナの2層構成となっている。様々な利用形態に対応する市民武道とスポーツコミュニティの聖地「横浜武道館」として整備された。最大約3千席の観覧席を有するアリーナを中心に、選手、観客、運営ゾーンを明確に分離し、市民利用から大規模なスポーツ・武道大会まで多様な使い方に対応しており、「する」「みる」だけでなく円滑な運営が可能な「支える」武道館となっている。また3階観客席の一部を可動観客席とし、卓球スペースとしての利用も可能にするなど、日常の様々な市民活動をサポートしている。さらに環境配慮として、屋上緑化と200kWの太陽光発電設備、雨水利用システム、省エネ機器等を積極的に採用し、建築の環境性能評価である「CASBEE横浜」で最高ランクのSランクを取得している。

7 地方創生の核となるスポーツベニューとは

スポーツを核として地域の活力を高め、地方創生を図る施設の事例を挙げる。

ケース2 FC今治「里山スタジアム」

(1) 地方創生の核として、365日賑わう多様性を生む可変性ある「里山」

FC今治の企業理念は「次世代のため、物の豊かさより心の豊かさを大切にする社会創りに貢献する」である。その理念のもと、2023年1月の完成を予定して進行中なのが、「里山スタジアム」の建設である。日常的に人が集まり、365日賑わう多様性ある里山、地域・人・自然とつながるまちに開かれ心の拠り所となる里山として、試合のない日も訪れる人々がかかわりあいながらゆっくりと憩え、様々なアクティビティも体験できるスタジアムを目指している。

「里山」の核となるのは、メインスタンドとサイド・バック（将来拡張可能）の4方向を客席で囲まれたサッカー専用スタジアムである。その周囲は、可変性ある余白スペースを点在させ、ノンゲームディは公園のような憩いの場として地域に開放する。里山プロムナード（ランニングや散策などの日常利用、様々なイベント活用が可能）、里山ボックス（コンテナ等による様々な利用を可能とする可変スペース）、里山アトリエ（地域の人々とともに里山を創り続ける制作拠点）、里山プラザ（多世代が思い思いに過ごすことができる芝生広場）、里山サロン（賑わいの交流拠点）といった様々なゾーンにより、何世代にもわたって、共につくり、共に成長し続ける「里山」が形成される。

(2) 施設概要

地域や自然環境との連携や循環の中で成長し続ける「里山スタジアム」は、何世代にもわたって愛され、まちのシンボルとなっていくことを目指している（図表5）。

施設は、今治らしさを活かし、島々、山と海が織りなす特色ある景観やコンテナなど、造船のまちとしての風情を取り込み、しまなみ海道サイクリングロードとつながるスポーツツーリズムの拠点を形成している。さらに周辺の大

図表5：「里山スタジアム」整備イメージパース

型商業施設、ありがとうサービス．夢スタジアム®、スポーツパークと連携し、今治の新たな賑わいあるまちづくりの拠点を形成する。具体的には、山並みと呼応する大きな屋根、海側に開いた賑わいの創出、借景を活かしたランドスケープデザインなど、周辺の自然環境や地域の特色ある景観との融合を図っている。

観客席は、環境にやさしく拡張性・更新性の高い鉄骨ユニットスタンド（1万席〜1万5千席に拡張可能）と敷地内の土を活用した土盛りスタンドで構成している。さらにコンテナを活用した「里山ボックス」により、多様な観戦ニーズ、将来的な増席にも対応可能となっている。

またグリーンインフラを体現するスタジアムとして、環境配慮にも積極的に取り組んでいる。燃料電池、井水＋雨水利用、浸透性舗装などによる環境負荷の低減に加え、緑溝（バイオスウェル）によるまち全体の雨水処理にかかる負担軽減や間伐材のカントリーヘッジ（伐採した木の幹や枝でつくる低い柵）による生態系の確保など、市民参加のもと、定期的に更新・整備を行い、環境保全・生態系の確保を図る。さらにワインづくりのためのぶどう苗の植樹や循環社会における森林整備など、里山形成に関わるワークショップは、クラブスタッフ・選手だけでなく、ファン・サポーターや、地域の人々とともに行っていくなど、多くの人にかかわってもらえるような形も視野に入れている。

8 地域共創と次世代育成の中心地としてのスタジアム・アリーナ

4大スポーツで有名な米国でも、スタジアム建設には多額の税金が投入される。それゆえに地域住民への理解促進と社会貢献活動が重要となってくる。マーケット規模は異なるものの、国内における整備推進も同様である。

例えば、Ｊリーグクラブ FC 今治が整備を進めている「里山スタジアム」では、クラブの公式会見の場で、コンセプトや施設規模、資金調達など詳細な情報を開示し、パートナー関係者、ファン、報道陣、地域住民など多くのステークホルダーに対して計画の理解促進と機運醸成を図っている。さらに特設サイトも開設し、工事の進捗状況やイベント情報を発信し、整備フェーズでの市民参加も促している。

もう1つ大事なのがスポーツを通じた社会貢献活動である（図表6）。例えば、ホーム戦にあわせたスタジアムでの子ども向けイベントや、地元小中学校の総合学習等での訪問授業、試合観戦への招待などが挙げられる。子どもを対象にした取組において重要なことは、将来的にスポーツ産業に広くかかわっていける分野と意義について、小中高校生の頃から知る機会を提供することである。クラブスポンサーも単なる広告露出ではなく、共に新しい価値創出を目指したアクティベーションを仕掛けていくパートナーとしての位置付けに変容してきており、全国でもその好事例は増えている。

建設から運用にかけての各フェーズにおいて、地域住民がかかわりを持つ機会を増やしていくことで、交流人口の増加、次世代育成の推進、雇用創出などの相乗効果につなげていくことが望ましい。スタジアムやアリーナはその中心的な役割としてのポテンシャルを秘めているのである。

［執筆担当：永廣正邦・井上滋道］

スタジアム計画の理解促進だけでなく、スポーツを通じた地域課題解決を一緒に考えるワークショップを実施

パートナーシップを活用したアクティベーション事例。小学生を招待し、プロコーチが教えるバスケ教室を開催

スポーツ×建築をテーマに、未来のスタジアムについて新しい「機能」や「付加価値」を考えるワークショップを実施

図表6：地域住民への理解促進と社会貢献活動の例

Ⅳ・4 スポーツと地域ブランディング

1 スポーツツーリズムによる持続的な価値向上の好循環

世界中からスキー観光客を集め、良質なパウダースノーで「アジアのアスペン」とも呼ばれる北海道のニセコは、スポーツツーリズムが地域のブランディングに寄与した、日本における代表的な事例の1つであろう。スキーリゾートのデスティネーション（目的地）として顧客に想起され、インバウンドを中心に観光需要の創出と移住者の増加を実現、リゾート開発投資などで地域経済・社会も大きく発展しており、コロナ禍を経ても持続的な価値向上の好循環を生み出している。

本節では、こうしたスポーツツーリズムによる地域ブランディングのフレームワークと取り組みのアプローチ、そして2020年代以降の世界的な環境変化と事業機会について概説する。

2 スポーツツーリズムはどのように地域ブランディングに貢献するか

経済産業省の定義[注1]を用いると、「地域のブランド化とは、地域発の商品やサービスのブランド化と、地域イメージのブランド化を結びつけ、好循環を生み出し、地域外の資金・人材を呼び込むことで持続的な地域経済の活性化を図ること」である。つまり、短期の観光集客・プロモーションの取り組みではなく、継続的な価値向上サイクルの確立こそが大事になる。

そこでは地域資源の基盤となる「場」と「地域性」を活かしながら、地域全体のブランド化を図っていくことで、それがさらに地域資源や場の活性化・価値向上の循環を生み出していくわけだ。[注2]

この枠組みでスポーツツーリズムを考えると、スポーツを地域固有の場（観光拠点・スタジアムなど）や地域性（歴史や文化、自然や都市性、産業や人など）、様々なツーリズム資源と結び付けることで、地域イメージの形成や顧客の吸引、交流や消費による地域経済／社会の活性化を図り、地域ブランド価値の向上に寄与することができる。

スポーツ庁では、２０１８年のスポーツツーリズム需要拡大戦略から「アウトドアツーリズム」や「武道ツーリズム」を重点テーマとして促進している。これらは日本の地域の持つ豊かな自然資源や、日本武道の持つ歴史と精神文化など、地域性や場の観光資源とスポーツを結び付け、国内外の旅行者にとって、魅力度が高い体験を提供できるポテンシャルが特に大きい分野だといえよう。

特にスポーツの独自性は、自己達成やチームワーク、健康や活力、多様性や包摂性といった、人間社会の本質に関わる価値を内包する点だ。また身体活動としての純粋さや共通の価値観・ルール、普遍的な目的と参加性が、人々をつなげ、コミュニティの形成に寄与しうるという、競技性やイメージを超えた社会的な価値がより注目されるようになっている（図表１）。

それゆえ、スポーツツーリズムを地域ブランディングに活かしていく上では、単なる観光コンテンツとしてだけではなく、地域の課題や

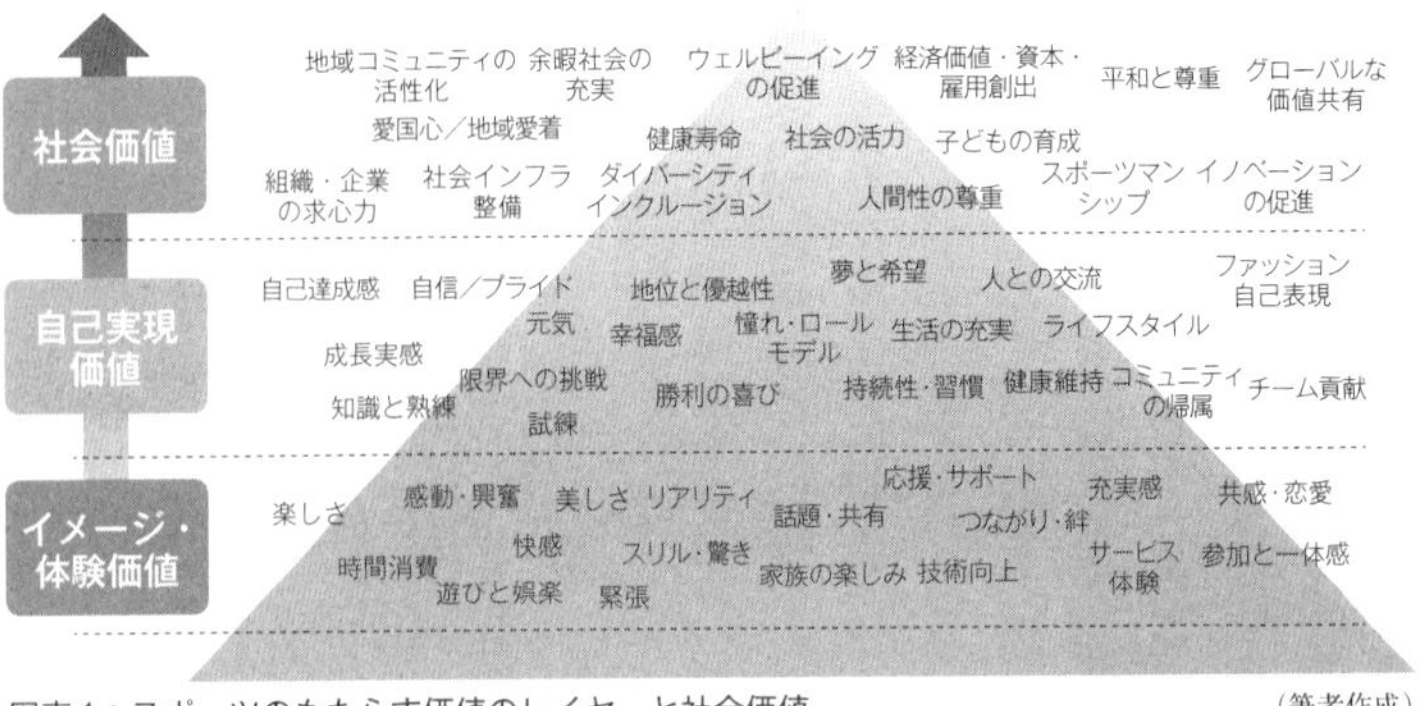

図表１：スポーツのもたらす価値のレイヤーと社会価値　（筆者作成）

ビジョンとも結び付けながら、社会的な価値の創出を図るべく、独自性のある活動テーマや目的を設定していくことが重要だ。

WST（World Sports Tourism）[注3]によると、世界のスポーツツーリズム市場規模は8千億ドル（2019年）に上り、世界の観光需要の10％程度を牽引しているとされる。観光コンテンツという視点では、スポーツツーリズムは市場の大きさに加え、以下のような特徴を持つことで地域観光に付加価値を提供しうる。

①地域の伝統的な観光・イベントシーズンを超えた、訪問目的をつくり出すことができる。
②スポーツを起点に場をつくることで、新しい観光導線を生み出し、惹き付けられる。
③地域の自然や歴史・文化性と結び付いたスポーツは地域観光コンテンツとして魅力を高めうる。
④消費ポテンシャルの高い観光客を吸引し、地域での滞在時間を延長することができる。
⑤スポーツツーリストは、スポーツ仲間・コミュニティへ訪問地域の口コミ・推奨を広げてくれる。
⑥地域交流を通じて、人の賑わいやコミュニティの活性化を図り、住民および観光客の地域への愛着を深め、継続的な訪問機会を拡大できる。

3 スポーツツーリズムによるブランディング・プロセスと検討ポイント

スポーツツーリズムによるブランディング・プロセスと検討ポイントについて整理してみよう。

(1) 地域と結び付いたスポーツイベントや場のブランド化と管理

デービッド・A・アーカーは測定可能なブランドエクイティの要素として、①ブランド認知、②ブランド連想、③知覚品質、④ロイヤルティ、⑤ブランドと紐付いた場や商標など所有可能な有形資産を挙げている。[注4]

各々の定義と機能、スポーツツーリズムにおける視点を図表2に整理したが、これらのブランド価値を高めていくことは、強い地域ブランドを実現し、顧客の吸引と持続的な収益に寄与するための指標の一例である。

オリンピックやFIFAワールドカップなどのメガスポーツイベントでは、まさに国家や都市のブランド価値を高めるスポーツイベントとして、商標などのプロパティ管理をはじめ、戦略的なブランド投資と徹底したブランドエクイティの測定・管理が行われている。

基本的なことだが、地域主体のスポーツツーリズムにおいても、スポーツ大会やイベント名、施設やコース・スタジアムなど場自体の商標・ブランド管理とマーケティング活動を通じて、継続的に認知を拡大し、地域ブランド価値を向上させていくブランドマネジメントが必要となる。

図表2：ブランドエクイティ要素の定義——地域ブランドとスポーツツーリズムの視点

ブランドエクイティの要素	（地域ブランドにおける）定義と機能	スポーツツーリズムにおける視点
①ブランド認知	その地域ブランドがどの程度知られているか。目的地として想起されるか	地域と結びついたスポーツやスポーツイベント・場のブランド化で認知やデスティネーション想起を高める（例：ニセコ、釜石、東京マラソン）
②ブランド連想	その地域ブランドからどのようなイメージや連想が浮かぶか。魅力を感じるか	スポーツの持つ連想と地域の自然や文化、歴史や人のイメージを結びつけ、強化する（例：沖縄空手、しまなみ海道、ホノルルマラソン）
③知覚品質	その地域ブランドでの体験にどの程度品質の高さを感じるか。高級感やサービス・ホスピタリティ品質など	高品質の地域・産業・観光ブランド（スポーツスタジアムやリゾートなど）イメージの形成により、富裕層顧客を吸引する（例：ウィンブルドン、ニセコ、モナコグランプリ）
④ロイヤルティ	その地域ブランドにどの程度愛着を感じるか、目的地として指名選択・リピートしたくなるか	継続的なスポーツイベント観戦・参加と滞在によるホスピタリティ・交流体験を通じて、地域への愛着・ファン化とリピーターを増やし、関係人口を拡大する
⑤その他ブランドと結びついた有形資産	その地域ブランドと結びついたイベントやグッズ、場など活用できるプロパティ	ブランドの商標を活用した観戦・参加ツアーやイベントチケット、ライセンスやグッズ販売など関連収益を拡大する

(2) 地域アイデンティティ×スポーツの相乗効果の形成

地域ブランディングの観点では、集客のために競技人口の多いスポーツイベントを地元で開催すればよい、というわけではない。まずスポーツありきではなく、自然・景観・街並みや産業・人とコミュニティなど、地域資源と地域性を特定して、その魅力を体験・増幅するためのスポーツ活用と相乗効果の形成が求められる。いかに魅力的な体験を提案することで、顧客にとっての目的地性と滞在価値、ツーリズム需要を創造するかが成功のポイントだ。

そして、地域の課題と戦略を踏まえながら、社会価値の創出にスポーツがどのように貢献しうるか、という点も重要となる。地域観光需要の拡大にとどまらず、自然環境の維持や再生、高齢者の健康寿命拡大、若年層の関係人口増加、スポーツを起点としたテクノロジーの地域活用と産業誘致、地域レベルのダイバーシティ&インクルージョンの実現など、社会課題解決との相乗効果をより実現することが、幅広い支持と共感にもつながっていくからだ。

地域アイデンティティの強化という観点で挙げられるのは、尾道から今治まで全長70㎞にわたって瀬戸内海の島々を結び、日本で初めて海峡を横断できるコースとして開発された瀬戸内しまなみ海道のサイクリングロードだろう。「サイクリングしまなみ」の国際大会開催などで、日本を代表する「サイクリストの聖地」として世界的にも知られるようになり、2017年には年間33万人のサイクリストを迎えるようになった。

「愛媛・しまなみ海道地域振興ビジョン」（2021）[注5]では、さらに持続的な地域振興として地域共生型・環境配慮型開発が打ち出され、宿泊施設やクルージングなどエリア特性を活かした民間投資の拡大とインフラ整備、サイクルツーリズムを核とした着地型観光商品の拡充や観光産業集積とともに、自然環境・文化保存の仕組みの確立が目指されている。

(3) 戦略ターゲットと目指すべきポジショニング・イメージ戦略の策定

スポーツが地域ブランドと一体となってイメージ形成と需要拡大に寄与するには、ターゲットとなる顧客にとって、地域がそのスポーツをする／みる目的地として想起されることがポイントとなる。「ポジショニング」とは、顧客にとってのブランドのイメージや位置付けを示すものである。

まず、どのような顧客層にアピールするか。デモグラフィックや地域特性、みるスポーツとするスポーツの参加性と関与度の違い、スポーツ観点だけでなく旅行・観光の目的・価値観や嗜好性の違いにも考慮しながら、顧客を惹き付ける地域イメージや体験価値を設計する必要がある。

例えば茨城県は、「サイクリング王国いばらき」を目指して、つくば霞ヶ浦りんりんロードなど県内の自然・地域資源を活用したサイクル

図表3：茨城県サイクルツーリズム戦略（2019）――ターゲットセグメントとアプローチ

				自転車活用の主な目的	セグメントの定義	提案例（特徴的なもの）
レベルに応じたサイクリング目的	サイクリング愛好家	上級者	競技志向	●当地域での本格的なレースイベントに参加 ●手軽な練習場として定期的に来訪し、長距離サイクリングを楽しむ	・サイクリング頻度：週1回、月2～3回程度 ・自転車の種類：ロードバイク・クロスバイク・MTB	・山間部におけるヒルクライム ・MTBサイクリング ・つくば霞ヶ浦りんりんロードと河川（利根川、鬼怒川、小貝川）を組み合わせたサイクリング（広域サイクリング）など
			観光志向	●サイクリング最適の地として友人やビギナーを連れ、地域の食や自然などを楽しむセグメント		
		ビギナー	競技志向	●ライド系イベント・レースに初参加（ロードレース、ヒルクライム、クリテリウム、タイムトライアルなど）	・サイクリング頻度：2～3カ月に1回程度 ・自転車の種類：種類問わず	・MTBライドツアー ・河川（利根川、鬼怒川、小貝川）を活用したサイクリングの設定 ・キャンプサイクリング ・クルーズ船のオプショナルツアー ・筑波山Eバイクヒルクライムなど
			観光志向	●初めてのロングライドを体験 ●家族で来訪し、地域の食や自然などを楽しみながら安全なコースをサイクリング		
	一般観光客			●モノ消費からコト消費への消費スタイル、様々な体験を組み合わせた新たなサイクリング観光（地域内の食や地域資源を巡りながらサイクリング）（サイクリングとクルージングなどを組み合わせ地域を楽しむ）	・サイクリング頻度：ほとんどしない、したことがない	・ガイドサイクリング ・散走ツアー ・キャンプサイクリング ・クルーズ船のオプショナルツアー ・グルメツアー／歴史探訪ツアーなど

ツーリズム戦略を推進しているが、サイクリング愛好家を中心にターゲットセグメンテーションを行い、体験観光を志向する一般観光客（女性やシニア層など）をメインターゲットに、レベルや目的・嗜好にあわせた多様なツーリズムの提案を行っている。[注6] サイクリストというと競技志向のイメージがあるが、ツーリズム観点から、幅広いエントリー層に向けて間口を広げているのがポイントだ（図表3）。

そして、スポーツ（イベント）と結び付いた地域や場のブランド想起の目標を設定して、ツーリズム体験や地域観光コンテンツの利用客を拡大しながら、中長期視点でポジショニングを段階的に拡大していくロードマップを策定する。

沖縄県では、世界の空手発祥の地として「沖縄空手」を軸にした武道ツーリズムを推進している。空手人口は世界で1・3億人いるとされ、欧米をはじめ世界の空手愛好家と、武道に興味を持つ観光客にとって、「世界の空手の聖地」として沖縄のポジショニングを確立し、伝統や精神性、形に象徴される美しさと健康イメージを強化することで、武道の体験観光の拡大を目指している。

2017年時点では、県外で「沖縄が空手発祥の地」であると認知している人は35%にとどまっていたが、沖縄世界空手大会の開催や空手会館の設立、空手の日における国際通りでの形の演武祭、ユネスコ無形文化遺産の登録プロジェクトなど、認知拡大の取り組みを積極的に行っている。

(4) 地域観光と結び付いた、スポーツの場・コンテンツとアクティビティ設計

目指すべきポジショニングやイメージ・提供価値を実現するためには、独自性のあるスポーツツーリズムの場とコンテンツ、アクティビティ設計を行っていく必要がある。地域の歴史や文化・産業とも結び付けながらスポーツを通じて新たな価値提案を生み出していくことが、地域や住民にも支持され、外部顧客にとっ

ても魅力あるツーリズムにつながる。

例えばフランスのボルドー地方で毎年行われるメドックマラソン[注7]は、ワインと食のまちらしいホスピタリティで知られている。毎回テーマを決めた仮装衣装によるエンターテイメントと参加性や、ぶどう畑の中を駆け抜けながら、コース内にある給水所で有名シャトーのワインを飲み、ゴール近くでご褒美のコース料理を楽しめるなど、競技性より一般観光客やグループ参加でも楽しめる、ユニークな企画で多くの観光客を惹き付け、観光消費の需要喚起につながっている。

(5) スポーツツーリズムによるブランドプロモーションの実行

次に必要なのは、スポーツツーリズムの認知や参加を促す、ブランディングの実行戦略の策定・具体化である。旅行代理店や交通・宿泊事業者などツーリズム提供者とも連携しながら、広告宣伝やメディア・パブリックリレーションズ、オウンドメディアやSNSなどのデジタルメディアを活用した参加やファンづくりなど、外部専門家なども活用しながら継続的なブランドプロモーションを実行していく。

特にスポーツツーリズムにおいては、着地型観光で関連消費を拡大していくこと、地域交流を通じて、継続的に来訪し、仲間や参加者を広げてくれるリピーター・ファンの育成とコミュニティづくりが事業成長の鍵となる。

また近年、SNSを通じたイベント時だけでない定常的なファンづくりと関係構築、動画やライブストリーミング配信などの体験・没入型メディアの活用や、スポーツイベント参加者、アンバサダーやインフルエンサーといった人を軸にした体験共有で波及効果を生み出していくデジタルマーケティングの取り組みが、ブランディングの観点でも極めて重要になっている。

4 スポーツツーリズムと地域ブランディングの今後の機会

最後にグローバルなツーリズムトレンドも踏まえた、これからのスポーツツーリズムによる地域ブランディングの課題と機会点を提示してみたい。

(1) スポーツを構成要素とした、顧客の滞在体験全体の設計

スポーツツーリズム戦略を考える上では、スポーツを主語に考えすぎないことも大事だ。ツーリズムの持つ関連市場・消費の機会は幅広く、スポーツを旅行体験の構成要素の一部として組み込み、顧客の滞在体験全体を設計していくことが望ましい。

スポーツツーリズムと関係の深いウェルネスツーリズム市場は、2022年に世界で9千190億ドルの市場規模に達すると予測されている。[注8] ポストパンデミックの時代に旅行者の健康や癒し（リトリート）志向、自然旅行への渇望が大きく高まっている。そして日本は温泉という、世界的なウェルネスツーリズム資源を全国各地に保有しており、大分県が別府温泉でのeスポーツツーリズムを提案しているように、全体としての旅行体験価値を高める機会がある。

また、近年は地球環境への関心の高まりから、環境維持や保全を重視するエコツーリズムが世界的に大きな潮流となっている。トレッキングや登山・キャンピングなどのアクティビティを通じて地域の自然環境の学びや保全を図るなど、アウトドアツーリズムを地域のサステイナブルな環境維持につなげていく取り組みが広がりを見せている点に注目したい。

(2) 新世代スポーツとカルチャー・ブランディングの機会

ストリートスポーツ／アーバンスポーツと呼ばれる、新たなアウトドア型のスポーツ市場機会にも注目するべきだろう。近年、ＢＭＸ、スケートボード、クライミング、Ｅ－バイクなど、若者やストリートカルチャーと結び付いたスポーツ分野は、２０２０年東京オリンピック・パラリンピック競技大会での注目も追い風となって、世界のスポーツツーリズム市場で注目を集めている。[注9] 日本を含むアジアでも人気が高く、新たな若者スポーツ文化の聖地化、活気ある地域イメージのブランディングの牽引力ともなりうる。茨城県笠間市が、スケートボードのまちのイメージづくりに焦点を当てて、２０２１年に全国屈指のアーバンスポーツ施設「ムラサキパークかさま」を開業するなど、各地で取組が進みつつある。

また世界の自転車観光市場は８００億ドルを超えるが、[注10] ＥＶ（電気自動車）を普及させるための道路インフラの整備の進展は、欧州を中心に低炭素排出のスロートラベルの潮流にも乗って、Ｅ－バイク市場とツーリズムの急成長につながっている。

ｅスポーツ分野についても同様に、従来のスポーツファン層とは異なる若年層ターゲットへの新たなツーリズム機会が期待される。こうした新世代スポーツは、若年ターゲットを惹き付けたい都市や地域、企業など協賛パートナーにとっても魅力的なブランド投資機会ともなっており、今後の都市・地域のカルチャー・ブランディングのポテンシャルに注目したい。

［執筆担当：小西圭介］

注

注１：中小企業基盤整備機構（２００５）「地域ブランドマニュアル」

注２：青木幸弘（２００４）「地域ブランド構築の視点と枠組み」商工ジャーナル２００４年８月号

注３：World Sports Tourism, 2019 (https://www.wst-show.com/en/sport-tourism)

注４：デービッド・A・アーカー（１９９４）『ブランド・エクイティ戦略　競争優位をつくりだす名前、シンボル、スローガン』ダイヤモンド社

注５：愛媛県（２０２１）「愛媛・しまなみ海道地域振興ビジョン」（https://www.pref.ehime.jp/h14600/shimanami/vision.html）

注６：茨城県（２０１９）「いばらきサイクルツーリズム構想」（https://www.pref.ibaraki.jp/kikaku/chikei/keikaku/cycling/tourismkousou.html）

注７：Site officiel du Marathon des Châteaux du Médoc (https://www.marathondumedoc.com/)

注８：Skift, 2021 (https://skift.com/2021/09/29/wellness-vacations-are-the-next-big-splurge-for-global-travelers/)

注９：STYLUS: Travel for the Active Consumer, 2020

注10：Adventure Cycling Association (https://www.adventurecycling.org/advocacy/building-bike-tourism/bicycle-tourism-101/)

Ⅳ・5 COLUMN

スポーツ合宿施設の新潮流

❶地域スポーツコミッションが進める施設整備

日本においては、スポーツコミッションとスポーツ施設と宿泊施設が一体化した「スポーツリゾート」の存在が稀有であるが、廃校等の未活用不動産の再活用により、地域社会の抱える課題を「スポーツの力」で解決するプロジェクトが、地域スポーツコミッションの活動と連動して進行している（図表1）。地域におけるスポーツ施設の在り方とともに、地域外から来訪するスポーツツーリストの利用しやすい立地条件、設備等を考えるべき時期に来ている。

❷スポーツ合宿のマーケティング

合宿地の地理的条件・自然環境（気候）・交通状況・スポーツ施設要件・商圏は地域によって異なる。北海道・宮崎県・鹿児島県・沖縄県の先進地域では、実績数値（競技別・地域別等）を集計し公表しているので、これらを参考にすることができる（168頁参照）。

スポーツ合宿誘致に取り組む地域（スポーツコミッション）は地域が持つスポーツ施設（ハード）と受け入れ体制（ソフト）の整備に努め、商圏およびターゲット選定のために競技毎の市場調査を実施する必要がある。銚子スポーツタウンが開業前の首都圏の野球有力校宛に実施した市場調査結果は、地元金融機関の融資決定に大きく影響した。

スポーツ合宿施設利用者は域外からの来訪者が基本である。特に団体競技においては、練習相手・練習試合・相互交流を求められる可能性があるので、地元スポーツ施設利用者・スポーツクラブ・学校等との連携が重要である。

春休み（2〜3月）・夏休み（7〜9月）がスポーツ合宿の繁忙期であるが、特に秋期は大会シーズンとなり、合宿需要は低調となる。旅行会社や有力チームと連携した自主的なミニ大会開催等、主体的な仕掛けが必要となる。滞在期間が長いチーム（大学生等）やリピーターの優先予約をすることも考慮する。

競技団体・プロチーム・学校関連・旅行会社（合宿専門）等に直接営業活動を行うことは情報収集の観点からも重要であるが、施設のハード・ソフト面（特に食事）のPRをSNS等で定期的に行うことも必要である。[注1] 地域を知ってもらい経済波及効果を最大化するため、合宿施設以外での交流プログラムやアクティビティ・文化体験・物

図表1：地域スポーツコミッションが進める施設整備の例

施設名または事業名	地域スポーツコミッション	所在地	開業年月	整備財源等	施設の概要
銚子スポーツタウン	NPO法人銚子スポーツコミュニティー	千葉県銚子市	2018年4月	地方創生加速度交付金・拠点整備交付金・推進交付金、クラウドファンディング、地元金融機関からの融資を活用。（株）銚子スポーツタウンの資本金は、銚子市・銚子スポーツコミュニティー役員が出資している。	旧銚子市立西高校（2008年に統合改称）をスポーツ合宿施設に再生。合宿施設のみならず、千葉ジェッツ・鹿島アントラーズのジュニアスクール、オリンピアンによるランニング・トライアスロン教室の開講、還暦野球チームの結成等、地域のスポーツ拠点としても機能している。
GMOアスリーツパーク湯の丸	一般社団法人とうみ湯の丸高原スポーツコミッション	長野県東御市	2019年10月	地方創生拠点整備交付金、ネーミングライツ、ふるさと納税を活用。	標高1730～1750mの高地トレーニング施設（プール、陸上トラック、クロスカントリーコース）。競泳日本代表、大学駅伝チーム等トップアスリートの合宿多数。隣接宿泊施設に「GMOアスリーツパーク湯の丸ヴィレッジ」（高原荘）、「GMOアスリーツパーク湯の丸ヴィレッジ別館」（アパートメントタイプ新設）。
ジャパンアスリートトレーニングセンター大隅	大崎スポーツコミッション（仮称、2022年度設立予定）	鹿児島県大崎町	2019年4月	整備事業費40億円。県営。	旧県立有明高校（2015年に閉校）跡地に建設された、陸上競技に特化したトレーニング施設（陸上競技場、多目的グラウンド、投てき練習場、室内練習場、トレーニング室、体育館）。周辺に民間の宿泊施設あり。
シーガイア宮崎屋外型トレーニングセンター整備事業	公益財団法人宮崎県観光協会「スポーツランドみやざき」	宮崎県宮崎市	2022年4月着工、2023年4月供用開始予定	整備事業費18億2,600万円。地方創生拠点整備交付金、スポーツ振興くじ助成金を活用。	シーガイアオーシャンドーム跡地に県がフェニックスリゾート社から無償で敷地を借り受け建設（ラグビー・サッカーグラウンド、多目的グラウンド、室内練習場、クラブハウス、トレーニングジム）。隣接宿泊施設に、「フェニックス・シーガイア・リゾート」（ホテル、コンドミニアム、コテージ）。

産販売等を積極的に提案することも有効だろう。

［執筆担当：中山哲郎］

注

注1：銚子スポーツタウンの場合、旅行会社を通さない直接手配比率は約70％。

応用編

V

スポーツツーリズムの担い手

V·1 スポーツツーリズムを担う人材の確保

1 将来的な課題となる基盤人材の育成と確保

これまで述べてきたように、スポーツコミッションは数の上では一定水準に達しつつあるが、将来的にスポーツツーリズムを含め地域スポーツの司令塔としての立場を担っていくためには、組織体制の強化や運営を担う人材確保が今後の課題となる。スポーツ庁が2022年3月に策定した第3期スポーツ基本計画においても「地域スポーツコミッションが、今後地域から期待される役割を果たし、かつ、将来にわたって安定した組織へと発展させていくために、経営の安定や特に運営を担う基盤人材の育成・確保（「質的な向上」）が課題である」と明記されている。

Ⅲ「スポーツツーリズムを推進する組織と資金」でも示した通り「地域スポーツコミッションの組織体制及び活動概況に関する調査」の結果から、スポーツコミッションの組織体制として、自治体に事務局を置く団体が52・7％（68団体）と半数を超え、自治体以外の組織に事務局を置くケースは47・3％（61団体）であることが明らかとなっている。また、コミッションの事務局を外郭団体に担当させるケースも少なくなく、単独で法人格を有する団体は23・3％（30団体）にとどまる。自治体の影響下にあるコミッションでは、自治体職員の定期異動の影響から、組織として計画的な人員配置計画の策定が困難であり、業務ノウハウの蓄積も難しい。同調査によると、人材に関する課題として「実際に事業を進める専門人材の不足」「組織をリードする中核人材の不足」などの声が上位に挙がっており、人数不足を補うだけでなく、必要なスキル経験を有する人材の確保が求められている。

2 地域おこし協力隊の活用

スポーツコミッションの人材確保の方策として、地域おこし協力隊の活用が挙げられる。

総務省ウェブサイトによると、地域おこし協力隊は、都市地域から過疎地域等の条件不利地域に住民票を異動し、地域ブランドや地場産品の開発・販売・ＰＲ等の地域おこし支援や、農林水産業への従事、住民支援などの「地域協力活動」を行いながら、その地域への定住・定着を図る取組とされる。協力隊を任命するのは地方自治体であり、活動内容や条件・待遇は募集自治体により様々であるが、任期はおおむね１年以上３年以内である。協力隊の活動に要する経費として、１人当たり４８０万円を上限として総務省から財政上の支援が行われることから、域外から地域協力活動にかかわる人材を確保するとともに、その後の移住促進を目指すための制度として全国で活用が進んでいる。総務省では、２０２４年度に協力隊の数を８千人に増やすという目標を掲げており、取組が強化されている。

スポーツ庁の調査によると、スポーツコミッションでは２０２１年10月時点で11団体での協力隊の活動が確認でき

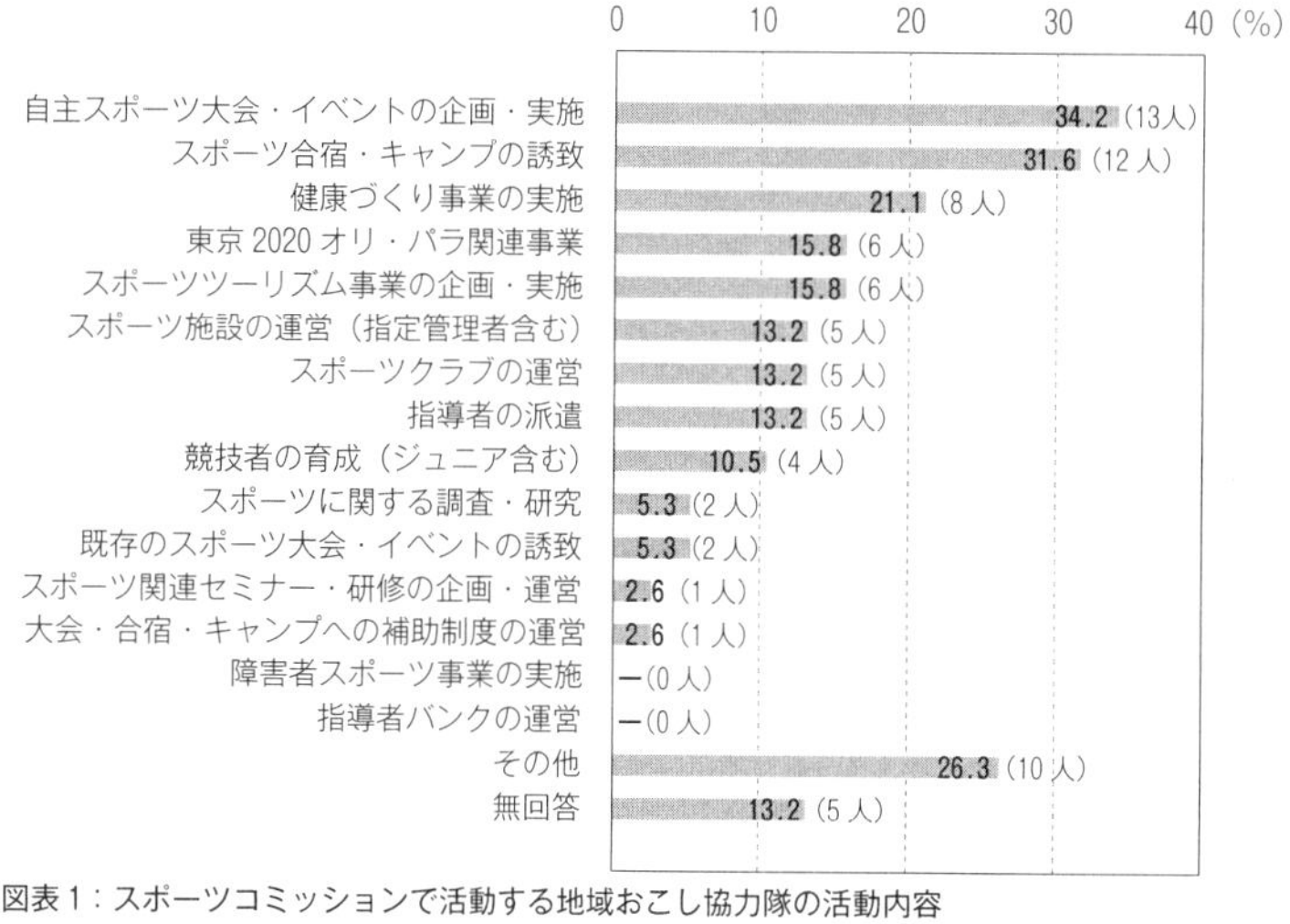

図表1：スポーツコミッションで活動する地域おこし協力隊の活動内容

（スポーツ庁資料（2022）より筆者作成）

ている。取り組んでいる活動は「自主スポーツ大会・イベントの企画・実施」が34・2％（13人）で最も多く、次いで「スポーツ合宿・キャンプ誘致」が31・6％（12人）となっている（図表1）。

例として、栃木県矢板市の「矢板スポーツコミッション」では、スポーツコミッション設立準備期の2017年度より地域おこし協力隊を複数名採用し、自治体職員だけでは対応しきれない役割を担ってもらうことで、スポーツツーリズム事業を推進している。スポーツ合宿、サッカー、サイクリングなど、専門的な役割・種目に特化した協力隊を採用したことにより、スポーツを通じた交流人口の拡大が実現した。また、このうち1人は、協力隊の任期終了後、2021年度より総務省の新制度としてスタートした地域プロジェクトマネジャーとして同市に引き続き居住している。市もさらにスポーツコミッション事業を推進するため、任意団体であった観光協会を法人化。前述のプロジェクトマネジャーは観光協会の事務局長に就任するとともに、観光協会内に事務局を置く矢板スポーツコミッションの事務局長も兼務している。

また、宮崎県都農町の「一般社団法人ツノスポーツコミッション」では2021年10月時点で28人の地域おこし協力隊を採用している。コミッションは町から協力隊の団体受入ならびにマネジメントを委託されており、採用活動、人員配置、受入、活動サポートなどを一手に引き受けている。都農町では宮崎市に拠点を置いていたサッカーチームを誘致し、トップチームの一部の選手およびコミッションの運営メンバーが移住。協力隊を兼ねる選手は、練習のない平日午後の時間を活動時間とし、地元の農家での農作業の手伝い等を行っており、減少する農業の担い手育成にも寄与している（詳細はⅢ‐4を参照のこと）。

その他のコミッションでも、合宿・大会誘致における特定の中央競技団体（NF）にネットワークを有する人材や、サイクリングやカヌーなどのアウトドアアクティビティのガイド人材の確保のために、地域おこし協力隊制度を活用する事例が確認されている。活動に要する経費が財政上の支援対象となる地域おこし協力隊は、総務省が目指す隊員8千人の目標も追い風となり、今後もスポーツコミッションでの活用が進むと予想される。一方で、地域間での人材獲得競争は激しさを増しており、単に募集要項を公開しただけでは応募者を集めることが難しい。スポーツコミッションにおける協力隊の活用に限った課題ではないが、受入体制の整備や任期終了後の起業・定住に向けた支援なども含め、他自治体への競争優位性のある取組を進めていく必要がある。

3 外部人材・民間人材の活用：副業・兼業人材の活用

地域おこし協力隊の活用に加え、スポーツコミッションにおける人材確保については積極的な外部人材・民間人材の登用が求められる。スポーツ庁では、スポーツを成長産業化する取組の一環としてスポーツ経営人材の育成・活用を推進しており、第3期スポーツ基本計画にはスポーツ経営人材の育成の推進が明記されている。また、2018年度以降、スポーツ経営人材育成・活用推進に向けた事業が継続的に実施されており、2019年度および2020年度にはスポーツ団体における外部の経営人材・専門人材の流入を促進するマッチング事業を行っている。

スポーツコミッションにおいても、一部の団体で民間人材登用の動きがみられる。2021年に設立された高知県土佐町の「一般社団法人土佐町スポーツコミッション」では、一般公募で事務局長の公募を行った。公募の結果、大手民間企業での管理職経験者が首都圏より移住し着任している。広島県の「スポーツアクティベーションひろしま」は、広島県庁地域政策局スポーツ推進課に事務局を置く自治体内組織であるが、従来の行政にないスピード感で事業を推進するため、プロスポーツチームの経営経験等を有する民間人材を代表者に登用している。いずれの事例も行政職員だけでは成しえない組織運営と事業推進が実現しており、効果的に作用しているといえる。

今後も専門人材や中核人材の確保のため、民間人材登用を検討するスポーツコミッションは、増えることが予想される一方で課題も残されている。まず、受入側である団体にとっては、常勤で（または非常勤であっても）人材を雇用するだけの人件費を捻出できるかが最初のハードルとなる。多くの団体が、自治体や国の資金に依存している収支構造の中で、求めるスキル・経験を有する民間人材を惹き付けるだけの人件費を確保する難易度は高い。また、募集を出したとしても、ターゲット人材を呼び込めるかどうかはわからない。求めるスキルや経験次第では、地元にターゲットとなる人材が存在せず、全国を対象に人材を募集する必要があるが、転居を伴う転職には、家族を含めた生活環境への希望も大きく影響するため、単純に業務やポジションの魅力だけでは採用に至りにくい。

こうした地域外からの人材獲得における課題の解決手段として、副業・兼業人材の活用が挙げられる。厚生労働省による「副業・兼業の促進に関するガイドライン」の策定によって、2018年頃から副業を解禁する企業が増え、市場に人材が流入するようになった。加えて、コロナ禍に伴うテレワークの広がりも追い風になり、この流れはさらに拡大している。

その中で、地方での求職者の副業に対する意識にも変化が生まれている。「地方への就業意識調査」（みらいワークス、2021）によると、56・8％が1カ月に1～3日であれば地方の副業に「興味がある」「やや興味がある」と回答している。総合系人材会社である株式会社リクルートキャリアは、2020年首都圏人材が地方で副業することを「ふるさと副業」と命名し、事業を展開している。近年、地方の副業求人を働き手と結ぶサービスとして「ふるさと兼業」「Skill Shift」「YOSOMON！」「ふるさと副業会議（サンカク）」など様々なマッチングサービスが登場し始めている。スポーツ業界でも、プロスポーツチームや競技団体を中心に副業人材の活用が始まっている。２０１９年度に実施されたスポーツ庁の「スポーツ団体経営力強化推進事業（外部人材の流入促進）」では、中央競技団体や地域のプロスポーツチーム・リーグ12団体18ポジションの募集に対し、２千４００名もの応募があった。最終的に８団体16名の採用実績が生まれたが、いずれも副業・兼業人材として組織に参画している。また、スポーツビジネスの採用プラットフォームである「ＨＡＬＦ ＴＩＭＥ」では、２０１９年より「副業スポンサー営業プロジェクト」と題して外部人材活用の取組を開始し、２０２１年現在で20のチーム・協会・連盟と連携して事業を推進している。

最後にスポーツコミッションにおいても、２０１９年に千葉県銚子市にあるＮＰＯ法人銚子スポーツコミュニティーにおいて、前述のふるさと副業のマッチングサービスにて「スポーツイベント企画」「ＩＴを活用したＰＲ」の２職種にて副業人材を募集した。その際は15名の応募があり、うち５名が採用に至った。コロナ禍を経て、働く場所や時間を選ばない多様な働き方を推進する企業が増えてきており、スポーツツーリズムの担い手として、副業・兼業人材が専門人材、中核人材として活躍することが期待される。

［執筆担当：滝田佐那子］

参考文献

- ＪＳＴＡ（２０２２）「地域スポーツコミッションの組織体制及び活動概況に関する調査」
- 総務省（２０２２）「地域おこし協力隊とは」(https://www.soumu.go.jp/main_sosiki/jichi_gyousei/c-gyousei/02gyosei08_03000066.html)
- 厚生労働省「副業・兼業の促進に関するガイドライン」（２０１８年策定、２０２０年改定）(https://www.mhlw.go.jp/file/06-Seisakujouhou-11200000-Roudoukijunkyoku/000192844.pdf)
- みらいワークス（２０２１）「首都圏大企業管理職に対する『地方への就業意識調査』」(https://www.mirai-works.co.jp/pressrooms/news497)
- 株式会社リクルートキャリア（２０２０）「２０２０年キャリアトピック～地方企業と都市部人材の新たな共創のカタチ～」(https://www.recruit.co.jp/newsroom/recruitcareer/news/20200203_01.pdf)
- スポーツ庁（２０２０）「２０１９年度スポーツ産業の成長促進事業「スポーツ団体経営力強化推進事業（外部人材の流入促進）」最終報告書」(https://www.mext.go.jp/sports/content/20200508-spt_sposeisy-300000953_03.pdf)

V・2 アスリートを活かした人材の開発・育成

1 元アスリートの活用に高まる期待

2011年に策定されたスポーツツーリズム推進基本方針では、スポーツツーリズムで活躍する人材として、セカンドキャリアとしての元アスリートを活用することが謳《うた》われている。日本の大手旅行代理店でも、アスリートの活用は、スポーツ大会へのツアー造成といった関係から、現在では、スポーツイベントの企画・運営をはじめ、スポーツ大会を活用したプロモーション提案、地域活性化への提案などの事業にまで事業領域を拡大している。

今日のアスリートは、現役時代の知名度や人脈を活かして観光地（デスティネーション）を告知し、そこにいることでツーリストを集めることができる。そして、現役時代に培った競技の知識や経験は、参加者が欲しがる豆知識や開眼するためのきっかけであったりもする。こうしたアスリートは、オリンピックやパラリンピック、各競技種目の世界大会といったレベルのイベントの誘致から、開催地の住民に対して大会開催の機運醸成を目的としたイベント活動にも参加する。

スポーツツーリズムとして地域外からの多くの誘客が見込まれるマラソンイベントでは、そのイベントにどんなアスリートが出場するかという点が、参加者の関心を集めることも多い。代表選考にかかわる大会ではトップレベルのアスリートが参加するが、地域のマラソン大会でも現役を引退した元アスリートランナーが、開会式で市民ランナーに向けて激励の挨拶をしたり、閉会式では表彰に登場したりする。また、出走しない競技ではスターター役や、自身も颯爽《さっそう》と走る姿を目にすることができる。こうした元アスリートは、大会側が契約して招待しており、大会のガイド役や、大会に関連して行われるランニング教室でのインストラクターとしても期待される。

2 地域のスポーツとアスリートが結び付いた取り組み

(1) 地域活性化を目的としたスポーツ選手の派遣

地域のスポーツイベントにアスリートを結び付ける事業を展開する吉本興業株式会社は、芸能事務所として知られる会社であるが、地域の活性化を目的にスポーツ選手を出身地に派遣する「ふるさとアスリート制度(FA制度)」を設け、地元出身のアスリートを登録して地域のスポーツイベントに派遣している。今日、多くの著名なアスリートは、事務所に所属し、イベント運営組織と契約して、アンバサダーのような立場でイベントPRから様々な形でスポーツイベントに参加する。

(2) プロゴルファーの協力による地域価値の醸成

一般社団法人日本ゴルフ場経営者協会の調べによれば、2020年現在我が国には全国に2千216のゴルフ場がある。ゴルフは、域外からのプレイヤーが集まり、また大会を誘致すれば多くのギャラリーが参集する。しかしながら、地域住民からは交通問題や自然破壊、農薬による生態系への影響などの課題も生じている。

北海道北広島市はゴルフ場が8カ所・計252ホールあり、年間利用者数は約41万人に上る。北広島市の人口の7倍に相当する規模で、そのうちの約20%は道外からの観光客である。プロゴルフトーナメントの会場にもなっており、多くのギャラリーも押し寄せる。北広島市出身のプロゴルファーの小祝《こいわい》さくら選手の人気もあり、域内の子どもゴルフ人口の増加にもつながっている。プロゴルフトーナメント開催時にはプロゴルファーの協力を受けたイベントを行っている。同様に、岐阜県の可児《かに》市でも、地元のプロゴルファーを招いた「ジュニアゴルフスクール」や「ジュニア大会」が開催されている（全国市長会、２０２０）。ゴルフ場と地元出身のプロゴルファーが連携した取組は、ゴルフの裾野拡大だけではなく、ゴルフ場によるスポーツツーリズムを自治体住民に理解してもらうインナー対策の活動としても重要である。

(3) 元アスリートの経験を踏まえたウインタースポーツのツーリズム展開

ウインターシーズンのスポーツツーリズムにおける代表的な種目は、スキーやスノーボードである。スキー場を核にスポーツツーリズムを展開する長野県の野沢温泉観光協会会長の河野健児《こうのけんじ》氏は、フリースタイルスキー競技の1つであるスキークロスのワールドカップ代表選手として世界を転戦したアスリートである。現在、河野氏は、手づくりのツリーハウスでのキャンプや自然体験を提供する〝nozawa green field〟や、SUPツアー、スキー板メーカーのマーケティングマネージャーとしてスキーの開発にもかかわり、アスリートだからわかる体づくりの基本である「運動、休息、食事」の3要素を含むツーリズムに事業を拡大している（尾日向、２０２０）。このようにアスリートとしての経験を活かしたスポーツツーリズムがウインタースポーツでも成立している。

(4) 著名アスリートの人気を取り込むスケート施設の開設

スケートボードやBMXといった若者に人気のあるスポーツは、２０２０年東京オリンピック・パラリンピック競技大会の追い風を受けて、全国に施設が増えている。NPO法人日本スケートパーク協会による2

021年日本全国スケートパーク総数調査報告によれば、2021年5月現在、国内のスケートパークは公共・民間をあわせて418施設、このうちスケートボードを利用できるのは399施設である。こうした新種目は、これまで競技を体験する施設が少なかったため、そのニーズを捉えようと、まちおこしの一環で施設を設置する自治体も出てきている。

例えば新潟県村上市は、瀬波《せなみ》温泉から歩いて行ける場所に日本最大級の全天候型のスケート施設「村上市スケートパーク」を2019年に完成させた。館内には、スケートパークやボルダリング施設のほかに、空中に張った細いベルト状のラインの上でバランスをとるスラックラインができるトレーニングコーナーが完備されている。スケートボードの初心者向けに開催している基本レクチャーのインストラクターには、オリンピアンの平野歩夢《あゆむ》選手の兄で、選手でもある平野英樹氏も在籍している。アスリートにとっては格好の練習の場であると同時に普及やジュニア教室のインストラクターとしても活躍できる施設になっている。

(5) 地方で開催されるスポーツイベントの集客ポテンシャル

視点を変えて、スポーツ観戦によるスポーツツーリズムを考えてみよう。地元で開催するスポーツの試合では、世界規模ながら招致のハードルが高く単発的な開催にとどまる可能性の高いオリンピックのようなイベントから、施設があれば比較的招致が可能で年に1度程度の頻度で開催が見込めるプロスポーツイベント、さらには地元を本拠地にしたチームがあれば年に数十回の試合が見込まれるイベントまで、地域のスポーツツーリズム戦略によってスポーツイベントを選択する必要がある。

2022年に大分市で開催された東都大学野球連盟の春季リーグ戦は、同連盟としては初めての地方開催であったが、開幕試合で1万人の観客を集めた。この事実からも、その競技のトップ選手の試合を地元に招致しなくても、イベントの準備次第で観戦者を集めることができることを示唆している。

また、地元を本拠地にするチームが存在すれば、地元に住むアスリートは身近な存在であり、チーム側と連携してアスリートの協力を得ることも可能である。

元アスリートがかかわる具体的な事例としては、アメリカン・エキスプレスがカード会員イベントとして企画している、川崎フロンターレやガンバ大阪でのJリーグOB解説付きVIPラウンジ観戦イベントがある。このイベントは、引退したアスリートが、一緒に食事をしたり、試合の解説やファンとの交流をしたりするラグジュアリーなサービスとなっている。同様のことは、プロ野球でもOBが生解説する練習見学付きの観戦ツアーとして実施されており、読売ジャイアンツ、阪神タイガース、福岡ソフトバンクホークスなどで、球団のOBアスリート、さらにはチームのマスコットガールやマスコットがスポーツツーリズムの誘客装置として機能している。

(6) キャンプ誘致における差別化戦略

ほかにも、アスリートの持つネットワークは、スポーツキャンプ地として地域活性化を検討する自治体にとって重要である。例えば2015年に「沖縄県スポーツコンベンション誘致戦略」を発表した沖縄県では、地元のサッカークラブである沖縄SV《エスファウ》株式会社代表取締役を務めるサッカー元日本代表FW《フォワード》高原直泰《たかはらなおひろ》氏と連携して、国内外のサッカークラブのキャンプの誘致に成功している。

全国に数多く存在するスポーツキャンプ地の中から利用者に選ばれるためには、最新のスポーツ医科学に対応したトレーニング施設や設備の充実、スポーツ栄養の知見を取り入れた食事の提供や緊急の医療体制なども重要である。その上で、アスリートを支援する体制を地域で組織的に構築することが必要である。例えばジャパンアスリートトレーニングセンター大隅《おおすみ》（アストレ大隅）がある鹿児島県は、鹿屋《かのや》体育大学と陸上競技の競技力向上に係る連携協定を締結している。また長野県東御市にある湯の丸高原高地トレーニング施設「GMOアスリーツパーク湯の丸」では、東御市が地元の公益財団法人身体教育医学研究所を活用している。2020年には食を通じた健康の維持・改善に向けた取組の一環として、資源の相互活用と人的交流を行い、豊かな地域社会の形成・発展と人材育成に寄与することを目的に、女子栄養大学と連携協力に関する包括協定を締結し、「アスリート食堂」にて施設を訪れたアスリートに同大学の監修メニューを提供している。さらに、静岡県裾野《すその》市では、静岡大学、順天堂大学、日本大学短期大学部などの学術機関と連携・協力した科学的な検証やアスリート向けの献立の開発までを行っている（全国市長会，2021）。

以上のように、チームスタッフをはじめアスリートのことを熟知してこそ、アスリートが求める施設や設備、食事などのサービスが理解できる。こうしたサービスを実現するためには、地域の企業・団体、大学や研究所などと連携して、アスリートの協力を得ることが大切である。複数組織の連携によって資源を活用し合うことで、結果として、トップレベルの選手が利用するキャンプ地が実現可能となるのである。

(7) アスリートのセカンドキャリアとまちづくり・ビジネス創出

最後に、元アスリートを活用した交流人口の増加によるまちづくり・ビジネス創出を検討する自治体を紹介したい。経済産業省の近畿経済産業局が2020年に発表した「定住・交流人口増加に向けたスポーツによるまちづくり・ビジネス創出に関する調査」では、西宮市と東大阪市を取り上げ、既存のスポーツ資源とその他の資源を掛けあわせることで地域活性化を狙う戦略を紹介している。両自治体は共に、甲子園球場や花園ラグビー場といったスポーツの聖地が立地しており、特に西宮市では、元アスリートをコンテンツとしたイベント等の開催による交流人口の増加の構想や、元アスリートによる「セカンドキャリア」を起点としたスポーツビジネスの集積地化が提案されている。近年、コロナ禍で地域経済に貢献しようとするアスリートの活動もみられる。元Jリーガーの赤﨑秀平氏が、母校サッカー部のある佐賀県に恩返しするために酒造メーカーとコラボ商品を開発したり、V・ファーレン長崎の都倉賢選手が、かつて所属したチームのある北海道でワイナリーを手がけたりしている。このようなアスリートの知名度を活かした地域活性化ビジネスは、これから拡大する分野である。一方で、引退したアスリートがスポーツツーリズムや地域活性化で活躍するセカンドキャリアを構想した場合、関連知識の習得や、地域住民をはじめ域外の観光客をもてなすための意識改革も必要になる。そうした上でのスポーツツーリズムとアスリートの組み合わせがまちづくりやビジネス創出にもつながるのではないだろうか。

［執筆担当：髙橋義雄］

参考文献

- 尾日向梨沙（２０２１）「河野健児『スキー選手から野沢温泉村の若きリーダーへ』前編・後編」(https://steep.jp/interview/24636/ | https://steep.jp/interview/25508/)
- 吉本興業株式会社「F．A．ふるさとアスリート」(http://fa.yoshimoto.co.jp/member.php)
- 日本ゴルフ場経営者協会（２０２１）「利用税の課税状況からみたゴルフ場数，延利用者数，利用税額等の推移」(https://www.golf-ngk.or.jp/news/2021/riyouzei/2021.11.8riyouzei.pdf)
- 全国市長会（２０２０）「視聴座談会、ゴルフ場は地域活性化の重要な推進の場」市政、Ｍａｒｃｈ、6～11頁
- 全国市長会（２０２１）「市長座談会、地域ににぎわいをもたらすスポーツ合宿～アフターコロナを見据えて～」市政、Ｍａｙ、６～11頁
- 近畿経済産業局（２０２０）「定住・交流人口増加に向けたスポーツによるまちづくり・ビジネス創出に関する調査」(https://www.kansai.meti.go.jp/7kikaku/r2_report/sport_tyousahoukokusyo.pdf)
- 日本スケートパーク協会（２０２１）「２０２１年日本全国スケートパーク総数調査報告」(https://www.jspa.or.jp/?p=363)

V・3 観光領域の取組からみる人材開発・育成

1 スポーツ基本計画における人材開発・育成の位置付け

2022年3月には、今後5年間の国のスポーツ政策の支柱となる「第3期スポーツ基本計画」[注1]（以下、「第3期基本計画」）が公表された。そこでは、第2期計画で謳われた、①スポーツで「人生」が変わる、②スポーツで「社会」を変える、③スポーツで「世界」とつながる、④スポーツで「未来」を創るというこれまでのスポーツ政策の基本方針が踏襲されつつ、新たな観点が加えられた。中でも、スポーツツーリズムに関しては、さらなる振興を図るという方針は継続されながら、大きな位置付けの変更がなされている。

第3期基本計画では、2020年東京オリンピック・パラリンピック競技大会（以下、「2020年東京大会」）のスポーツ・レガシーの継承・発展に向けて6つの「特に重点的に取り組むべき施策」[注2]が設定され、そのうちの1つに「東京大会で高まった地域住民等のスポーツへの関心をいかした地方創生、まちづくり」が謳われ、スポーツツーリズムをその手段として活かすことが明記されている。これは2019年に政府決定された「第2期まち・ひと・しごと創生総合戦略」の中ですでに言及されており、それをスポーツに関する具体的施策としたものである。ここでは、スポーツ大会や合宿、アウトドア・アクティビティなどを通した交流人口の拡大、それによる経済的・社会的地域活性化の促進というこれまでのスポーツツーリズム振興に加え、社会課題の解決手段としてそれを活用していこうということが強調されている（図表1）。

このようなスポーツツーリズム政策の大きな転換により、それを担っていく人材像も更新する必要があり、人材育成・人材開発の方法を今後どのようにしていくかは大きな課題となる。現在、スポーツ庁は各地のス

図表1：第3期「スポーツ基本計画」におけるスポーツツーリズムに関する施策
（第3期「スポーツ基本計画」概要説明資料39ページより抜粋）

ポーツコミッションを中心にした人材育成支援策を進めているが、「地方創生・まちづくり」を担う人材の育成・開発は緒に就いたばかりであるといえる。ここでは、地域の観光振興と共に「地方創生・まちづくり」を担う人材の育成体制・育成方法の開発というテーマに先行して着手してきた観光領域の取り組みを参照しながら、今後のスポーツツーリズム人材の育成・開発方法について考えていきたい。

2 新たなスポーツ政策において求められる人材像

Ⅲ-1「スポーツツーリズムを推進する組織」においても概観したが、まずは新たな基本計画における政策目標を確認し、そこで求められている人材像について整理していきたい。

第3期基本計画は、国（スポーツ庁）が「今後5年間に総合的かつ計画的に取り組む施策」を示し、12のそれぞれについて政策目標を掲げつつ具体的な施策の目標を明記している。その中の1つである「スポーツによる地方創生、まちづくり」施策の「政策目標」においては、以下のように記述されている（傍線は引用者）。

「全国各地で特色ある『スポーツによる地方創生、まちづくり』の取組を創出させ、スポーツを活用した地域の社会課題の解決を促進することで、スポーツが地域・社会に貢献し、競技振興への住民・国民の理解と支持を更に広げ、競技振興と地域振興の好循環を実現する」。

ここでの要点は、スポーツを単なる競技としてではなく「地域の社会課題の解決」の資源として活用できるものと明記していることであろう。そもそも国が推進する「地方創生」の目的は「出生率の低下によって引き起こされる人口の減少に歯止めをかけるとともに、東京圏への人口の過度の集中を是正し、それぞれの地域で住みよい環境を確保して、将来にわたって活力ある日本社会を維持すること」（第2期「まち・ひと・しごと創生総合戦略（2020年改訂版）」）であり、これまでのスポーツツーリズムの振興も、スポーツ大会、合宿、アウトドア・アクティビティなどを通した交流人口の拡大・促進によって地域の経済的・社会的課題の解決を目指してきたとも考えられる。ただ、今回の基本計画では、「地域の社会課題の解決」にスポーツを活かすことが明記されており、「スポーツの普及」や「観光資源としてのスポーツ」以外の観点がこれまで以上に強調されているという点で画期となるものである。基本計画の中では「スポーツによる『地方創生』に当たっては、従来のスポーツから地域振興へのアプローチを一歩進めて、むしろ、地域振興からスポーツへアプローチする逆転の発想に立ち、スポーツを地方創生に積極的に活用していくことが重要である」と述べられている。今回の基本計画で地域のスポーツについて新たに加えられ、強調されているポイントは、域外から人々を呼び込む資源としてスポーツを捉えるだけでなく、域内の社会課題解決の資源としてスポーツ（ツーリズム）を位置付け、外側へ向けた施策と内側に向けた施策を統合化させ「スポーツ・健康まちづくり」[注3]の実現を図ることである。

このような政策を実現化させていくためには、柔軟な発想を持ち、多くの公的組織・民間組織の連携を図りながらスポーツによる社会課題解決に取り組めるような人材が必要となる。

では、どのような体制・方法で人材を育成・開発していけばよいのだろうか。次に、地域にそれまでなかった組織体制を構築し、そこで人材育成・開発に関する方法を展開するために観光庁が採った取組についてみていきたい。

3「観光地域づくり」における人材育成への取組

観光庁は2008年の発足直後から「観光地域づくり人材育成」に関する施策に取り組んでいる。2009年には「観光地域づくり人材育成ガイドライン検討会議」を開き、地域における「観光地域づくり」を担う人材像を明確にし、どのような体制やプログラムで育成していくかについて検討を開始した。観光・まちづくりに関する学識経験者、観光関連企業の代表、地域で観光地域づくりに取り組む実務家などが参加した検討会議の成果は2015年に『〝人育て〟から始める観光地域づくり―観光地域づくり人材育成実践ハンドブック　2015』[注4]（以下、『実践ハンドブック』）として公表されている。

人材育成・開発とは、特定の組織が自らのミッション、戦略の実現のために必要とされる人材を育て、能力を身に付けさせていくプロセスであるが[注5]、観光庁発足の段階では、各地域に「観光地域づくり」を中心になって牽引していく組織・体制、その中核的人材を育てていく組織・体制はほとんどなかったといえよう[注6]。『実践ハンドブック』では、地域において観光を推進する組織の歴史的変遷を示しつつ、人材育成を担う組織体制を提案している。そこでは、地域を構成する様々な組織が手を携えて協働することの重要性が以下のように強調されている。

「観光地域づくりに取り組むためには、従来の観光振興の取組のように、行政や観光協会、観光産業の関係者等の一部の人たちだけで取り組むのではなく、幅広く地域の方々の参加を得て、取組の担い手になっていただくことが重要です。……幅広く地域の方々が参加・連携することで、これまで観光関係者だけでは対応が難しかった複雑な地域課題に取り組んだり、より戦略的・俯瞰的に地域の観光をマネジメントすることにもつながります。この際、幅広く地域の方々が参加・連携することは容易ではありません。このため、後述するように、連携の中核となる組織と人材が必要となってくるのです」

『実践ハンドブック』では、官と民、地域と地域、産業と住民の間に「壁」があるという現状に言及し、それを乗り越えた組織体制として「観光地域づくりプラットフォーム」が提示されている。観光地域づくりプラットフォームは、「地域と来訪者をつなぎ、双方の満足度を高められるような取組を持続的にマネジメントする組織体」として定義されるが、同時に人材育成・開発の中心となる組織でもある。『実践ハンドブック』には、観光地域づくりプラットフォームの中核となる人材に必要な資質・能力が示され、そのような人材をどのようなプログラムで育成していくのかについて、段階別の講義やワークショップ演習の内容、招聘するべき講師の具体事例など、詳細な情報が掲載され、観光地域づくりに取り組む地域が、それぞれの実情に応じて人材育成・開発のプログラムを考案していける「導きの書」となっている（図表3、4）。そこでは、人材育成・開発は、産・官・学・民の多様な主体が協働しながら中長期にわたる「プロジェクト」として進めていくことが強調されている。

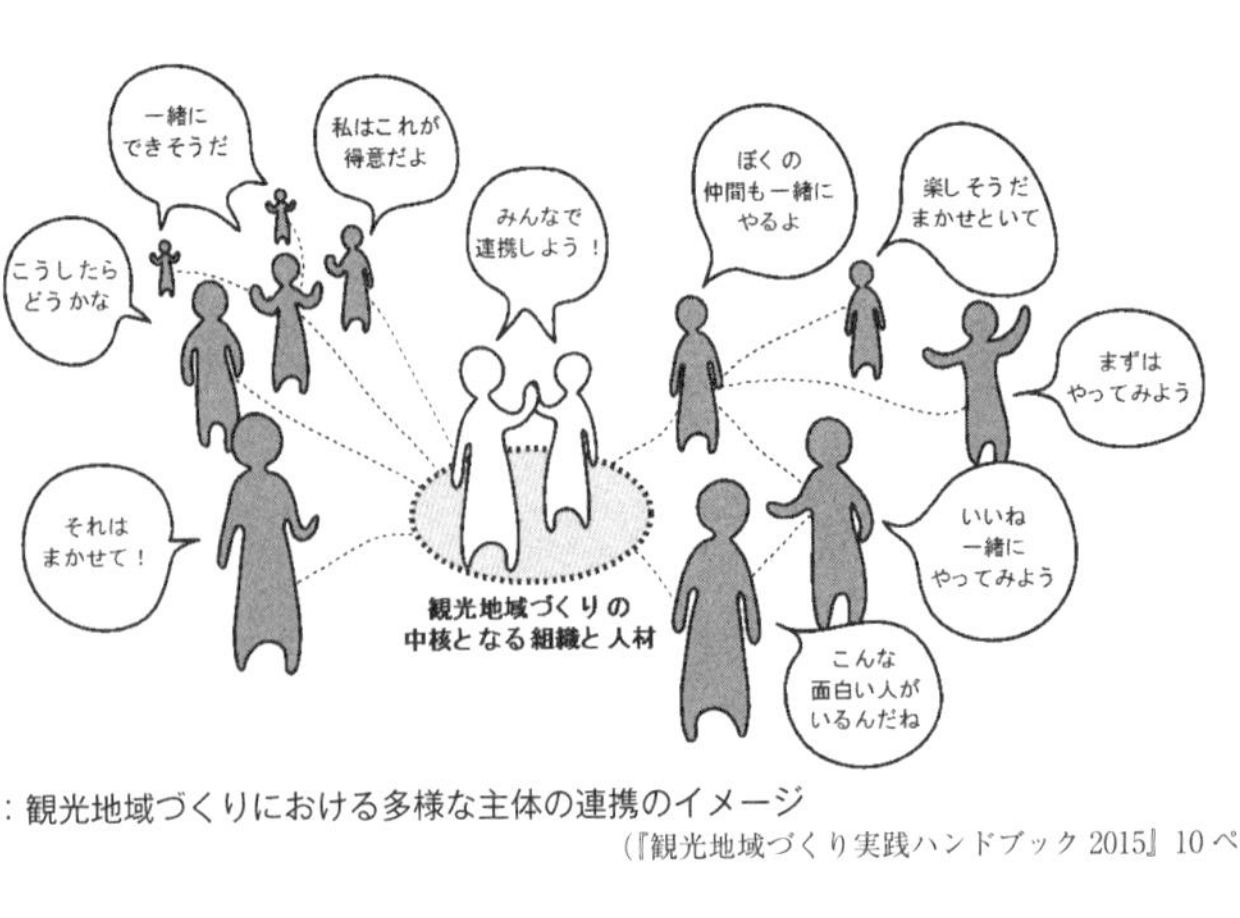

図表2：観光地域づくりにおける多様な主体の連携のイメージ
（『観光地域づくり実践ハンドブック 2015』10ページ）

リーダーシップ系統の能力

観光地域づくりに取り組む志を持ち、関係者との認識共有及び合意形成を行う能力

必須

マネジメント系統の能力

多様な関係者をとりまとめ、必要な人材や資金を確保し、プロジェクトの立案や進行管理を行う能力

マーケティング系統の能力

地域の魅力を想像することで、来訪者の新規獲得と既存顧客維持を行う能力

1人のマネージャーが両方を満たさなくともよい。他のマネージャー等と補完しあう

図表3：観光地域づくりの中核となる人材に求められる能力

（『観光地域づくり実践ハンドブック 2015』21 ページ）

図表4：観光地域づくりの中核となる人材の育成プロセス

（『観光地域づくり実践ハンドブック 2015』22 ページ）

	観光地域づくりへの取組状況	育成する人材像	求められる能力
取組段階1	観光地域づくりに関心ある人材を育成・拡大する段階	観光地域づくりに関心ある人材	観光地域づくりの考え方を理解していること
取組段階2	観光地域づくりの中核となる人材を育成する段階	観光地域づくりの取組の中核となる人材	高い志を持ち、観光地域づくりマネジメント・マーケティングを理解していること
取組段階3	複数の地域で観光地域づくりに取り組む必要性が関係者に共有されており、「地域のリーダー人材」を中心とした取組が実践されている段階	広域（複数市町村）の観光地域づくりの取組の中核となる人材	俯瞰的視野を持ち、複数地域の取組を効果的に推進できる戦略を立案、推進できること

紙幅の関係で『実践ハンドブック』の詳細な内容は紹介できないが、当ハンドブックは地域における人材育成・開発の体制・組織を創るために資する情報を多く記載している。人材育成・開発の段階に応じたワークショップ演習の方法、招聘《しょうへい》すべき講師の例、参加者に課す課題、演習当日に用意する備品のリストなど、非常に具体的な指示、ヒントが集積されており、地域の事情に即した教育プログラムを読者が組んでいけるようなマニュアルになっているのである。いわば、「観光地域づくりの学校」を地域に創るための教科書といったイメージである。地域にかかわる多様な主体が協働しながら創っていくこの「学校」では、カリキュラムの内容は地域の実情、求める人材によって組み替えることが期待されている。したがって、このような「観光地域づくりの学校」が立ち上がっている地域では、もちろん「スポーツツーリズム人材」の必要性がテーマとなれば、それに合致するようなプログラム内容を組んでいくことも可能となる。

第3期基本計画では、現在、各地に設立されている地域スポーツコミッション（SC）が中心になって人材育成・開発を進めることが想定されているが、各地のSCは、所在地域ですでに人材育成・開発にかかわる観光地域づくりの取組が回り出しているのであれば、そのプロジェクトに合流すべきであると考える。もしそのような取組が未発であるならば、『実践ハンドブック』を参照しながら人材育成・開発プロジェクトを立ち上げていくとよいだろう。

今後、「地方創生・まちづくり」という枠組みの中で、観光―スポーツに関連する産・官・学・民などの多様な組織、人がかかわるプロジェクトとして、地域におけるスポーツツーリズム人材の育成・開発が行われれば、観光領域・スポーツ領域のそれぞれに対してシナジー効果を生み出すことになると考える。

4 地方創生を担う人材育成・開発にスポーツ領域の組織・人がかかわることの意義

公益財団法人ヤマハ発動機スポーツ振興財団（YMFS）が実施した「トップスポーツと地域住民に関する調査――地域におけるトップスポーツクラブ・球団のファンの特徴――」[注7]では、全国の日本プロ野球機構（NPB）球団の所在自治体や日本プロサッカーリーグ（Jリーグ）クラブのホームタウン自治体の中から6都市を選択し、球団・クラブのファンと非ファンにおける「ソーシャルキャピタル」と「地域愛着」について比較を行っている。これらの概念に着目する先行研究では「ソーシャルキャピタル」（人々の周囲の者への信頼の程度や社会参加の度合いを測る指標）と「地域愛着」（地域に対する愛着感情の指標）は地域における住民の自発的な交流活動やボランティア活動を活性化する特性と捉えられており、これらの値が高い地域では、住民同士の相互扶助や文化・スポーツでの交流などが活発に行われる傾向があることが示されている。YMFSの調査では、どの対象都市においても、ファンのソーシャルキャピタル・地域愛着の値は非ファンの人々のそれよりも有意に高くなっている。当該調査は1回のみの調査であるため、「スポーツファンであること」とソーシャルキャピタル・地域愛着との間に（相関関係は認められるものの）因果関係（スポーツファンであることがSCや地域愛着を増加させる）を見出す結論は導けていない。しかし、少なくとも、球場・スタジアムには地元のために汗を流すことやボランティア活動に積極的な人々が集まっていることが見てとれる。スポーツツーリズム人材の育成・開発を地域のプロジェクトとして展開していくためには、ビジネス実務に精通するだけでなく、地域に思い入れの強い人材を確保していくことが課題となるが、このプロジェクトに地域に存するスポーツ組織がかかわるということは、人材の確保という点でポジティブな影響を与えると考えられる。

また、日本プロサッカーリーグ（Jリーグ）は、「社会連携活動（シャレン）」を通して、社会課題を解決していく全国の取り組みを促進している[注8]。シャレンを「社会課題や共通のテーマ（教育、ダイバーシティ、まちづくり、健康、世代間交流など）に、地域の人・企業や団体（営利・非営利問わず）・自治体・学校などとＪリーグ・Ｊクラブが連携して、取り組む活動」として定義し、複数主体とＪクラブ・Ｊリーグが協働するプロジェクトの創出を支援しているのである。地域におけるプロジェクトにスポーツ組織がかかわるということは、全国、世界に広がる社会課題の解決に関心を持つ「仲間＝スポーツ組織」のネットワークに参入することであると考えてよいだろう。

最後に、大学生を対象とした「スポーツと社会課題の解決」を関連付けた政策提言コンペティションについて紹介する。毎年、秋に開催される日本スポーツ政策会議（Sport Policy for Japan：ＳＰＪ）は「スポーツ界における課題」や「社会課題をスポーツで解決すること」をテーマとして、全国の大学生から参加者を募り、２０１１年にスタートしたイベントである。２０２１年の11回大会には全国の17大学46チームが参加している。特徴としては、ＳＰＪのウェブサイト[注9]において過去の提言要旨やプレゼンテーションの資料などが参照できるようになっており、大学間をまたいで互いに切磋琢磨できる仕組みが構築されている点であろう。また、本番は１つの会場に集まって参加者が相互に意見交換ができたり、スポーツに関わる実務家や研究者などの審査員からアドバイスや指導を受けたりすることも可能となっている。地方創生・まちづくりという観点からみれば、過去に学生が提出した社会課題解決にスポーツを活用するビジネスプランや政策提言は、今後、地域による取組で活用できるアイデアの宝庫となっている。今後、ＳＰＪに参加する学生と手を携えて社会課題の解決に取り組む地域が多く出てくれば、地域の人材育成・開発のプロセスにＳＰＪが組み込まれることになるだろう。

以上、本節では、地方創生・まちづくりにスポーツを活用できる人材をどのように育成・開発するかについて、先行する観光地域づくりの人材育成・開発への取組を参照しながら考えてきた。社会課題解決の資源としてスポーツを活用するという考え方はまだ普及していないが、人材育成・開発をテーマに地域で人々がつながることによって、各地の特色ある取組が多く出てくることを期待したい。

［執筆担当：岡本純也］

注

注1：『第3期スポーツ基本計画』はスポーツ庁のウェブサイトからダウンロード可能である。（スポーツ庁『第3期スポーツ基本計画』https://www.mext.go.jp/sports/b_menu/sports/mcatetop01/list/1372413_00001.htm）

注2：『第3期スポーツ基本計画』において「東京大会のスポーツ・レガシーの継承・発展に向けて、特に重点的に取り組むべき施策」として設定されている6つの重点課題は以下になる。
（1）東京大会の成果を一過性のものとしない持続可能な国際競技力の向上
（2）安全・安心に大規模大会を開催できる運営ノウハウの継承
（3）東京大会を契機とした共生社会の実現、多様な主体によるスポーツ参画の促進
（4）東京大会で高まった地域住民等のスポーツへの関心をいかした地方創生、まちづくり
（5）東京大会に向けて培われた官民ネットワーク等を活用したスポーツを通じた国際交流・協力
（6）東京大会の開催時に生じたスポーツに関わる者の心身の安全・安心確保に関する課題を踏まえた取組の実施

注3：国はスポーツによる地方創生、まちづくりへの取り組みを「スポーツ・健康まちづくり」と呼んでいる。

注4：観光庁『〝人育て〟から始める観光地域づくり―観光地域づくり人材育成実践ハンドブック２０１５』２０１５年（観光庁ウェブサイト https://www.mlit.go.jp/kankocho/shisaku/jinzai/ikusei.html）

注5：「人材育成」と「人材開発」は英訳するとHuman Resource Developmentとなり、日本語ではほぼ同義となる（人材育成学会『人材育成ハンドブック』金子書房、２０１９年、３頁）。ここでは機能・能力を獲得させるだけでなく全人的な成長を促す営為として捉え、「人材育成・開発」と併記する。

注6：もちろん、先進的に地域づくりに取り組む事例はあったであろうが、地域に存する多様な主体が協働で人材育成・開発に取り組むような組織・体制は少なかったといえよう。

注7：ヤマハ発動機スポーツ振興財団はプロスポーツや企業スポーツなどをプロ・アマチュアの境界で分けるのではなく「トップスポーツ」という概念で捉え、それらの高度な競技レベルのリーグ、チーム・クラブと地域振興に関して一連の調査を実施している。ここでは、２０２１年度の調査報告書の内容を紹介したが、合わせて他の年度の調査報告も参照されたい。各報告書はヤマハ発動機スポーツ振興財団のウェブサイトからダウンロード可能である（ヤマハ発動機スポーツ振興財団の調査研究に関するウェブサイト https://www.ymfs.jp/survey/）。

注8：シャレンで取り組まれている各クラブの取り組みを見ると、スポーツによる社会課題解決の可能性の広がりについて理解できるだろう。詳しくはJリーグのシャレンのウェブサイトを参照のこと（「シャレン」ウェブサイト https://www.jleague.jp/sharen/）。

注9：Sport Policy for Japanは２０１１年の第1回大会から笹川スポーツ財団の主催によって開催され、２０２０年度より、日本スポーツ政策学生会議企画委員会と日本スポーツ産業学会の共催、スポーツ庁、大学スポーツ協会（ＵＮＩＶＡＳ）・笹川スポーツ財団などの後援で開催されている。過去の資料はウェブサイトから参照可能である（Sport Policy for Japanウェブサイト https://www.ssf.or.jp/dotank/organization/spj/index.html）。

編者

一般社団法人日本スポーツツーリズム推進機構（ＪＳＴＡ）

ＪＳＴＡは、２０１１年６月に観光庁がとりまとめた「スポーツツーリズム推進基本方針」で掲げられる方針に則り、オールジャパン体制でスポーツツーリズムを推進する組織として、２０１２年４月に一般社団法人としてスタートしました。

また、２０１５年に設置されたスポーツ庁とも連携を深め、スポーツツーリズムによる地域振興に寄与すべく、スポーツおよび観光にかかわる多くの方々・地方公共団体の実務担当者の方々が、スポーツを活用した観光まちづくり、大会・合宿の招致・開催、地域資源を生かした旅行商品化などに取り組む際に、ＪＳＴＡがネットワークやノウハウを提供し、幅広く活用されることを目指します。

著者（執筆順）

原田宗彦（はらだ　むねひこ）

１９５４年生まれ、大阪府出身。京都教育大学教育学部卒業、筑波大学大学院体育研究科修了、ペンシルバニア州立大学健康・体育・レクリエーション学部博士課程修了。大阪体育大学教授、早稲田大学スポーツ科学学術院教授を経て、２０２１年より大阪体育大学学長。一般社団法人日本スポーツツーリズム推進機構（ＪＳＴＡ）代表理事、日本スポーツマネジメント学会会長、日本バレーボール協会理事などを務める。著書に『スポーツ地域マネジメント』（２０２１年、学芸出版社）ほか。
●担当：はじめに、Ⅰ-１・２、Ⅳ-１

伊藤央二（いとう　えいじ）

１９８３年生まれ、東京都出身。順天堂大学スポーツ健康科学部卒業、順天堂大学大学院スポーツ健康科学研究科修了、アルバータ大学体育・レクリエーション学部博士課程修了。和歌山大学観光学部准教授を経て、２０２１年より中京大学スポーツ科学部准教授。Journal of Leisure Research の副編集委員長を務める。著書に『Meanings of Leisure in Japan』（２０１８年、晃洋書房）、共訳に『スポーツツーリズム入門』（２０２０年、晃洋書房）など。
●担当：Ⅰ-３・４

山下玲（やました　れい）

１９８８年生まれ、東京都出身。東海大学体育学部スポーツ・レジャーマネジメント学科卒業、早稲田大学スポーツ科学研究科修士・博士課程修了。東洋大学ライフデザイン学部健康スポーツ学科助教、早稲田大学スポーツ科学学術院助教を経て２０２２年４月より早稲田大学スポーツ科学学術院講師。日本スポーツマネジメント学会運営委員を務める。共著に『Destination Management of Sport Tourism in Japan』（２０２２年発刊予定、Emerald）など。
●担当：Ⅰ-５

押見大地（おしみ　だいち）

１９８１年生まれ、東京都出身。早稲田大学人間科学部卒業、早稲田大学スポーツ科学研究科修士・博士課程修了。早稲田大学助教、オタワ大学客員研究員を経て、2018年より東海大学（准教授）。アジアスポーツマネジメント学会副会長、広島県スポーツ政策アドバイザーなどを務める。共著書に『スポーツ産業論第7版』（2021年、杏林書院）、『プロ野球「熱狂」のメカニズム』（2021年、東京大学出版会）など。

●担当：Ⅱ‐1

西尾建（にしお　たつる）

1965年生まれ、大阪府出身。関西学院大学商学部卒業、JPモルガン・チェース銀行（旧ケミカルバンク）入社。2005年退社後、英国ラフバラ大学スポーツ&レジャーマネジメント修士修了、ニュージーランドワイカト大学経営学部博士課程修了（マーケティング）。2013年からワイカト大学マネジメントスクール勤務、2018年から国立大学法人山口大学経済学部観光政策学科准教授。2020年から2年間観光庁産学連携による観光産業の中核人材・強化事業「SDGsによる山口県のスポーツ観光講座」を主催。計量マーケティングやスポーツツーリズムに関する研究多数。

●担当：Ⅱ‐2

山口志郎（やまぐち　しろう）

1985年生まれ、兵庫県出身。順天堂大学スポーツ健康科学部卒業、順天堂大学大学院スポーツ健康科学研究科博士前期課程修了、和歌山大学大学院観光学研究科博士後期課程修了。流通科学大学サービス産業学部専任講師を経て、2017年より流通科学大学人間社会学部准教授。ブリッセル自由大学 Sport & Society（SASO）Research Unit 客員研究員、神戸スポーツ産業懇話会世話人、有馬‐六甲 Virtual Ride Race アドバイザーなどを務める。共訳に『スポーツツーリズム入門』（2021年、晃洋書房）など。

●担当：Ⅱ‐3

福原崇之（ふくはら　たかゆき）

1975年生まれ、神奈川県出身。慶應義塾大学経済学部卒業、青山学院大学経済学研究科修士課程・博士課程修了、早稲田大学スポーツ科学研究科博士課程単位取得退学。青山学院大学経済学部助手、北海道教育大学岩見沢校講師を経て2015年より北海道教育大学岩見沢校准教授。共著に『Jリーグマーケティングの基礎知識』（2013年、創文企画）、『Sports Management and Sports Humanities』（2015年、Springer）など。

●担当：Ⅱ‐4

佐藤晋太郎（さとう　しんたろう）

1983年生まれ、北海道出身。北海道教育大学卒業、早稲田大学スポーツ科学研究科修士課程修了、フロリダ大学観光・レクリエーション・スポーツマネジメント学部博士課程修了。ジョージアサザン大学スポーツマネジメント学部講師、モンクレア州立大学ビジネススクール講師を経て、2019年より早稲田大学スポーツ科学学術院准教授。Sport & Entertainment Management Lab. 主宰。主要論文は Journal of Sport Management や European Sport Management Quarterly などの有力国際学術誌に掲載、共著に『プロ野球熱狂のメカニズム』（2021年、東京大学出版会）など。

●担当：Ⅱ‐5

秋吉遼子（あきよし　りょうこ）

1983年生まれ、東京都出身。順天堂大学スポーツ健康科学部卒業、神戸大学大学院人間発達環境学研究科博士課程後期課程修了。東京国際大学客員講師、東海大学体育学部スポーツ・レジャーマネジメント学科特任助教を経て、2021年より同学科講師。公益財団法人日本中学校体育連盟：全国大会組織の在り方改革プロジェクト委員、日本スポーツ社会学会編集委員などを務める。共著に『生涯スポーツ実践論―生涯スポーツを学ぶ人たちに―改訂4版』（2018年、市村出版）など。

●担当：Ⅱ-6

藤原直幸（ふじわら　なおゆき）

1982年生まれ、岡山県出身。早稲田大学政治経済学部卒業、早稲田大学スポーツ科学研究科修了。番組制作会社、公益財団法人笹川スポーツ財団を経て、2019年より一般社団法人日本スポーツツーリズム推進機構（JSTA）地域スポーツ戦略ディレクター、スポーツアクティベーションひろしま市町支援戦略ディレクターを務める。共著に『スポーツライフ・データ』（2018年、笹川スポーツ財団）、『スポーツ白書』（2017年、笹川スポーツ財団）など。

●担当：Ⅲ-1・2・4

赤嶺健（あかみね　けん）

1984年生まれ、大阪府出身。関西学院大学社会学部卒業、早稲田大学大学院スポーツ科学研究科修了。大手広告代理店などを経て、2017年にスポーツ・ローカル・アクトを創業。ふるさと納税などを活用した地域支援を行う。

●担当：Ⅲ-3

中山哲郎（なかやま　てつお）

1956年生まれ、大阪府出身。同志社大学文学部社会学科新聞学専攻卒業。株式会社JTB、公益財団法人日本オリンピック委員会（出向）などを経て、2012年より一般社団法人日本スポーツツーリズム推進機構事務局長、一般社団法人日本ゴルフツーリズム推進協会評議員などを務める。

●担当：Ⅳ-2、5

永廣正邦（ながひろ　まさくに）

1960年生まれ、熊本県出身。法政大学工学部建築学科卒業、1989年株式会社梓設計に入社。現在は同社常務執行役員、プリンシパルアーキテクト、スポーツ・エンターテインメントドメイン長を務める。主な作品に、FC今治里山スタジアム、金沢スタジアム、釜石スタジアム、横浜みなとみらいKアリーナ、横浜文化体育館などの多数のスタジアム・アリーナの設計のほか、TOTOミュージアム、山梨市庁舎、垂井町役場、つくばみらい陽光台小学校など数々の設計に従事。受賞歴に、BCS賞、日事連国土交通大臣賞、グッドデザイン賞、サスティナブルデザイン賞、日本建築学会作品選集、東京建築賞最優秀賞、JIA環境建築賞・優秀建築選、公共建築賞優秀賞、AACA賞優秀賞ほか。

●担当：Ⅳ-3

井上滋道（いのうえ　しげみち）

1983年生まれ、新潟県出身。日本大学芸術学部卒業、住宅設計会社、広告代理店を経て、2017年より株式会社梓設計に入社。同社スポーツ・エンターテインメントドメインのマーケティング担当として、全国のスタジアムやアリーナのコンセプトメイク、企画構想提案、スポーツビジネスにおける他企業連携や新規事業推進を務める。２０１８年早稲田大学スポーツMBA Essence 修了。
●担当：Ⅳ-３

小西圭介（こにし　けいすけ）
１９６９年生まれ、大阪府出身。東京大学教養学部卒業。米国プロフェット社、株式会社電通のシニアディレクターを経て、２０２０年より株式会社ニュースケイプを設立、代表取締役を務める。著書に『ブランドコミュニティ戦略』（２０１３年、ダイヤモンド社）、訳書に『リッスン・ファースト』（２０１２年、翔永社）、『顧客生涯価値のデータベースマーケティング』（１９９９年、ダイヤモンド社）など。
●担当：Ⅳ-４

滝田佐那子（たきた　さなこ）
１９８４年生まれ、東京都出身。早稲田大学スポーツ科学部卒業。株式会社リクルート、ゼビオ株式会社などで採用・人材育成業務に従事。２０２０年より一般社団法人日本スポーツツーリズム推進機構（ＪＳＴＡ）に参画。スポーツをテーマに活動する地域おこし協力隊のネットワークである地域おこしスポーツ協力隊ネットワーク（ＬＳＮ）設立発起人・アドバイザーを務める。
●担当：Ⅴ-１

髙橋義雄（たかはし　よしお）
１９６８年生まれ、東京都出身。東京大学教育学部卒業、東京大学大学院教育学研究科修士課程修了、同博士課程単位取得退学。名古屋大学助手、講師、エジンバラ大学客員研究員を経て、筑波大学准教授。筑波大学博士（スポーツウエルネス学）。一般社団法人日本スポーツツーリズム推進機構（ＪＳＴＡ）理事、公益財団法人国際親善協会評議員、スポーツ庁スポーツキャリアサポートコンソーシアム会長などを務める。共著に『国際スポーツ組織で働こう！』（２０１６年、日経ＢＰ社）ほか。
●担当：Ⅴ-２

岡本純也（おかもと　じゅんや）
１９６８年生まれ、埼玉県出身。横浜国立大学教育学部卒業、横浜国立大学大学院教育学研究科修士課程修了、一橋大学大学院社会学研究科博士後期課程単位修得退学。一橋大学商学部講師、同大学大学院商学研究科准教授を経て、２０１８年より同大学大学院経営管理研究科准教授。２０１３年より公益社団法人日本観光振興協会「産学連携観光推進委員会」「産学連携・人材育成委員会」委員、２０２０年より「日本スポーツ政策学生会議」企画委員を務める。共著に『現代社会とスポーツの社会学』（２０２２年、杏林書院）、『12の問いから始めるオリンピック・パラリンピック研究』（２０１９年、かもがわ出版）。
●担当：Ⅴ-３

実践 スポーツツーリズム
組織運営・事業開発・人材育成

2022年9月15日　第1版第1刷発行

編　者　一般社団法人日本スポーツツーリズム推進機構（JSTA）

著　者　原田宗彦・伊藤央二・山下玲・押見大地・西尾建・山口志郎・福原崇之・佐藤晋太郎・秋吉遼子・藤原直幸・赤嶺健・中山哲郎・永廣正邦・井上滋道・小西圭介・滝田佐那子・髙橋義雄・岡本純也

発行者　井口夏実

発行所　株式会社 学芸出版社
〒600-8216　京都市下京区木津屋橋通西洞院東入
電話 075-343-0811
http://www.gakugei-pub.jp/
E-mail info@gakugei-pub.jp

編集担当　松本優真

DTP　KOTO DESIGN Inc.　山本剛史・萩野克美
装　丁　北田雄一郎
印　刷　創栄図書印刷
製　本　新生製本

ISBN 978-4-7615-2822-5